如果敦煌会说话

DUNHUANG TALKING

吴守峰 编著

江苏凤凰科学技术出版社 · 南京

图书在版编目（CIP）数据

如果敦煌会说话 / 吴守峰编著 . -- 南京：江苏凤凰科学技术出版社，2025. 5. -- ISBN 978-7-5713-5130-4

Ⅰ. K870.6-49

中国国家版本馆 CIP 数据核字第2025VF5483号

凤凰汉竹

中国健康生活图书实力品牌

如果敦煌会说话

编　　著　吴守峰
全书设计　汉　竹
审　　稿　石东玉
责任编辑　刘玉锋
特邀编辑　臧凯稚　于志伟
责任设计　蒋佳佳
责任校对　仲　敏
责任监制　刘文洋

出版发行　江苏凤凰科学技术出版社
出版社地址　南京市湖南路1号A楼，邮编：210009
出版社网址　http://www.pspress.cn
印　　刷　苏州工业园区美柯乐制版印务有限责任公司

开　　本　889 mm × 1194 mm　1/16
印　　张　21
插　　页　9
字　　数　420 000
版　　次　2025年5月第1版
印　　次　2025年5月第1次印刷

标准书号　ISBN 978-7-5713-5130-4
定　　价　258.00元（附赠敦煌壁画讲解视频）

序

走进敦煌，总会被那些铺天盖地、色彩绚丽的壁画所震撼。那些壁画如同有着生命一般，每一幅画面都仿佛将千年前的那一瞬静止在岩壁之上，色彩的褪去和肌理的斑驳却又清楚地诉说着它们所经历的千年风霜。站在如蜂巢般的洞窟内，仿佛身处变化莫测的梦境中抑或是时间和空间的交错处。敦煌带给人的震撼是从视觉到内心的，我们不由得感叹，不由得心生敬畏。

敦煌的艺术感染力并不是偶然天成，而是有着深沉的时代背景与文明联结。它纵跨千载时光，横跨丝绸之路上的各个文明；它记录了各个时期文化艺术的发展演变，体现了不同朝代人们的审美，承载着无数人的命运，流露着先人们的兴衰悲喜，是那么厚重深沉，又是那么灵动鲜活。

在敦煌不但能感受艺术的震撼，更能清晰地感受到千年前文化的碰撞和融合。西域和汉化的飞天可以出现在同一画面之中，舶来的石榴与本土的牡丹组成同一幅纹饰图案。敦煌壁画无不体现着华夏文明的包容性，而这种包容源于自古推崇的兼容并济，更源于文化自信。因为自信，所以允许其他文化的存在，并将其归为己用，这便是中华民族的文化胸怀。

所以说，想要追寻传统艺术的根源，那么认识敦煌是非常重要的一课。文化艺术“越是民族的越是世界的”，若对本国传统文化的渊源蒙昧无知，不重视继承发展，就无法延续文化的血脉，只会空虚迷茫地随波逐流，以致一切化为乌有。不要忘掉我们中华民族的特色，我们的文脉、血脉，这些是中华民族的历史传承。

敦煌是我们的根脉，它征服过全世界，征服过我父亲那一代人、我们这一代人，它一直是人类寻找灵感、汲取营养的地方。

敦煌建造之始是因为人们的美好向往，现在人们又因为向往美好而走进敦煌。

顺应着美的召唤，越来越多的人关注敦煌，走进敦煌，感受敦煌的不可思议，我甚欣慰。

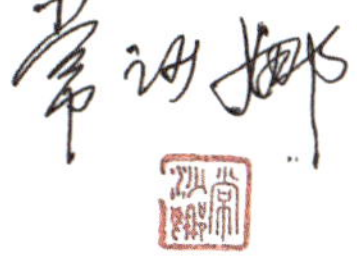

前言

季羡林认为："世界上历史悠久、地域广阔、自成体系、影响深远的文化体系只有四个：中国、印度、希腊、伊斯兰，再没有第五个；而这四个文化体系汇流的地方只有一个，就是中国的敦煌和新疆地区，再没有第二个。"就是这样一个"西风紫塞，落日黄沙"的枢纽，在1994年那会儿前往，必须先乘坐绿皮火车到柳园，再转乘汽车，经过点缀着骆驼刺的沙碛才能到达敦煌。这是我第一次跋涉荒漠，踏上这个"吾国学术之伤心史"的地方。当年的懵懂少年远没有想到敦煌会有今日如此的繁华，甚至成为丝绸之路上"网红"打卡蹭流量的地方。

"'丝绸之路'这一名称不是在中国文献中被首先使用的。这个很能说明问题的名称，最早可能是由男爵李希霍芬教授提出的。他在一部关于中国的名著中使用了'丝绸之路'——Silk Road——这个名词，并进行了论证"（斯文·赫定的《丝绸之路》）。李希霍芬（1833—1905）是德国地理学家，是斯文·赫定的老师，他接受德国俾斯麦政府的任务，七次到中国进行考察，1877年，他在《中国——亲身旅行和据此所作研究的成果》第一卷中，把从今天乌兹别克斯坦的撒马尔罕到洛阳的贸易通道命名为"丝绸之路"。其实，丝绸之路本来就是一条简单的物流通道，但不可思议的是，它无形中促进了东西方文明的交流，作为国人熟悉的地理概念，今天"再次进入文明和发展的新时代"，也为21世纪国家之间平等合作搭建了重要的平台。

2023年的春首和冬末，为了《如果敦煌会说话》，我和江苏凤凰科学技术出版社的编辑两次膜拜敦煌，这也是我第六次和第七次朝圣莫高窟，虽然每一次都很短暂，但都有不同的认知和收获：在历劫后仅存的六朝隋唐真迹中探究绘画技法的源流，从地仗材料的层层分析深窥保存修复的意义，从张大千的摹本作品和研究心得体会多元艺术交织蕴藉的艺境，也了解到毕生致力于敦煌文化保护的常书鸿、樊锦诗以及日本艺术家平山郁夫和他融合了东方理想的艺术风格。高度不同，视野必异。莫高窟终究无法抗拒自然的风化，旅游的过客也未必能蠡测敦煌保护与研究工作的艰辛，然而是一代代敦煌儿女接续着择一事、终一生的“无期徒刑”，到底是心甘情愿地守护，还是生活的迫不得已？总之，“世上只有一种英雄主义，就是在认清生活的真相之后依然热爱生活”（罗曼·罗兰）。

当下的敦煌莫高窟，好像已成为一个取之不竭的艺术宝库，这也是先前开窟礼佛的供养人和民间画工没有预想到的，私下揣度当时的艺人应该没有主观上为推动艺术发展而创作的艺术原动力。而在这远离尘世的 400 多个洞窟里，有宏大的绘事主题，有无尽的情节内容，自然也少不了信仰膜拜的力量，他们为生存而碰撞交流，在绵延了1000多年的壁画中孕育了“天衣飞扬，满壁风动”的飞天神女，也在不自觉中融汇了东西方文化，呈现出“艺术热情时代”的绚烂。不可思议的恰恰又是这些跨越空间的壁画菁华，即便是边边角角的装饰纹样都为这本《如果敦煌会说话》提供了无可替代的“伟力、活力、热力、想象力”，这是汲取创造灵感、归纳创作元素、总结遗产智慧的过程，既体现了出版社对敦煌艺术选题的独到眼光，也凝结了各位编辑勤谨中的字斟句酌以及美编的构思和取舍。不可否认，书稿问世的推敲过程力图把握内容的准确性和行文的易读性，究其缘由，无非是反复验证荣格“错误也是知识建立的基础”这一论断，当然，如果敦煌会说话，也就不会有今天如此诸多的不可思议和形形色色的敦煌解读。

《如果敦煌会说话》中选用了大量友人和学生的画作，组稿期间不乏修来改去的要求，最终的出版还是见证了我们针对传统美的理解和共识。躬耕经年，编订付梓，即事感怀，深思自得，但愧尺短寸长，既接受看官望向他处的敷衍，又期冀大方之家的不吝斤削。

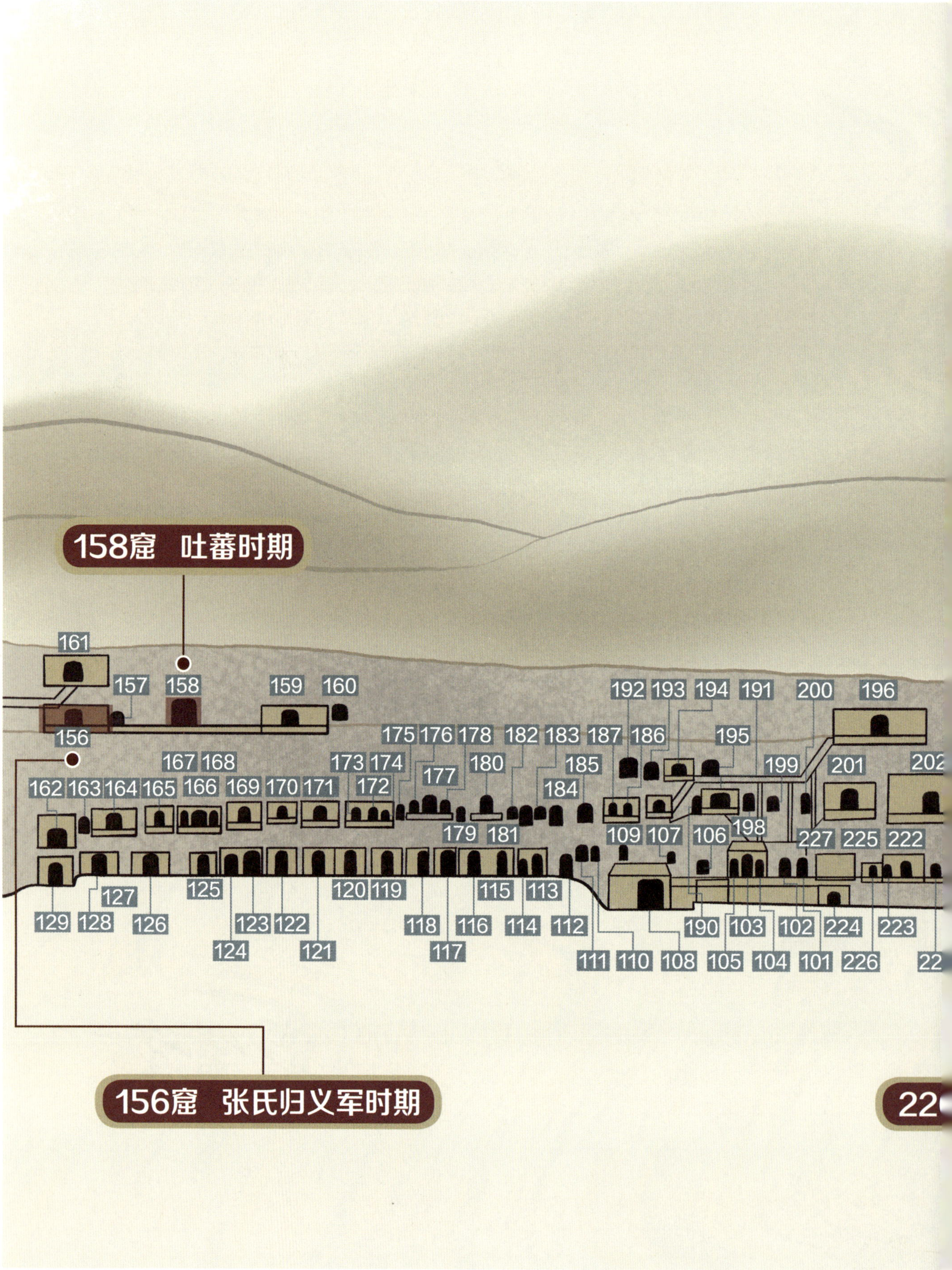
158窟 吐蕃时期
156窟 张氏归义军时期
161
157
158
159
160
156
192 193 194 191 200 196
175 176 178 182 183 187 186 195
167 168 173 174 177 180 185 199 201
162 163 164 165 166 169 170 171 172 184
179 181 109 107 106 198 227 225 222
129 128 127 126 125 124 123 122 121 120 119 118 117 116 115 114 113 112 111 110 108 190 105 103 104 102 101 224 226 223

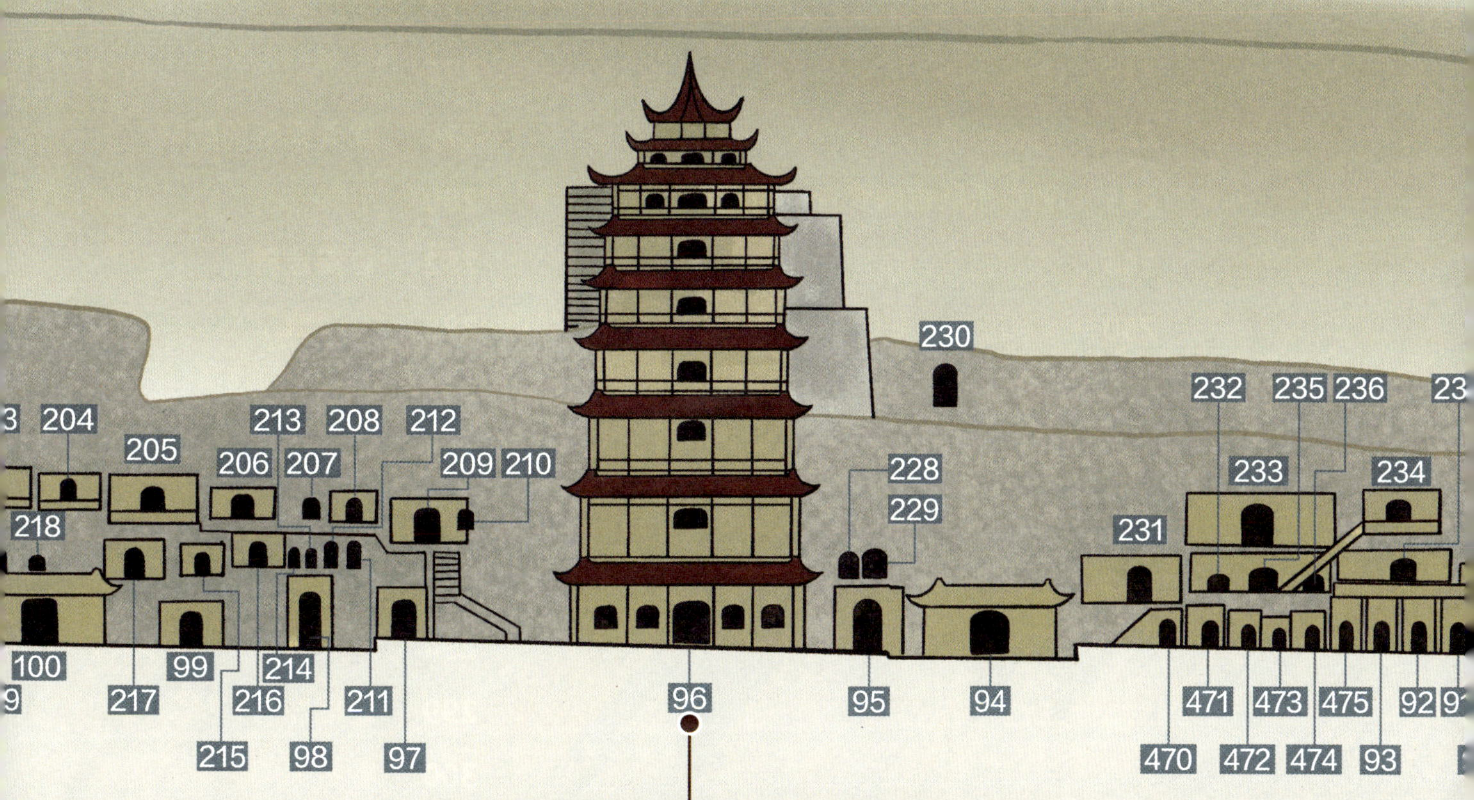

204
205
206
207
208
212
213
209
210
218
230
228
229
231
232
233
234
235
236
100
99
214
217
216
211
215
98
97
96
95
94
471
473
475
92
470
472
474
93

96窟 大佛殿 开凿于唐

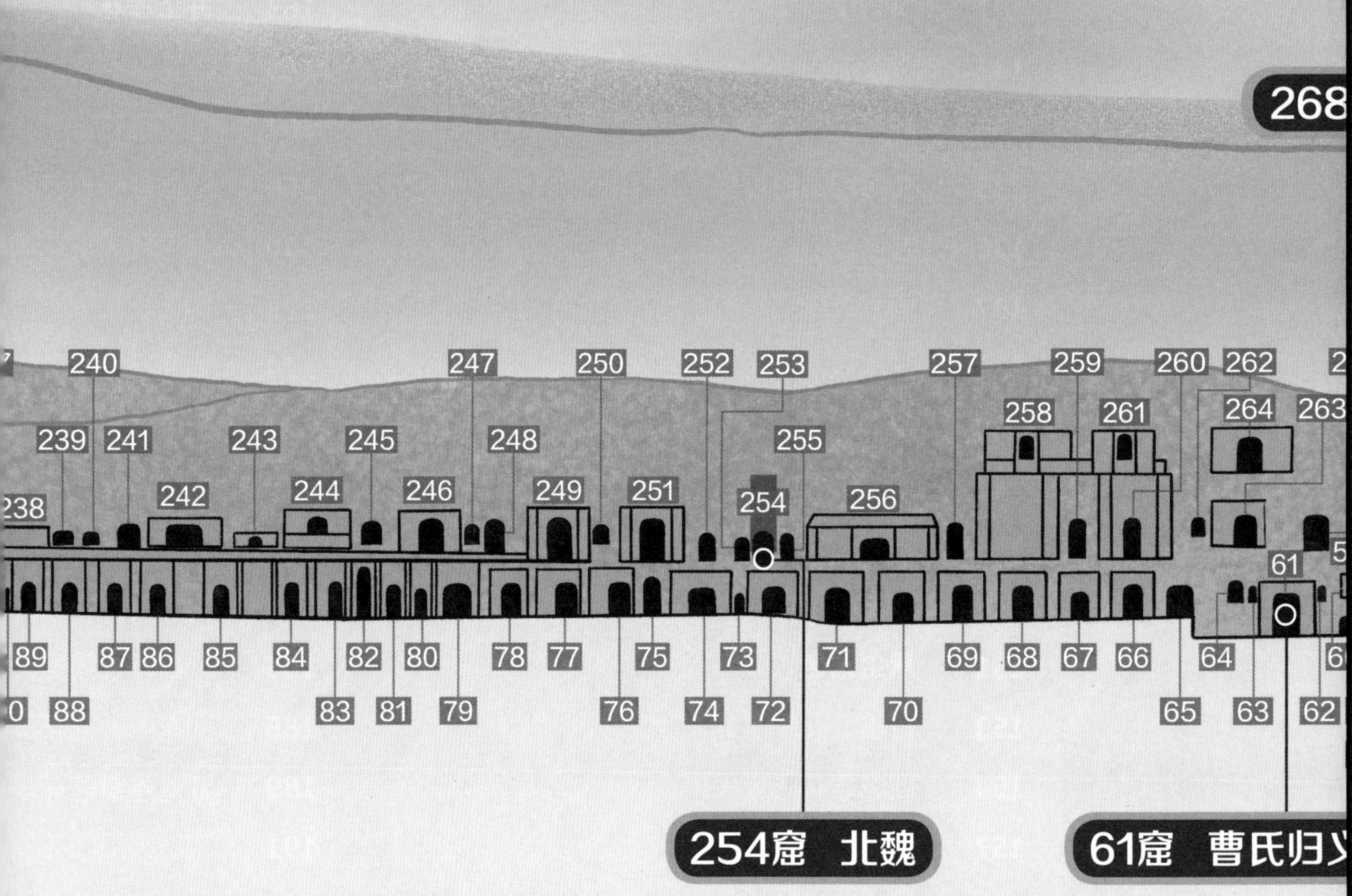

268
240
247
250
252
253
257
259
260
262
239
241
243
245
248
255
258
261
264
263
238
242
244
246
249
251
254
256
61
89
87
86
85
84
82
80
78
77
75
73
71
69
68
67
66
64
88
83
81
79
76
74
72
70
65
63
62
254窟 北魏
61窟 曹氏归

6

7

1

敦煌颜色，源于天地，

采于自然，斑斓于时代，

沉淀于光阴……

敦煌五色

民族审美的基因

赤、青、黄、黑、白，有限的色彩，无限的搭配，成就千年不朽的光彩。

变化的色彩成就了敦煌的美轮美奂

浮翠流丹的飞天，高绿下赪的山水，光彩陆离的仙禽神兽，五色斑斓的藻井……

敦煌的色彩，历经了北魏的浓郁厚重、西魏北周的明朗清雅、隋唐的高雅华丽、五代的典雅温和、元代的俭淡冷清……因时代变迁，审美变化，有了不同的面目，也成就了敦煌艺术的独特配色。

▲ 敦煌莫高窟第272窟　西壁龛外北侧　北凉　石东玉临摹

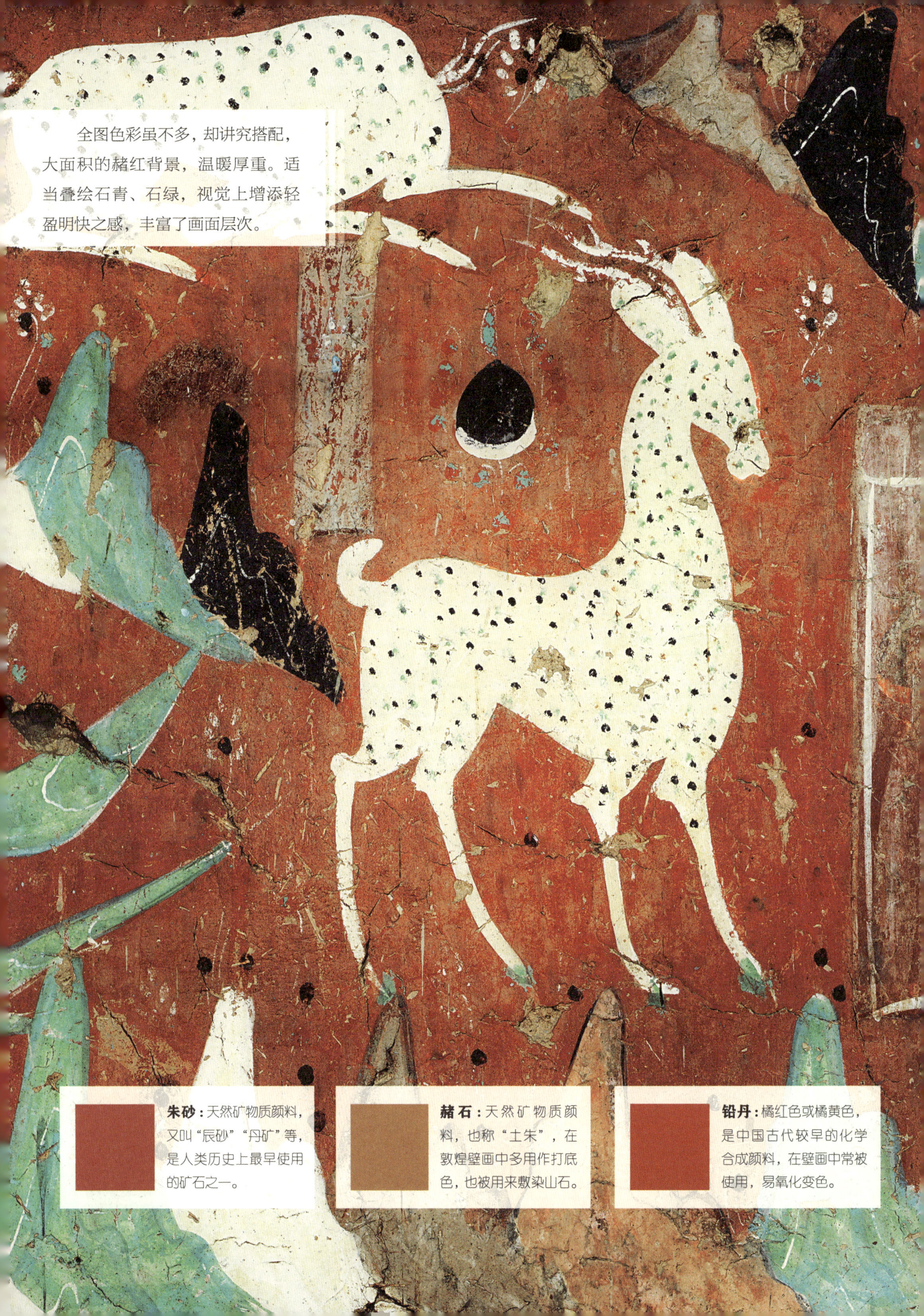

全图色彩虽不多，却讲究搭配，大面积的赭红背景，温暖厚重。适当叠绘石青、石绿，视觉上增添轻盈明快之感，丰富了画面层次。

朱砂：天然矿物质颜料，又叫“辰砂”“丹矿”等，是人类历史上最早使用的矿石之一。

赭石：天然矿物质颜料，也称“土朱”，在敦煌壁画中多用作打底色，也被用来敷染山石。

铅丹：橘红色或橘黄色，是中国古代较早的化学合成颜料，在壁画中常被使用，易氧化变色。

赤 | 赫如渥赭

赤为五色之荣

敦煌石窟壁画使用最多的颜料为红色，红色颜料包括朱砂、铅丹、土红等，土红较多用于魏晋南北朝时期的壁画，隋唐之后朱砂和铅丹等红色颜料被广泛使用。

听！敦煌在说话。

土红：天然矿物质颜料，呈棕红色。在北朝、隋代的敦煌壁画中，常被直接刷在泥壁上作底色，色彩沉稳。

朱磦：朱砂原料经研磨、漂洗、水飞后，悬浮在上层的最细的橘黄色颜料。

胭脂：用红花、苏木、茜草等植物原料经炮制调和而成，在敦煌藏经洞的经幡里有很多应用，在壁画中使用不多。

▲敦煌莫高窟第257窟　主室西壁　北魏

五彩缤纷的红

武术指导水上漂——朱砂和朱磦

朱砂：在水飞过程中去除悬浮在最上面的一层（为朱磦），剩余的皆可被称为朱砂。

朱磦：朱磦是朱砂在水飞过程中浮离在水面上较轻的一层朱砂粉，相比朱砂，朱磦色浅，更细腻更鲜艳一些，而且不易褪色，是制作高端朱磦印泥的原料。

朱砂最早的出现时间：新石器时代。河姆渡文化遗址中曾出土了木胎朱漆大碗，是我国迄今为止发现最早使用朱砂的实物。

器壁外涂有的一层色泽鲜艳、微有光泽的红色颜料，就是朱砂。

▲河姆渡朱漆碗　现藏于浙江省博物馆

甲骨文刻痕中的朱砂：商代的“涂朱甲骨”，这一抹鲜红历经3000多年，仍光彩耀眼。

历代帝王的“朱笔御批”，亦有醒目和长期保存的目的。

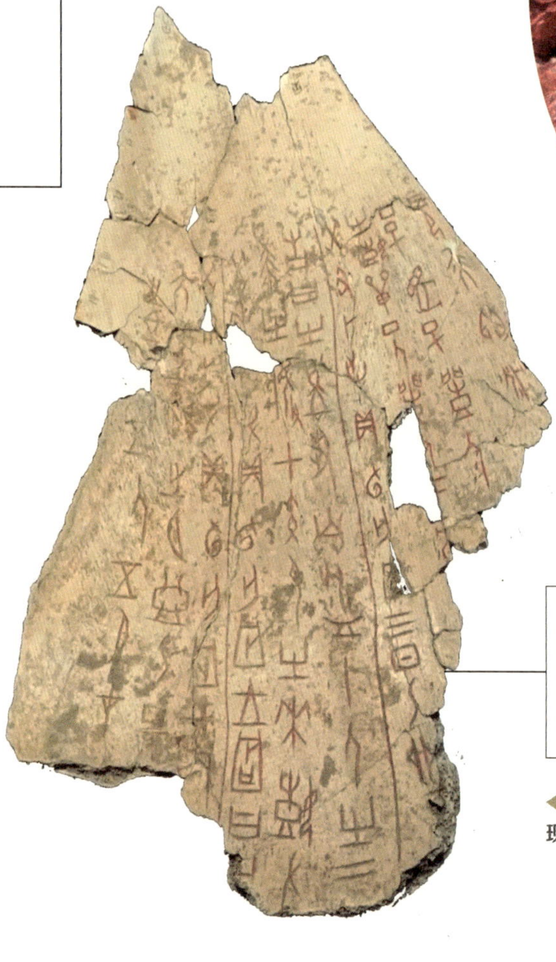

把朱砂磨成红色粉末，涂嵌在甲骨文的刻痕中，给人以光艳醒目的感受。

◀商涂朱刻辞卜骨
现藏于中国国家博物馆

古代女性最初的唇膏原料：东汉时期，女子流行“点唇”妆，叫作点绛唇。最初的唇膏就是以朱砂、动物油脂调和而成的。

朱砂研磨成细粉和动物油脂调和，在上下唇中间点一个圆点，依照“上唇小、下唇大”的形状晕开。

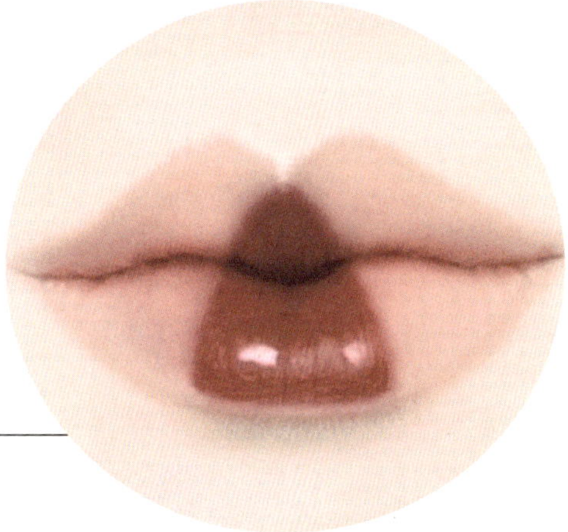

▲古代女子点绛唇示意图

▲敦煌莫高窟第321窟 主室南壁 初唐

敦煌莫高窟第321窟壁画中使用了朱砂，经历了1000多年的岁月，仍然鲜艳如新，充分显示了矿物质颜料所产生的艺术魅力。

在敦煌壁画中，朱砂和朱磦的使用比较普遍，北魏至五代时期壁画中均可发现。

经典龙套打底——赭石

赭石在自然界中广泛存在，是人类最早使用的颜料之一，它的普遍使用不仅仅是因为其硬度适中且不易变色，更多的是与其他冷或暖的色调搭配时都具有亲和力，既可厚涂，又能薄染。

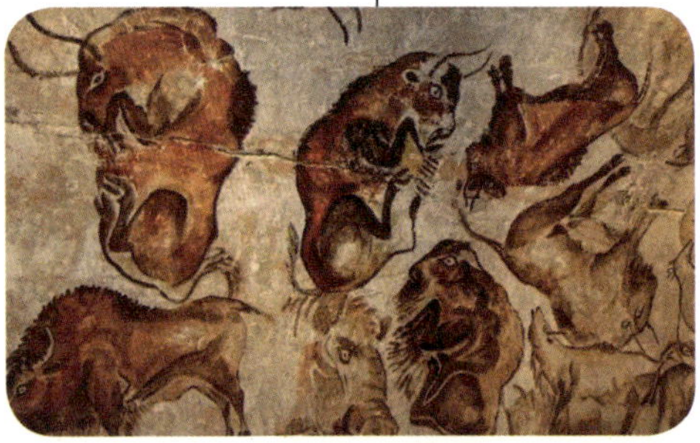

▲阿尔塔米拉岩画　西班牙

欧洲原始先民将易于研磨的赭石粉与动物油脂或鲜血调和后，涂绘成稚拙粗犷、鲜艳生动的各类符号。

▲敦煌莫高窟第323窟　主室北壁　初唐

赭石在新石器时期彩陶文化中广泛应用，是构成彩陶的主色调之一。那时的人们已经发现了自然界中含有赤铁矿的赭石和含铁量很高的红黏土，这些材料不仅多见而且还很容易获取，所以红彩就成为当时使用最多的色彩。

赭石色在敦煌壁画中常用作底色。如《张骞出使西域》中的青绿山水。

赭石也被用来敷染山石，如敦煌莫高窟第103窟壁画《维摩诘经变》中的背景山石等。

▲旋涡纹彩陶罐　新石器时代马家窑文化　现藏于甘肃省博物馆

隋代画家展子虔的画作《游春图》用青绿重着山水，用泥金描绘山脚，用赭石填染树干，是早期山水画的代表作。

▲《游春图》　展子虔　隋　现藏于北京故宫博物院

▲敦煌莫高窟第103窟　主室东壁　盛唐

视觉特效师——铅丹

铅丹是中国古代彩绘陶器和壁画中常见的一种颜料，也是历史上使用非常早的人工化学合成颜料。

铅丹等含铅的颜料暴露在空气中，容易受紫外线、温度和湿度的影响而发生变色。敦煌石窟早期、中期和唐代壁画中的很多红色颜料中都含有铅丹。以铅丹与辰砂、铅白调成肉色使用，或以铅丹叠晕染人物的皮肤凹凸部，可以表现人物立体感。使用的铅丹颜料经千年的氧化反应，失去了初绘时的鲜艳、绚丽效果，反而呈现出一种古朴、典雅、深沉的色调。

◀ 敦煌莫高窟第220窟 甬道北壁 初唐

覆盖在五代时期壁画下的《文殊变》，没有氧化变色，人物面部和上肢的铅丹颜料并未变色。

▲ 秦始皇兵马俑出土资料

秦始皇陵出土的兵马俑彩绘中，就有以铅丹绘制的红色。

变色后，由原来的深红、灰红、粉红等颜色变成浅棕、灰黑甚至棕黑色。人物身体和面部被氧化成棕黑色，眼睑和鼻骨等处的白色高光更加凸显，形成了粗犷、朴拙的“小字脸”样式。

▲ 敦煌莫高窟第428窟 主室南壁 北周

两名猎者骑马奔驰，红马黑衣，黑马红衣，遥相呼应，一头以土红线条勾勒的白虎，跳跃穿梭于青绿绘制的山峦间。

石青：含铜的碳酸盐矿物，深蓝色，在中国画颜料中被称为“石青”。

群青：一种浓郁的蓝色，是青金石研磨成的粉末。青金石在西方被称为“天然群青”。

青绿｜只此青绿

青被誉为五色之始

青有统领画面色彩的点睛作用，深受人们的喜爱。中国绘画别名就叫“丹青”，这里的“青”，是指深浅不同的蓝绿色颜料，也涵盖了绿色。

听！敦煌在说话。

花青：靛蓝就是中国画颜料中的花青，是敦煌壁画中非常少见的植物性颜料，常被用来做衬色或罩色。

沙青：石青的一种，产自西藏，呈亮晶晶沙粒状，颜色深蓝带红头。

▲敦煌莫高窟第249窟　主室北披　西魏

两侧峭壁耸立的山峰与中部平缓山丘相映成趣，以石绿和浅赭相间染出的山石间有飞流而下的瀑布，灵动而精彩。

石绿：孔雀石，敦煌石窟里大约五分之一的绿色颜料来自孔雀石。

铜绿：古代画师将铜在空气中氧化后生成的铜锈，当作绿色颜料来使用。

绿松石：磷酸盐矿物，古称“土耳其玉”“琅玕”等，颜色呈浅绿色或浅蓝色。

▲敦煌莫高窟第217窟 主室南壁 盛唐

依旧光彩动人的青

沿“丝绸之路”输送的国石——青金石

青金石矿藏非常稀有，世界上只有阿富汗、俄罗斯、智利等少数几个国家才有青金石矿产。由于产量稀少，开采难度大，以及其纯正饱和的深蓝色，青金石一直深受人们的喜爱，价值不菲。

它是让石窟艺术登峰造极的“蓝”，震人心魄且恰到好处。

有着“第二敦煌”之称的克孜尔石窟几乎全部使用青金石作为蓝色颜料。克孜尔石窟能大量使用青金石，足见那时龟兹的富庶。

新疆克孜尔石窟壁画

早期的敦煌石窟中，很多佛像的发丝都是用青金石颜料画的，散发出柔和的“绀蓝色”。

敦煌莫高窟第45窟主室南壁　盛唐

这部分镶嵌的也是青金石。

▲ 埃及新王国时期第十八王朝法老图坦卡蒙黄金面具

它是让皇室贵族为之倾倒的“蓝”，用量不一定多，但一定点睛。

埃及法老图坦卡蒙的黄金面具上，就是用浓重的群青色描画眼线。

东汉彭城靖王刘恭墓出土的这件鎏金嵌宝兽形砚盒，兽身上镶嵌的就有青金石。

鎏金嵌宝兽形砚盒

清代四品官员的朝服顶戴就是用青金石制作的。

清官帽示意图

公元前575年，古巴比伦国王希望修建一座通往“天空之城”的大门，古巴比伦人很可能在泥砖表面敷烧了一层青金石制成的蓝釉料，用这种蓝砖修建了著名的伊什塔尔门。

伊什塔尔城门　现藏于德国柏林佩加蒙博物馆

它是让黄金黯然失色的“蓝”，黄金都是它的配角。

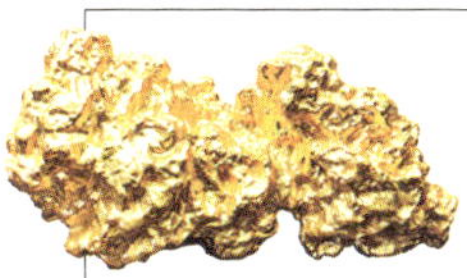

在中世纪欧洲，1克群青颜料的价格等于5克黄金。

敦煌莫高窟壁画中的蓝色颜料以青金石为主，在“安史之乱”后，丝绸之路逐渐衰落，来自中原内地产出的蓝铜矿，其开采运输方便，价格亲民，蓝铜矿颜料逐渐取代了青金石颜料。

它也是让画家倾家荡产的“蓝”，中外艺术家对青金石都有着长久的痴迷史。

米开朗基罗在西斯廷教堂的壁画中使用了青金石粉描绘蓝色。

荷兰画家维米尔视群青色为挚爱，其很多作品中群青都是被大手大脚地用，结果变成了穷光蛋。

后来普鲁士蓝问世，代替了昂贵的青金石，不然我们可能无缘看到梵·高的《星空》了。

有些学者认为北宋画家王希孟的《千里江山图》也使用了大量的青金石颜料。

▲《千里江山图》局部 王希孟 北宋 现藏于北京故宫博物院

染坊大当家——靛蓝

靛蓝是从植物蓝草中提取出来的一种植物性染料。在绘画颜料中通常被称为“花青”。

它是纺织印染最古老的颜料之一，我国先秦时期就已经开始用靛蓝染色了，是世界上少数几个一直延续靛蓝染色至今的地区之一。

认识染蓝，从“制作靛蓝”开始。

第一步：摘取蓼蓝叶子。
第二步：清水洗涤。
第三步：去除根茎。
第四步：浸泡三天。
第五步：捞出洗净。
第六步：加入石灰。
第七步：观察颜色变化。
第八步：将沉淀物析出。
第九步：过滤烘干。

▲ 美索不达米亚新巴比伦楔形文字石板

2000多年前，美索不达米亚新巴比伦的楔形文字石板上就记载着用靛蓝进行青绿色羊毛染色的方法。

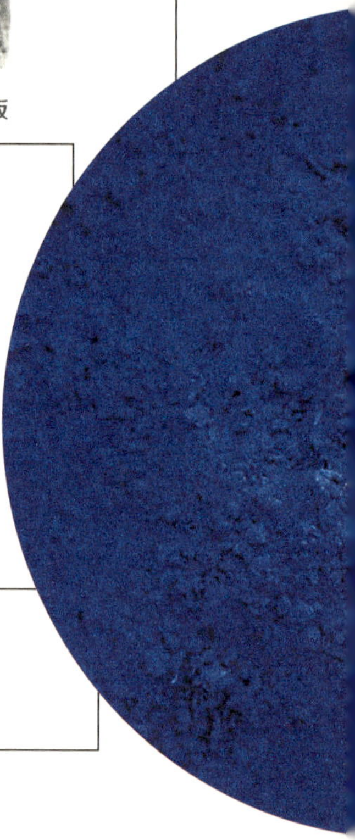

在秘鲁瓦卡普列塔遗址发现的2000多年前的几块纺织物残片，就有植物染蓝的印记。

▲ 织物残片 秘鲁瓦卡普列塔遗址

敦煌莫高窟第290窟中心柱东向龛龛楣，这里用的蓝就是靛蓝。

▲ 敦煌莫高窟第290窟 中心柱东向龛龛楣 北周

▲ 菘蓝原料

在欧洲，最早人们用菘蓝提取靛蓝染料，德国斯图加特的霍赫多夫君王墓葬里就发现了2000多年前以菘蓝作为原料的靛蓝染色织物。

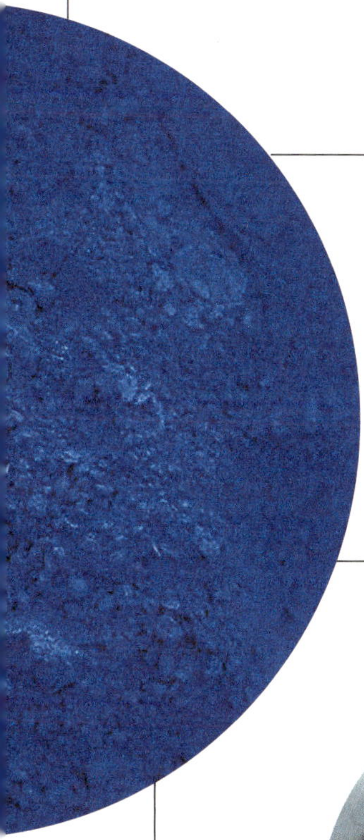

▲ 敦煌莫高窟第17窟　天王像
现藏于大英博物馆

藏于大英博物馆的唐代敦煌绢画《天王像》，这里的蓝色也是使用的靛蓝颜料。

湖南长沙马王堆汉墓一号出土的靛蓝染色织品“长寿绣”。

▲ 长沙马王堆汉墓出土的绢地“长寿绣”

古时的英国人和罗马人战斗前，脸上、身上都会涂抹上含有靛蓝的植物汁液。

▲ 电影《勇敢的心》人物形象

生命活力的绿

酷似孔雀羽毛上的美丽斑点——孔雀石

孔雀石是传统绘画颜料，古时被称作“绿青”“青珠”。它拥有醉人的绿，也兼具千姿百态的形，常常具有圆滑的条带和环状花纹，非常独特。

《十六国壁画》是至今发现较早使用石绿作为绿色颜料的画作。

▲ 敦煌莫高窟第275窟　主室北壁　北凉

春秋、战国至汉代的贵族们非常喜爱孔雀石的色彩，用它来装饰腰带上的青铜带钩。

▶ 战国青铜嵌孔雀石带钩
现藏于美国弗利尔美术馆

▲ 敦煌莫高窟第320窟　甬道顶部　盛唐

敦煌莫高窟第320窟和第220窟中使用的绿色颜料为石绿和铜绿。

在《千里江山图》中，孔雀石主要用来渲染树叶以及山峦顶部，凸显青山叠翠之感。

▲ 敦煌莫高窟第220窟　藻井　初唐

在敦煌莫高窟壁画中，石绿（孔雀石）主要用于描绘祥云、植物或人物服饰等。

▲《千里江山图》局部　王希孟　北宋　现藏于北京故宫博物院

深受艺术家喜爱的古老宝石——绿松石

绿松石是古老宝石之一，几千年前西藏画师采用绿松石原料磨成粉，来绘制唐卡和壁画。它有着独特的色调，而且千年不变色，深受艺术家和画师们的喜爱。

▲ 绿松石饰件

绿松石作为饰物已经有几千年的历史了。河南偃师二里头遗址出土了夏商时期的多件绿松石饰件。

▲ 二里头遗址出土的绿松石“龙”

数千块绿松石碎片摆放成龙的造型。

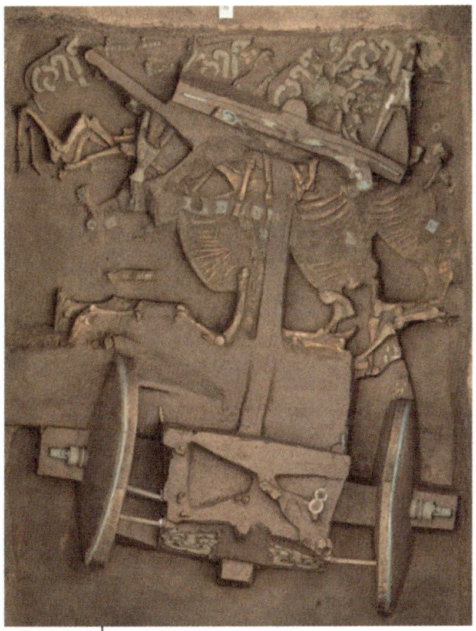

▲ 西周“青铜轮牙马车”

被誉为“迄今为止发现的最豪华的西周马车”，多处镶嵌的都是绿松石。

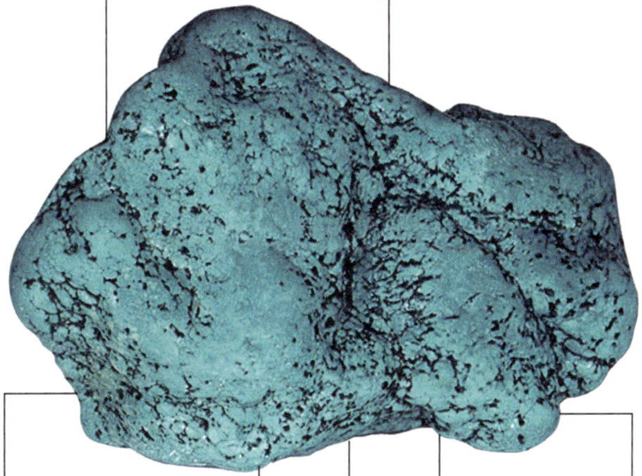

▲ 嵌绿松石甲骨文

殷墟出土的商代绿松石甲骨文，这也是我国博物馆馆藏的唯一镶嵌绿松石的甲骨文。

14~16世纪墨西哥阿兹特克帝国，代表火神的绿松石领主面具。

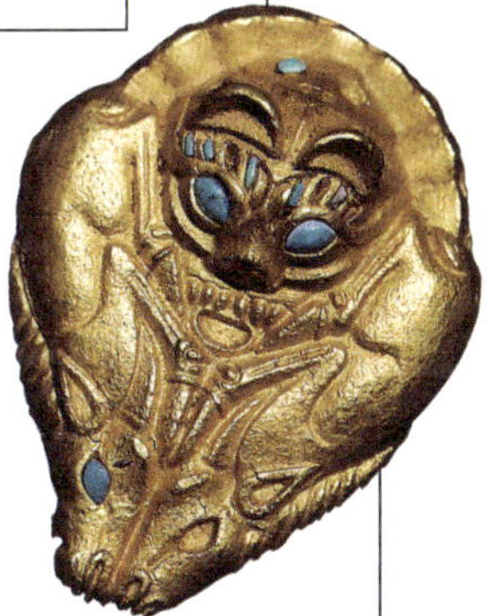

河北易县燕下都辛庄头30号墓出土的战国时期的熊羊纹金饰件上嵌有绿松石。

▲ 嵌绿松石熊羊纹金饰件
现藏于河北省文物考古研究院

诗人海子倾慕色如海洋的绿松石，曾以绿松石为名，写过一首赞美青海湖的诗歌。

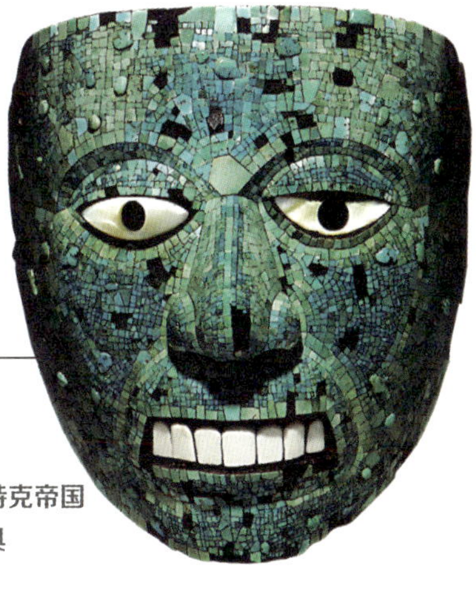

▶ 墨西哥阿兹特克帝国
绿松石领主面具

画面基本以线描为主，局部敷色，人物面部敷以淡黄呈现肤色，给人一种和谐的美感。

雄黄：在敦煌壁画中，雄黄是一种常用的橘红色矿物颜料。它主要用于绘制人物的衣服、饰品等。

雌黄：又称“石黄”，在敦煌壁画中，它常被用于绘制黄色部分，如飞天仙女的服饰等。雌黄的颜色鲜艳且持久，历经千年仍然能够保持华丽。

土黄：由天然的黄土调制而成，在多个洞窟的壁画中都有出现。通常用于绘制莫高窟崖体风貌、开明兽图案以及一些装饰性元素。

黄 | 嫩于金色软于丝

黄为古代“帝王之色”

在敦煌壁画中较少使用黄色，其主要颜料有雌黄、密陀僧等，黄色颜料在壁画中通常用于表现人物肤色、服饰以及一些装饰性元素。

密陀僧：俗称“铅黄”，颜色呈现出黄色或橙黄色，通常情况下，雌黄的颜色偏黄，而密陀僧的颜色相对来说可能会偏红一些，在敦煌壁画中，常与其他颜料混合使用，用于描绘人物服饰、建筑装饰等细节部分，缺点是容易氧化变色。

藤黄：敦煌壁画艺术中使用的黄色植物颜料，会呈现出很鲜明的黄色，但易氧化褪色。常用于表现画面明亮的部分。

听！敦煌在说话。

▲敦煌莫高窟第103窟　主室东壁　盛唐　沈淑萍临摹

点睛之钥的黄

雄黄点金与雌黄涂字

雄黄和雌黄作为颜料入画已有悠久的历史，它们是一种共生的矿物质，相伴相生，有雌黄的地方一定有雄黄，反之相同。

早在古埃及时期，就有以雄黄与雌黄为贡品的记载。在中国距今3000多年的火烧沟遗址出土的颜料中就发现了雄黄和雌黄。

根据宋代《太平寰宇记》记载，敦煌县的雌黄州就是以出产品质极好的雌黄而得名的。

▲战国时期武王墩墓一号墓出土的漆器

战国时期武王墩墓出土的漆器中，黄彩的主要颜料就是雄黄和雌黄的混合物。

▲敦煌莫高窟第17窟　藏经洞绢画　现藏于大英博物馆

▲敦煌莫高窟第17窟　藏经洞绢画
现藏于法国吉美博物馆

在敦煌石窟和藏经洞保存的唐代绢画中，很多都用到了雌黄颜料。

在古代中国，雌黄还有更广泛的作用——“涂改液”，这一用途在诸多古籍中都有记载。

宋代沈括《梦溪笔谈·故事》：“馆阁新书净本有误书处，以雌黄涂之……”由于古时写字用的是黄颜色的纸，错字就用雌黄涂抹后重写。后人用“信口雌黄”来比喻不顾事实，随口乱说，也是源于雌黄的这一用处。

▲韩休墓壁画《乐舞图》

▲敦煌莫高窟第329窟　藻井　初唐

敦煌莫高窟壁画中，雌黄常被用作黄色颜料。如329窟内的窟顶藻井、第285窟的壁画，都使用了雌黄颜料。这些壁画历经千年岁月的洗礼，仍然保持着鲜艳的色泽。

从密陀僧到冷香丸

铅的氧化物呈黄色，大约东汉时期从波斯传入，按波斯语音译为“密陀僧”。另一种观点是，它是秦汉时期炼丹家在烧炼丹药的过程中意外得到的副产品，东汉时是炼丹涂釜必用之药。在敦煌壁画、唐代墓室壁画中被广泛使用，并用于女子化妆品，南北朝时期尤为流行。

《红楼梦》中薛宝钗服用的“冷香丸”配方中的一种重要成分，就是“密陀僧”。

▲《红楼梦》画本节选　孙温　清　现藏于旅顺博物馆

在敦煌壁画中出现很早，早在北凉时期的第268窟、第272窟中就发现了这种颜料的使用。

▲敦煌莫高窟第272窟　西壁龛顶　北凉

黑 | 灿烂之后浓墨以前

黑被誉为重色之王

黑在敦煌壁画中常用于勾勒线条，其主要颜料通常为墨，黑色是一种深沉、神秘而庄重的颜色。

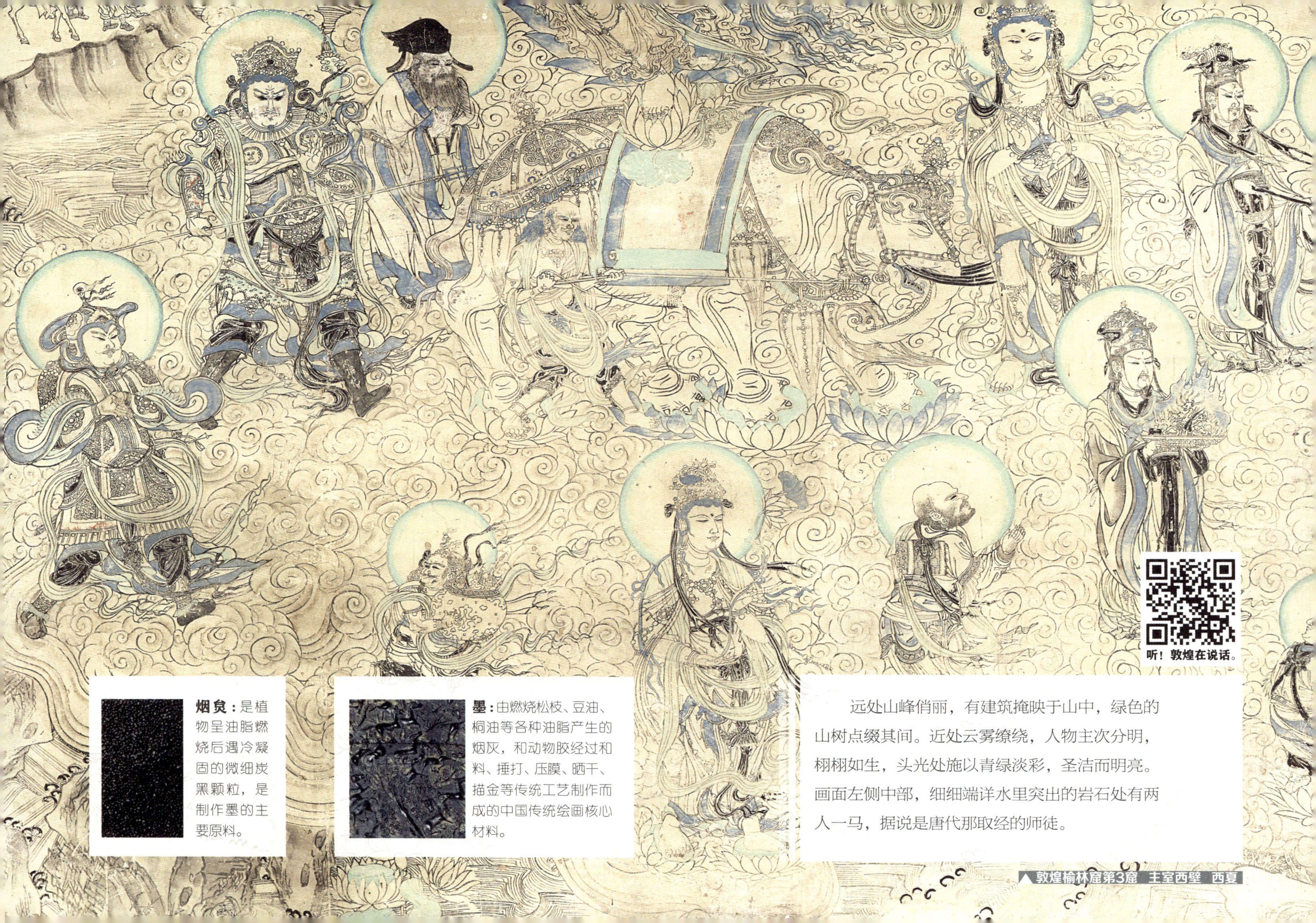

烟炱：是植物呈油脂燃烧后遇冷凝固的微细炭黑颗粒，是制作墨的主要原料。

墨：由燃烧松枝、豆油、桐油等各种油脂产生的烟灰，和动物胶经过和料、捶打、压膜、晒干、描金等传统工艺制作而成的中国传统绘画核心材料。

远处山峰俏丽，有建筑掩映于山中，绿色的山树点缀其间。近处云雾缭绕，人物主次分明，栩栩如生，头光处施以青绿淡彩，圣洁而明亮。画面左侧中部，细细端详水里突出的岩石处有两人一马，据说是唐代那取经的师徒。

听！敦煌在说话。

▲敦煌榆林窟第3窟 主室西壁 西夏

大气稳重的黑

变化莫测的黑——墨

宋代赵希鹄《洞天清录集》记载了墨的发展："上古以竹挺点漆而书，中古有石墨，可磨石以书，至魏晋间，始有墨丸，以漆烟和松煤为之。"墨在中国文化中的地位极其重要，不仅用于书写记录，在绘画领域的应用亦是相当广泛，中国人用"墨宝"来尊称别人的字或者画，足可以窥见墨之重要。

《述古书法纂》中："邢夷始制墨，字从黑土，煤烟所成，土之类也。"这是现存史料中关于墨的最早记载，西周宣王时期的"邢夷"成了"制墨祖先"。

战国时期人们已经熟练用墨作画，如帛画《人物龙凤图》，画中有一龙一凤正引导墓主人升天的景象。

◀《人物龙凤图》帛画 湖南长沙陈家大山战国楚墓

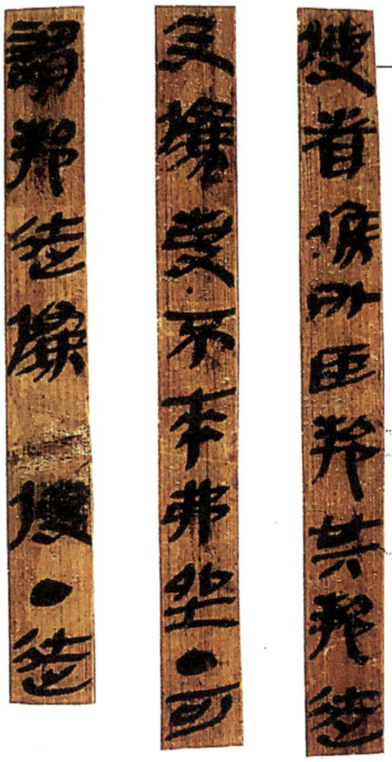

湖北战国古墓中出土了石砚和写满墨字的木牍，表明战国时期已经开始了墨的使用。

▲秦木牍 湖北睡虎地秦墓 现藏于湖北省博物馆

制墨工艺历史悠久，古代制墨的主要原料是树木和油脂，《墨经》《墨谱》《齐民要术》等古籍文献中都有关于墨的制作方法的详细记载。

▲传统松烟墨制作步骤（部分）

曾经权力的象征——黑色

人类一直有使用黑色的历史传统。早在新石器时代，祖先们已经就开始使用黑色来装饰陶器。

黑色，给人庄重、威严、尊贵之感，是中华传统五正色之一，曾用来代表国家权力的意志，是国家机器的象征。

上古时代至春秋时期，黑色是官员的基本服色，普遍使用黑色的丝帛来制作，称作“缁衣”。

▲《八达春游图》赵喦　五代后梁　现藏于中国台北故宫博物院

五代后梁时期的《八达春游图》八人均佩戴幞头，即乌纱。

▲《听琴图》局部　赵佶　宋　现藏于北京故宫博物院

宋赵佶《听琴图》，画面中间的弹琴者，有说称此人为宋徽宗本人，他端坐于琴桌前，身着缁衣。

汉以后各朝代官服开始五颜六色，但黑色依然被保留下来，黑色也从衣服上移至官员头上戴的帽子，乌纱帽成为古代官员的特有标志。

莫高窟第329窟北壁下部绘男供养人，可见头戴黑色纱帽。

黑色曾经是帝服的主色调。

水德帝服：秦王朝以黑色为正色，衣服的颜色都尚黑，尤其是秦始皇的帝服。

▲敦煌莫高窟第329窟　北壁　初唐

墨分五色，语出唐代张彦远《历代名画记》中的“运墨而五色具”，指墨的浓、重、淡、清、焦。在一幅画里，即使只用单一的墨色，也可使画面产生色彩的变化，完美地表现物象。

浓　　重　　淡　　清　　焦

白 | 千色之始万彩之终

干净神圣的白

白色没有色彩倾向，但并非无色，在色彩搭配组合中易与其他色彩相协调。白色常作为底色，也被当作单独颜料用来提亮。在壁画上常先行铺陈白色颜料打底。

这身菩萨面容清秀，长眉细目，身披白纱，着金色璎珞，娉婷而立，穿越千年，依然美得不可方物。

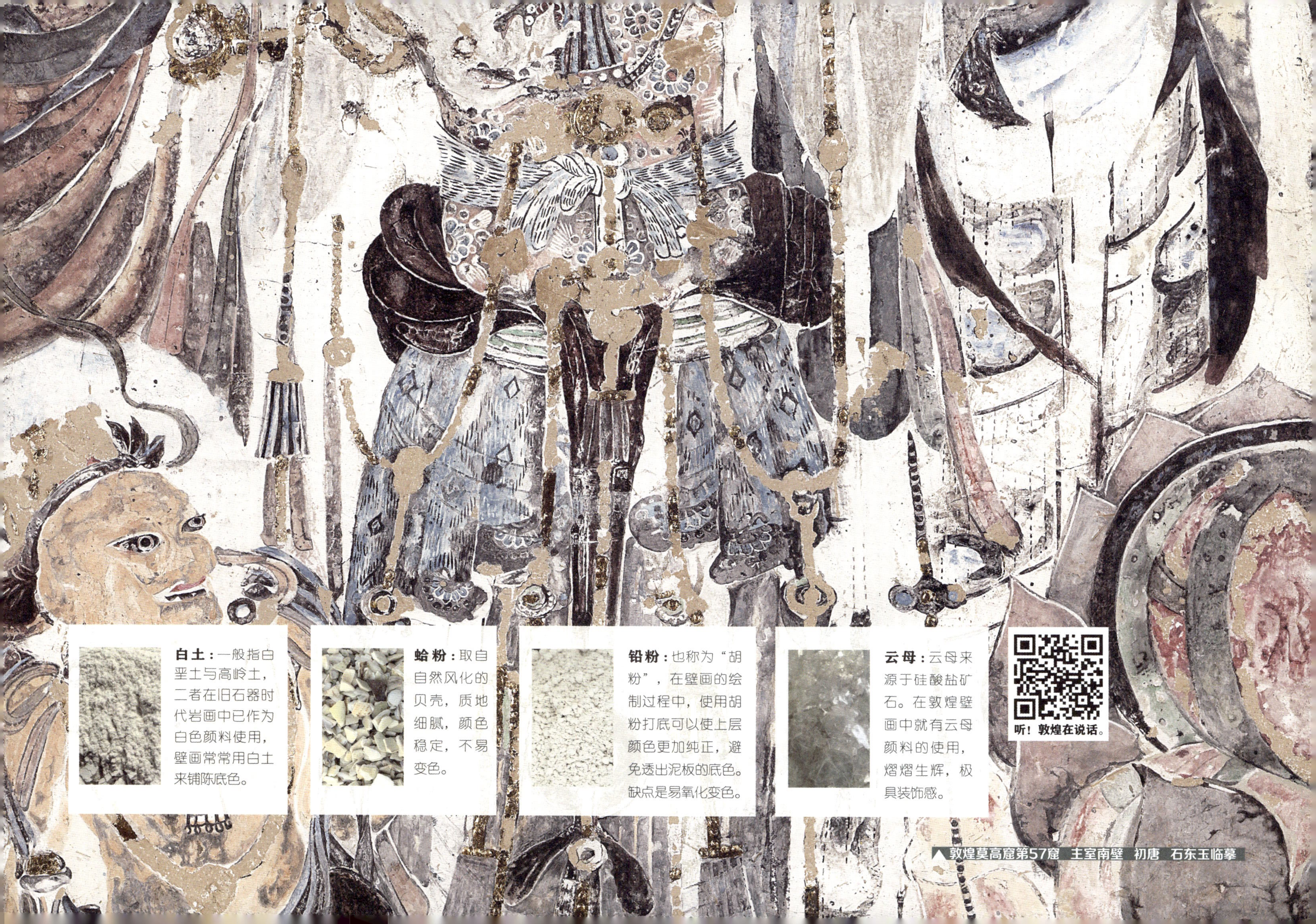

白土：一般指白垩土与高岭土，二者在旧石器时代岩画中已作为白色颜料使用，壁画常常用白土来铺陈底色。

蛤粉：取自自然风化的贝壳，质地细腻，颜色稳定，不易变色。

铅粉：也称为“胡粉”，在壁画的绘制过程中，使用胡粉打底可以使上层颜色更加纯正，避免透出泥板的底色。缺点是易氧化变色。

云母：云母来源于硅酸盐矿石。在敦煌壁画中就有云母颜料的使用，熠熠生辉，极具装饰感。

听！敦煌在说话。

▲敦煌莫高窟第57窟 主室南壁 初唐 石东玉临摹

历久弥新的白

壁画的底色——白垩

白垩是石灰岩的一种，形成于白垩纪，是由海洋古生物的残骸集聚沉积而成的白色土状物，手感细腻，又叫“白善土”“画粉”“白土粉”等，主要成分是碳酸钙。

壁画底色的主要原料。

▲敦煌莫高窟第285窟　主室南壁　西魏

敦煌大部分壁画以白垩为底色，白垩覆盖性很强，不透明，化学性质比较稳定，几乎不变色。

最早被使用的颜料之一。

旧石器时代，艺术家们就在洞穴中使用白垩作为白色颜料作画，由为著名的就是法国的拉斯科洞穴。

▲法国的拉斯科洞穴局部

历经千年可保持洁白的“主谋”。

马王堆一号墓出土的帛画，画面中醒目的白色部分使用了蛤粉，由于蛤粉不易变色的特点，帛画虽然历经千年，但颜色依然鲜明。

◀T形帛画　马王堆一号汉墓
现藏于湖南博物院

“傲娇”但受欢迎的蛤粉

蛤粉是将一种比较厚的蛤蚌壳经微火煅成石灰质，研至极细后所成的白粉，不易均匀涂抹，十分考验作画者水平。尤其在创作工笔重彩时，兑胶调制手法繁琐，多层渲染时也极其痛苦，需要长期反复练习，方能掌握。但这并不妨碍蛤粉成为最佳的传统白色颜料之一。

画中用于细节渲染的重要角色。

◀《韩熙载夜宴图》局部 顾闳中 五代 现藏于北京故宫博物院

在主要人物的绘制中，通过蛤粉打底，抑或是在色彩中加入蛤粉调和来提升色彩的明亮度，用来集中焦点和丰富画面的层次。

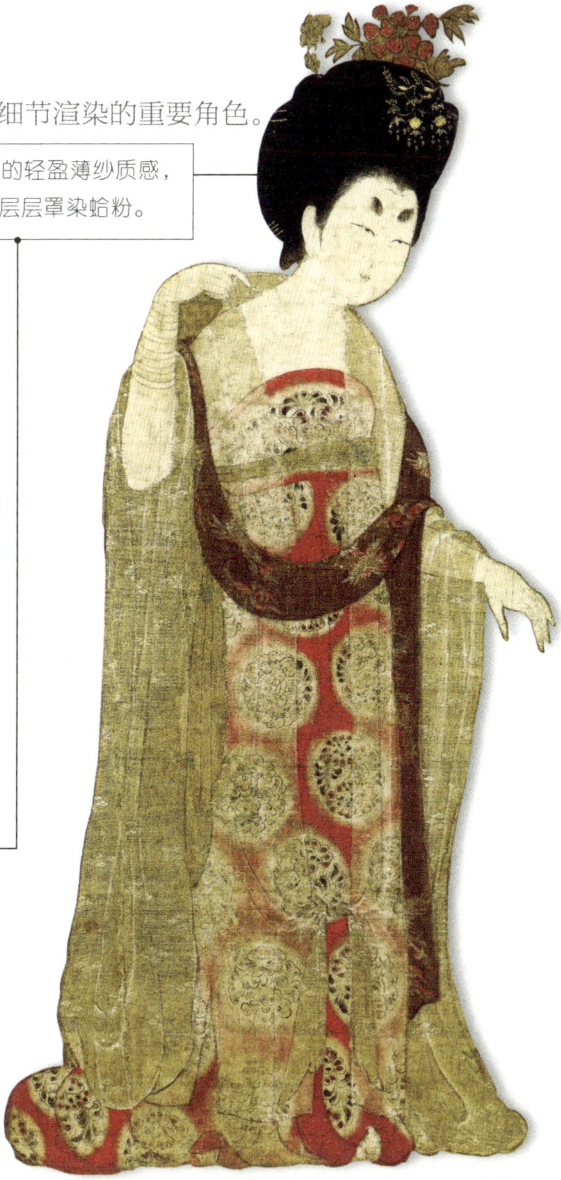

为了体现衣裙的轻盈薄纱质感，用薄薄的水色层层罩染蛤粉。

▲《簪花仕女图》局部 周昉 唐代 现藏于辽宁省博物馆

在宋代花鸟画中，蛤粉经常被使用。

宋画的折枝花鸟、人物、山水中的白色能经得起千年时光而光亮依旧，就有蛤粉“不变色兼有光彩”之功。

▲《碧桃图》 南宋 现藏于北京故宫博物院

“亮晶晶”的云母

在云母中加入胶水，描绘在画面上，干后会产生闪烁的视觉效果。

敦煌壁画中著名的反弹琵琶就使用了云母，经历岁月仍光彩照人。

◀敦煌莫高窟第112窟主室南壁 中唐

2

敦煌飞天，从十六国开始，飞越了十几个朝代，历经千年……

敦煌飞天

飘逸凌空之美

敦煌鸣沙山上的莫高窟，492个洞窟内，有4500多身飞天。

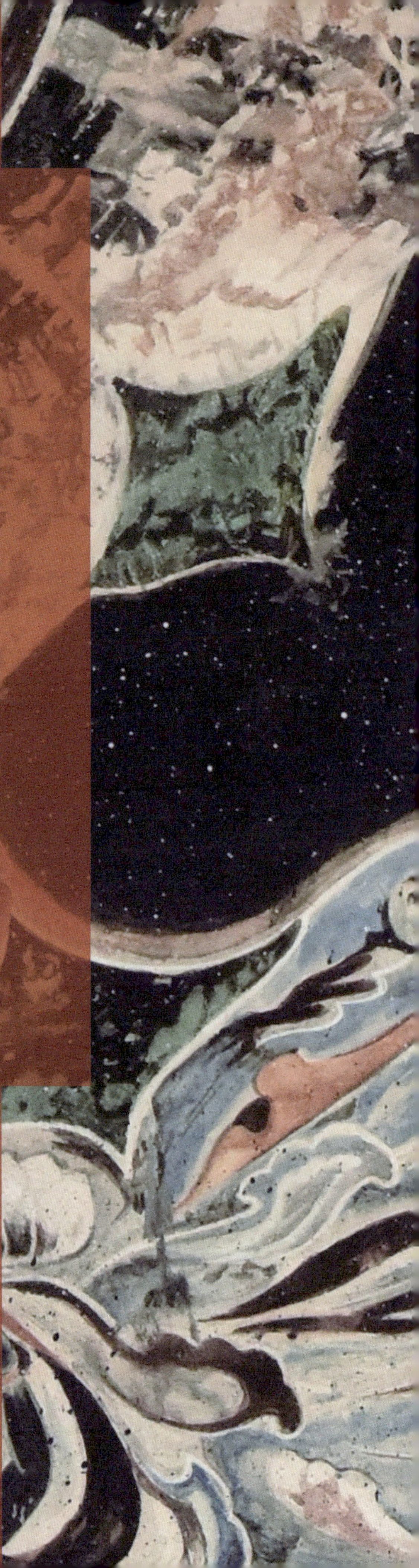

飞天伎乐的歌神与乐神

“飞天”一词，最早被南北朝杨衒之提到，他在《洛阳伽蓝记》中写道：“飞天伎乐，望之云表。”

飞天从印度传入中国，最初是天龙八部诸神中歌神乾达婆与乐神紧那罗的形象，在千余年的演变中，飞天形象逐渐注入了中原文化的血液，使之更具东方神韵，成为敦煌艺术中最吸引人的标志形象之一。

敦煌飞天是印度文化、西域文化与中原文化融合的艺术复合体，是中国乃至世界艺术史上的一朵奇葩。

▲ 敦煌莫高窟第407窟　藻井　隋　沈淑萍临摹

飞天时间线

萌发期：北凉、北魏、西魏

一千多年脱胎换骨的

蜕变过程

一千多年的时间里，敦煌飞天经历了独具特色的演变历程。

敦煌莫高窟的开凿，始于十六国时期的北凉，至元末才告消歇。在漫长的岁月推迁过程中，每个时期、每个朝代的洞窟内都随处可见飞天的身影，他们的造型也随着时代、文化、习俗、风尚的差异而不断地变幻。

敦煌飞天飞越了十几个历史时期，具有独特的演变发展历史，从艺术造型变化上，大致分成萌发期、创意期、鼎盛期、衰落期四个阶段。

听！敦煌在说话。

敦煌莫高窟第272窟 主室西壁 北凉 石东玉临摹

上半身晕染的部分由于使用了铅白、铅丹氧化变色为粗黑线条。

北凉

北凉有三窟，飞天的人物造型和晕染方法都是**西域风格**。

敦煌莫高窟第272窟 主室南壁 北凉

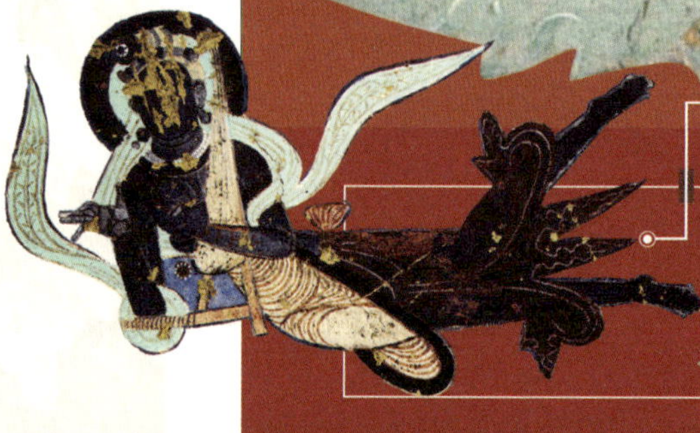

飘带绕肩搭在胳膊上，飘带只是辅助飞行，主要还是靠多宕的衣裙飞翔。

新疆克孜尔尕哈石窟第30窟 窟顶

束圆鬓或是头戴印度宝冠。

脸型椭圆、直鼻梁、大耳大嘴。

面部造型，以眼睛为中心沿面部轮廓进行晕染。

脖子部分有一道晕染，腹部以肚脐为中心进行晕染，形成一个椭圆形面块。

此时飞天多为男性，袒露着上半身，身材粗壮，身姿矫健。

四肢以关节为单位进行晕染。

下身穿着羊肠裙。

壁画中所有人物都“黑着脸”，是由于采用了西域的凹凸晕染法绘制。

这种晕染法从阿旃陀传到敦煌，在敦煌流行了250多年。沿着轮廓边缘染白粉，形成凹凸立体的效果。以肉红色涂肉体，以赭石色晕染眼眶，鼻梁等高光处涂白色。经过岁月侵蚀，其他颜色都褪色了，只有白色最为突出，看起来像汉字的小字，所以也被叫作“小字脸”。

◀ 敦煌莫高窟第254窟
主室北壁 北魏 石东玉临摹

阿旃陀石窟壁画中人物晕染方法和早期莫高窟非常一致，但由于颜料成分不同，变色情况完全不同，阿旃陀壁画几乎看不出人物轮廓和面部变色后形成的粗黑线条，这也是用凹凸晕染法画出的本来模样。

◀ 印度阿旃陀石窟第1窟

飞天最早在壁画中没有固定的位置，多画在窟顶、龛楣和平棊中。

早期的飞天受到中亚犍陀罗中晚期艺术风格的影响，形象姿态与西域石窟，特别是龟兹石窟中的飞天相似。

左手持飘带，右手托花盘。

飞天跨步

的标准姿势：左腿往前跨，右腿后扬，动作幅度很大，这个时期的跨步动作笨拙刚硬。

飞天的形象在北凉被确定下来：“飘带+V形曲线”。

飞天 V 形曲线

的姿势：上身和腿部形成V形，区别于坐、站、跪坐、躺等姿势。

他的动作不是很协调，看不出腾飞的动感，倒是像从天上跌落下来的样子。

◀ 敦煌莫高窟第275窟
主室北壁 北凉

上身袒露，下着长裙，长裙没有盖住脚。

他的脸庞变得修长，眉眼画得更为细致了。

飘起的飘带，在身后形成像翅膀的造型。

飞天的造型更具**西域风**。

五官更清晰，鼻子更突出，嘴变小了很多。

与北凉飞天相比，他的四肢更为修长，腿延长了很多，远超出常人的比例。

层层叠叠的衣裙褶皱，犹如在水中掀起的涟漪。

他的头微微低下，一只手举过头顶，另一只手指向目光停留之处。

▲ 敦煌莫高窟第260窟
主室北壁　北魏
崔瑞艳临摹　王丹丹指导

这身飞天的形象明显是**中原风格**，没有西域厚重的晕染，显得眉清目秀了许多。

他们虽然身材依旧魁梧，但变得修长起来。

在飘带的末端形成锐利的尖角。

他有着长眉、细目、小嘴、尖下颏、棱角分明的脸庞，头发束着高髻。

长长的衣裙裹住双脚，迎风飘逸的状态没有了关节僵直的生硬感。

▲ 敦煌莫高窟第248窟
人字披西披　北魏　何学珍临摹

与北凉飞天相比，北魏的飞天面相清瘦了很多。

在飞天数量与规模上有了巨大发展，他们往往都成群结队出现。

飞天的动作姿态更加生动，线条也更加柔和。

北魏

升级版大跨步动作：

一膝用力前跨，一膝向后蹬直。

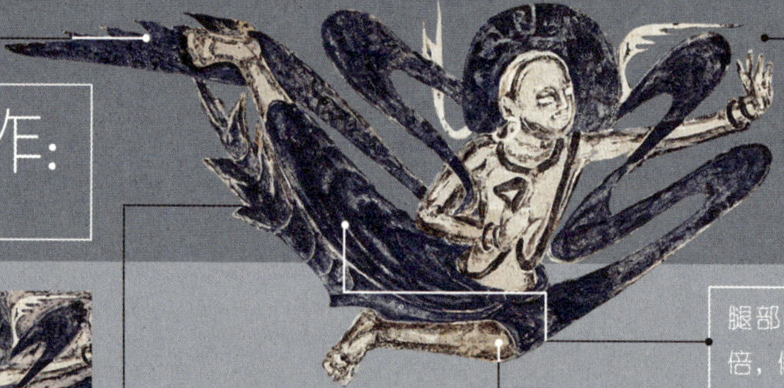

飘起的飘带依然是翅膀的造型。

腿部长度几乎是身体的两倍，修长得有些夸张。

腿部曲线，跨步的腿弯曲的弧度比北凉时期的要流畅很多。

▲ 敦煌莫高窟第254窟　中心柱东向龛龛内南侧　北魏
张朝良临摹

飘带绕着双臂飘起，在飘带的末端形成锐利的尖角。

头戴宝冠，佩戴耳环和项圈。

身体弯成L形，上身与下身差不多形成90°直角，已经不像北凉时期四肢僵硬的V形，但依然柔韧度不足。

听！敦煌在说话。

上下飞翔的飞天组合：

龛内左右两侧各有两身飞天，一上一下出现，组成一个固定位置的搭配，一个弹奏乐器，一个应节而舞。一上一下，一动一静，一强一缓，相得益彰。

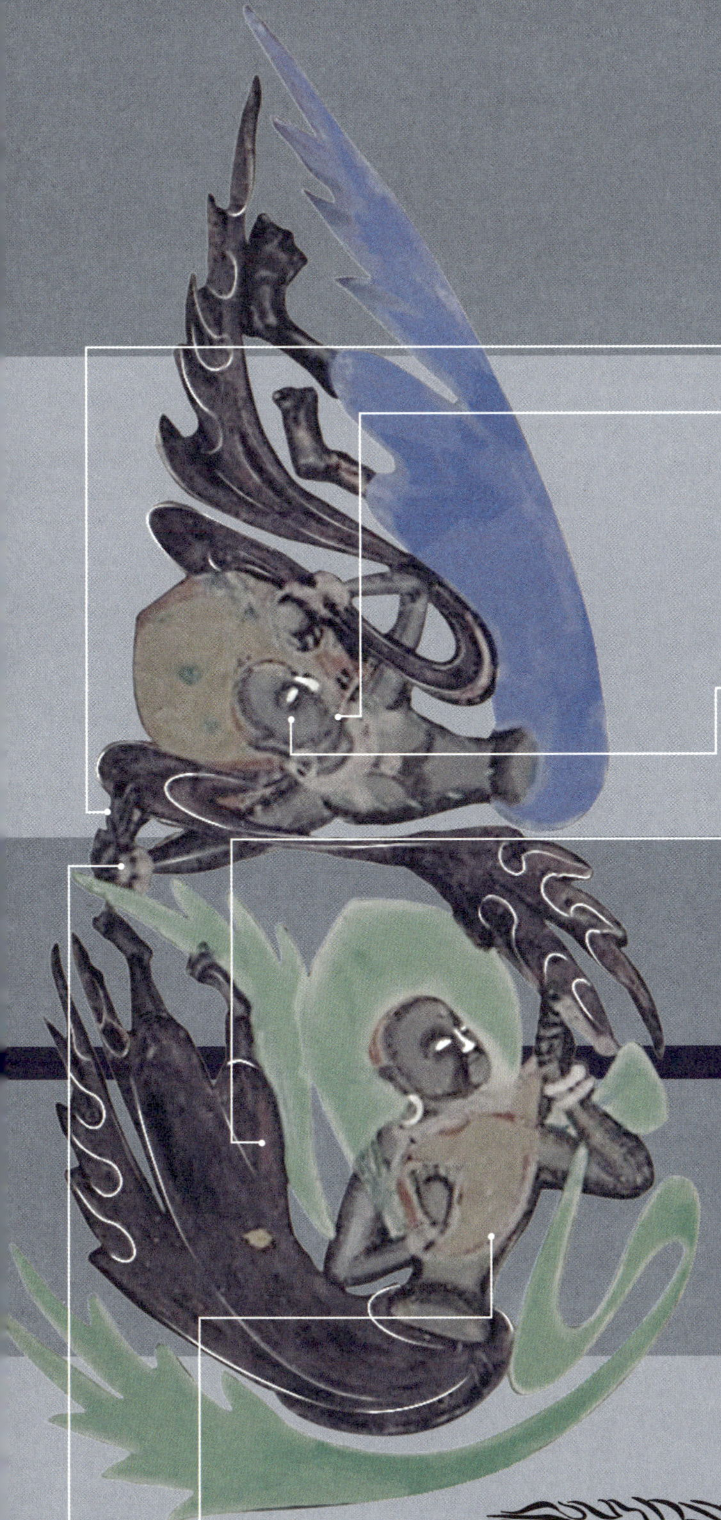

脸型已经由圆形或椭圆形变得越来越修长。

面相清瘦，鼻丰嘴小，眉清目秀，整个五官也更为清晰、均匀。

相较北凉的飞天，北魏的飞天更具有女性形象的优雅和柔软。

飞天的身长变长，飘带也加长了许多。

在壁画中活动的范围更广，主要出现在窟顶平棋、龛内、壁画故事中。

飞天由男性化形象向女性化形象转变。

▲ 敦煌莫高窟第257窟 中心柱东向面龛内南侧 北魏 崔婷临摹 王丹丹指导

一边弹奏琵琶，一边仰头悠然地飞舞。

扬起双手，随着乐曲跳起舞来。

北魏飞天除了上下搭配，也有这样并排飞翔的飞天组合。

▲ 敦煌莫高窟第254窟 主室北壁 北魏

圆鼻细眼，眉目清朗，举止潇洒。

中西合璧，这在敦煌飞天人物形象中是一个创举，“西域式飞天”与“中原式飞天”共存，二者都不是独立的存在，他们互相融合，互相影响。截然不同的两身飞天，一强一弱，一粗犷一纤细，竟那么和谐。

提溜龙，一手伸展握住龙尾。

他穿着宽大的长袍，身体消瘦，腰极细。缠绕的飘带也比下面飞天的更为细腻。

上面的飞天，有中原“秀骨清像”特点。他束起发髻，戴着发冠。

飞天的画法是明显西域手法，但动作和拉长的身体比例有明显的中原风格。

飞天造型真正的转变发生在西魏，中原文化的养分被带入莫高窟，掀起了汉化的浪潮。

西魏

在中原风格影响下，敦煌飞天逐渐形成了具有敦煌特色的模样，与西域飞天区别开来，创造出了崭新且独特的飞天形象。

比上面的飞天更为健壮有力，袒露着上身，系着长裙，披着飘带。

下身穿着长裙，露出的两条腿好像在自由地摆动。

飘带随着身体的游动向后飘荡着。

转折圆滑流畅，动作生动自然，轻盈柔美，身体和飘带的弧度非常贴合，构成了优美的画面。

▶ 敦煌莫高窟第249窟
主室南壁 西魏

飞天 U 形曲线的姿势：

身体大幅度弯曲成圆弧状，腿部后伸，腰、臀、腿之间形成了大开口的 U 形。

嘴角微微上翘，微含笑意。

头发束起，面庞清秀。

身体部分都是以粉色晕染，接近肌肤的效果。

袒露着上身，下身穿着玄色的羊肠裙。

虽然也是西域式飞天，但由于色彩未被氧化变黑，我们得以看到这样未变色的西域模样。

身材更似女性，纤细柔软。

◀ 敦煌莫高窟第285窟 主室西壁龛内 西魏

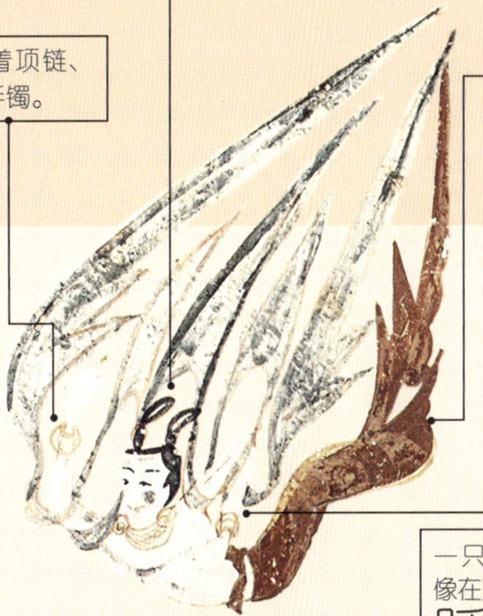

头发梳成两个髻。

上身戴着项链、臂钏和手镯。

身上土红色的羊肠裙被风吹拂，形成一个向上的锐角，拖长裹住脚。

手脚纤细，肢体修长，身材越来越消瘦，越来越像少女。

▲ 敦煌莫高窟第285窟 主室北壁 西魏

一只眼睛眯起，好像在对着人们

眨眼！

飞天形象分为西域式飞天和中原式飞天。

从V形飞天转向U形飞天。

西魏飞天不再像西域飞天那么厚重，有了中原式的清秀。

▲ 敦煌莫高窟第285窟 主室南壁 西魏

一只手指着脸颊，另一只手自然地垂在身体一侧。

逆风回身：

一脚踩在云气上屈膝支起，另一条腿随势伸直，半蹲的姿势，好像闲适地减速停在半空中。

飞天手中持幡。

头上竟然立起了兔子一样的耳朵！

弯曲的一字形：

身体呈弯曲的流线型，很像自由泳的姿势。

▲ 敦煌莫高窟第285窟 主室南披 西魏

西魏

雄健有力的飞天：

中国古代神话“羽人”的形象，富有阳刚之气，两只长耳朵高高耸起。

吹着横笛，从天空飘落下来。

双翼伏在肩上，隐约可见。

袒露上身，腿被夸张地画得很长。

▶ 敦煌莫高窟第249窟 主室北披 西魏

身体呈L形，但整体的姿势比西魏前的飞天更舒缓、更柔软。

以中原绘画中的敷彩法，代替了西域的凹凸晕染法，显得清爽明快，生机勃勃。

飞天手中乐器出现率越来越高，乐神的形象呼之欲出。

这种上下双飞天的模式，到了西魏已经描绘得非常娴熟了，两身飞天的动作和身体姿态相互照应，非常和谐、优美。

▲ 敦煌莫高窟第249窟 主室西壁龛内 西魏

夸张版大跨步动作：

腿被过分地拉长，弯曲的弧度也非常大。

▶ 敦煌莫高窟第285窟 主室西壁龛内 西魏

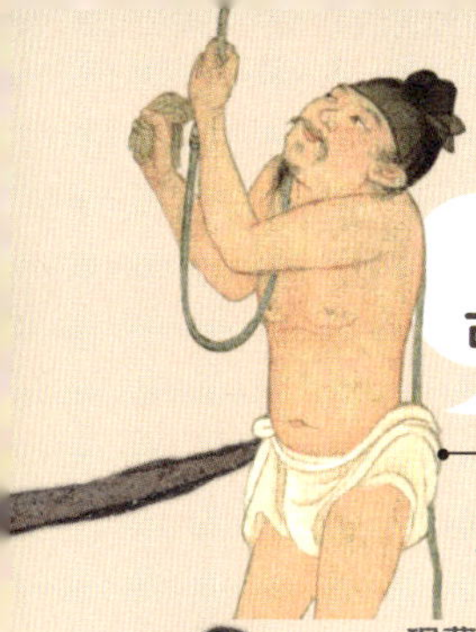

《浴马图》局部
赵孟頫 元
现藏于北京故宫博物院

四肢矫健，穿着犊鼻裈。

西魏时期，飞天出现在窟顶平棋、藻井、龛内、壁画故事中。

跃起一字马：

在奔跑的过程中，双臂、双腿奋力伸展开，腾空而起，双腿形成一字形，这一动作也是源自古代舞蹈跨越的动作。

以游线勾勒出身体的轮廓，效果令人赞叹。

前腿盘曲往前跨出，后腿尽量地往上翘起，这一夸张的动作，以其出现的次数和独特的韵味，成为敦煌早期飞天最常见的动作之一。

创意期：北周、隋

听！敦煌在说话。

北周

北周时期的飘带更为飘逸，飘带更细一些，末端会**分叉为两个尖角**。

一簇风吹起长裙，飞舞的飘带直冲天际。

“秀骨清像”的飞天消失了，印度凹凸晕染法再次受到重视，“小字脸”飞天又回来了！

人物面圆体肥，四肢短粗。

U 形曲线的姿势：

身体逐渐弯曲，变得更圆滑。

▲ 敦煌莫高窟第297窟
主室西壁龛内 北周

祖露着上身，穿着羊肠裙，双脚裸露在外。

北周飞天：

脸型圆润，变色后呈“小字脸”。

北周洞窟仍有早期叠晕渲染法，面部变色严重。

西魏飞天：

“秀骨清像”的飞天。

采用新中原式画风——平涂罩染法，人物栩栩如生。

身体晕染的部分，变色后黑色的线条很粗很突出。

◀ 敦煌莫高窟第428窟
主室南壁　北周　何家英临摹

飘带末端分叉开来，不再是一个尖角，显得更加柔和自然。

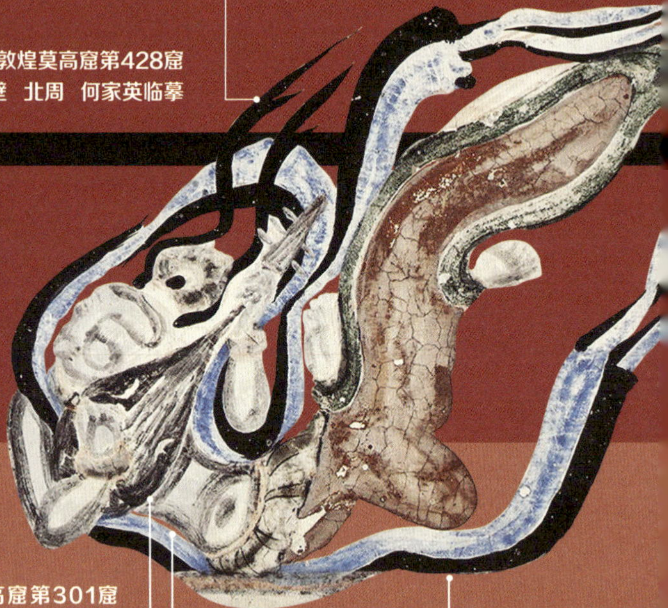

▶ 敦煌莫高窟第301窟
主室北坡　北周

西魏的飞天飘带过于整齐，给人不真实的感觉，到了北周时期，画师在衣纹飘带上做了改进，使之更为自然真实。

整个身形更为轻盈灵巧，摆出的姿态也比之前更舒展优美。

飞天的造型更加重视音乐和舞蹈的表现，乐舞相随，使洞窟充满生机，富有浓厚的诗意。

背身飞舞：

这身飞天以背身坐姿随着音乐舞动着。

▶ 敦煌莫高窟第299窟
主室南坡　北周

头上结两个小发髻。

用红、蓝、黑画出身后的**彩色飘带**，飘带如波浪被风吹拂着，甚是好看。

这是非常明显的“中原式飞天”形象。

上身穿着汉式大袍，下身穿着牙旗形长裙，裹衣博带，姿态悠然自得。

▲ 敦煌莫高窟第461窟
主室北披　北周

衣着非常多样化，有穿着西域羊肠裙的，也有身着中原式大袍的。

也是在这个时期，中原式平涂敷色法大量运用在窟内人物的绘画上。

飞天形象从庄严粗犷转变为色彩鲜明、线条疏朗的明快风格。

身体呈L形，一膝前跨弯曲。

从天而降：

倒立的姿势，仿佛从天上直插下来。

双脚上下拍打着，悠然地游在空中，活泼多姿。

正吹奏着筚篥。

▲ 敦煌莫高窟第428窟　主室南壁　北周

▼敦煌莫高窟第305窟　主室南披　隋

下身穿着三角形的牙旗裙。

有着饱满圆润的脸型，纤腰玉臂，绰约多姿。

头戴宝冠，颈部佩戴项圈。

▲敦煌莫高窟第313窟　主室北壁　隋　王勇昌临摹

身穿袈裟，一手持禅杖，一手托钵。

隋

▲敦煌莫高窟第407窟　藻井　隋　沈淑萍临摹

隋代飞天中独特的成员：

僧人的飞天形象也加入了飞天的行列。

OK!

环窟一周的飞天中，有一身飞天，右手散花，左手高高扬起，比出一个“OK”的手势！

敦煌莫高窟第390窟　主室南壁 隋▶

隋代的画师喜欢用厚重的颜色营造出丰富华丽的效果，时过境迁，正是这些色彩厚重的地方变色特别严重，大多隋代飞天我们如今已无法看清他们的面貌和身体细微的结构了，只能看出大致轮廓和身体动态。但也有极少数当时敷色较少的还保持着他们原来的面貌，可以供我们一窥风采。

正悠闲地飞行着，一身抱着琵琶，闭目弹奏；一身挥舞双臂，双目视下。

可以清晰地看清楚样貌，眉清目秀，樱桃小口微微带笑。

背身演奏琵琶：

手握着琵琶，一边悠闲地演奏，一边背身飞翔。

这身飞天，蓄有胡须，头上束发的髻巾像花瓣一样散开。

隋代飞天既有少女形象的，也有俊朗的男性形象的。

▲ 敦煌莫高窟第276窟　窟顶北披　隋

画法上多采用重彩晕染，由于变色，大多看不清面容了。

隋代是绘制飞天形象最多的一个时期，也是飞天数量最多、造型最丰富的时期。

隋代飞天大多为女性形象。

拧身回首：

在藻井一角的飞天，拧身回首，轻扬起右臂，舞姿柔曼婀娜。

▲ 敦煌莫高窟第305窟　藻井　隋

似从天上徐徐下降，头饰和长裙飘拂上扬。

S形曲线的姿势：

扭动身体形成一个S曲线。最突出的特征在于由头－躯干－下肢完整地形成一个S形线条，亦称为“三道弯”。

▲ 敦煌莫高窟第303窟
主室北壁　隋

▲ 敦煌莫高窟第404窟　北壁　隋

隋

▲ 敦煌莫高窟第407窟　藻井　隋　沈淑萍临摹

手持香炉的飞天：

这身飞天一手擎香炉，像逆风从天而降，又像在疾速绕行天际。

挥巾飞翔：

这身飞天腰间别着腰鼓，双手扯住飘带，迎风挥舞。

▲ 敦煌莫高窟第390窟 主室南壁 隋

献璎珞的飞天：

这身飞天，手持璎珞，以献礼的姿势从天而降。

头戴宝冠，梳着双髻，下身穿着牙旗裙。

▲ 敦煌莫高窟第407窟 主室东壁 隋

婀娜的 C 形曲线：

拧身向后，身体形成一个柔和细腻的C形曲线。

双手向上托起，花瓣从他指缝中散落。

◀ 敦煌莫高窟第305窟 主室北披 隋 梁旭玲、叶芷瑜临摹

鼎盛期：初唐、盛唐、中唐、晚唐

初唐

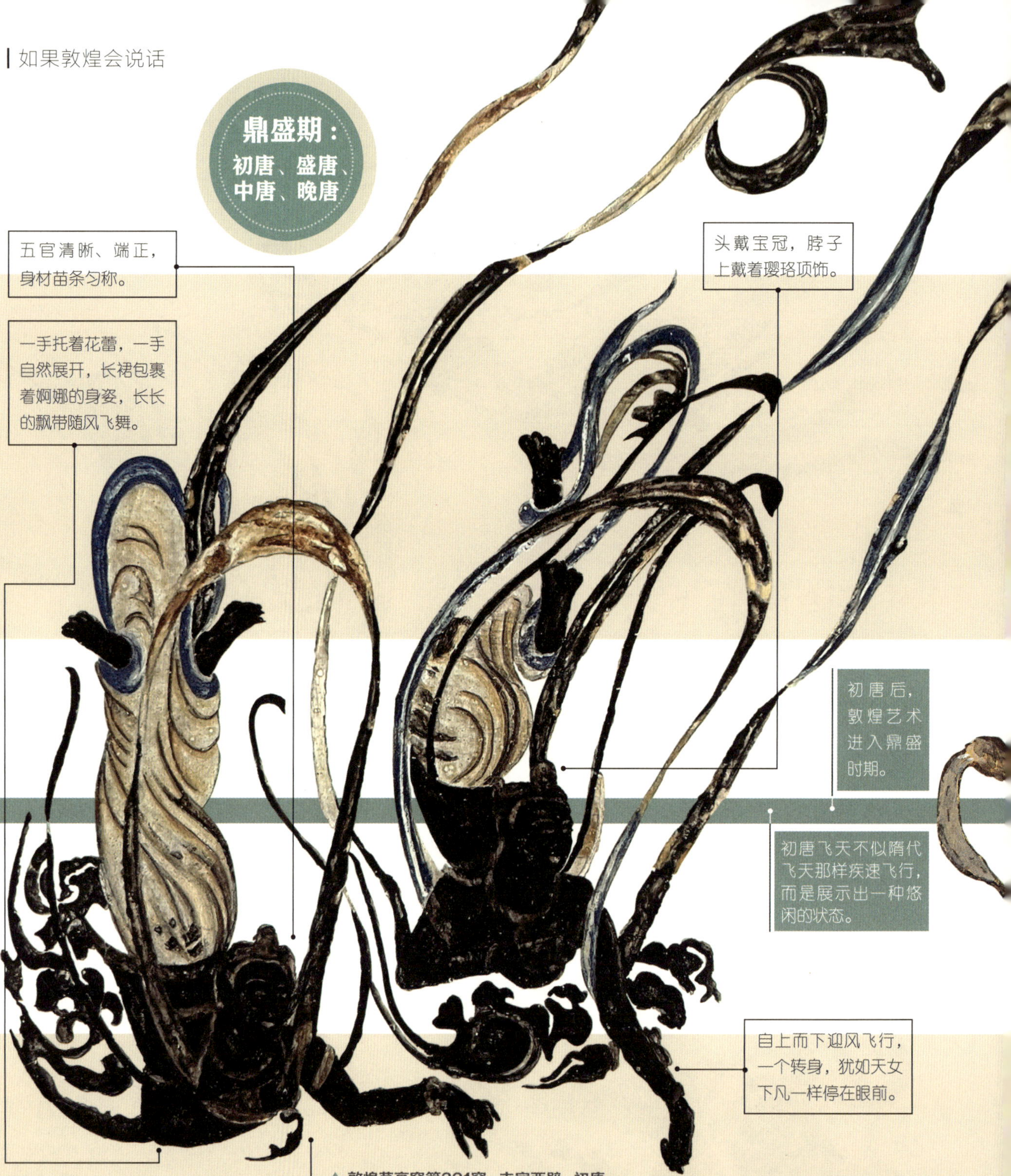

▲敦煌莫高窟第321窟 主室西壁 初唐
叶芷瑜临摹

听！敦煌在说话。

双飞天：

两身一组的飞天形式，早在北魏时期就有，但把双飞天作为一种独特的艺术形式，则是在唐代才逐渐完善到近乎完美的境地。

自由泳：

双臂一前一后展开，好似在云海中畅游，周围的彩云犹如溅起的水花。

敦煌莫高窟第57窟
主室西披　初唐

双手合十，手心捧着一朵莲花。

头戴宝冠，脖子上戴着项圈。

健美的男性形象，蓄着小胡须，典型的中原风格。

大跨步：

这个跨步与北朝时期的飞天跨步动作相比，要写实很多，身体比例准确，腿不会被画得过分长了。

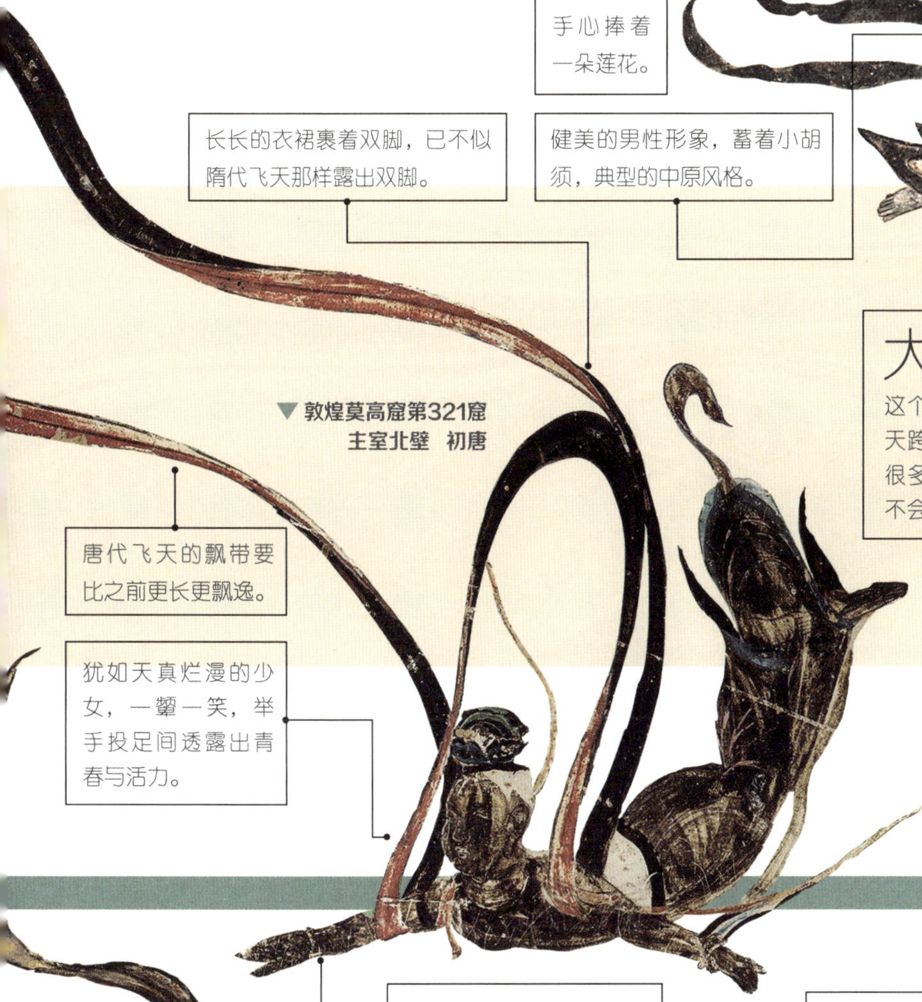

敦煌莫高窟第321窟
主室北壁　初唐

长长的衣裙裹着双脚，已不似隋代飞天那样露出双脚。

唐代飞天的飘带要比之前更长更飘逸。

犹如天真烂漫的少女，一颦一笑，举手投足间透露出青春与活力。

展开双臂：

双手平伸，缓缓地降落下来，身体形成自然的U形弧度。

敦煌莫高窟第322窟
主室西壁　初唐　王必成临摹

反身飞行：

反身勾头，飞行的姿势非常特别，用力的上扬动作，显露出健美的肢体。

敦煌莫高窟第321窟
主室北壁　初唐

这身飞天头戴三珠宝冠，面容清晰可见，脸盘圆润，神情悠然、温和。

站定急停：

从天而降，上身前倾，两腿微微弯曲，做出站定的姿势。如果不是吹起的飘带、随风扬起的衣裙，真看不出他还在云中飞行。

敦煌莫高窟第329窟
主室东壁　初唐

上下旋转飞翔的飞天：

两身飞天，一身向上飞去，一身向下飞来，仿佛旋转了起来，他们带起的风把彩云卷出了巨大的旋涡。

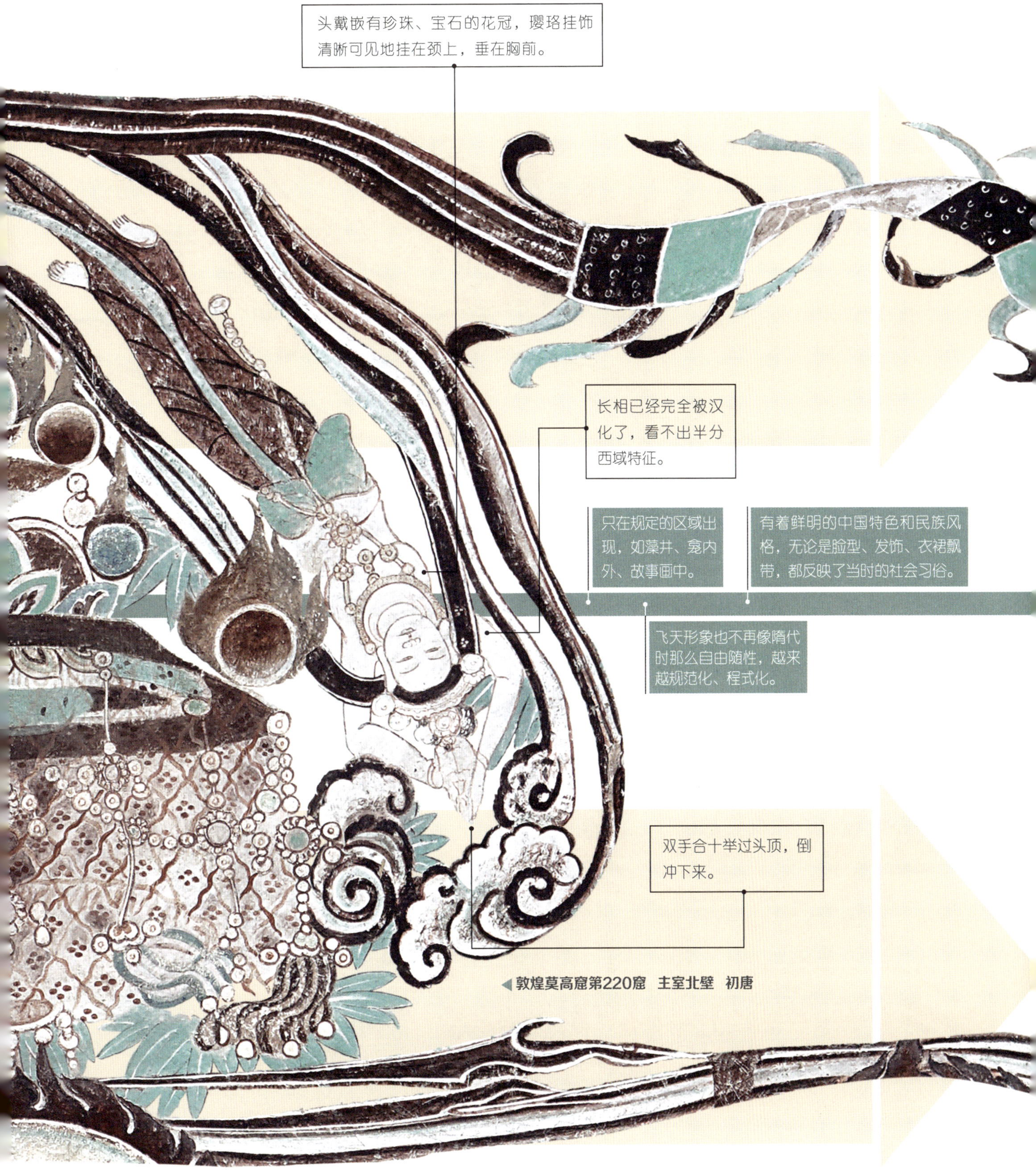

敦煌莫高窟第220窟　主室北壁　初唐

梳着高发髻，头戴三珠宝冠，珠光宝气。虽晕染变色，但仍然能看出容貌俊秀端庄。

衣裙飘带上的团花纹清晰可见。

双手托着一盘花蕾，一条腿正往前跨，飞身而降。

在红、蓝、绿三色流云和长长的飘带衬托下，飞天姿态自然，优雅十足。

驾着三色祥云，徐徐落下。

▲敦煌莫高窟第39窟 主室西壁龛顶 盛唐

盛唐

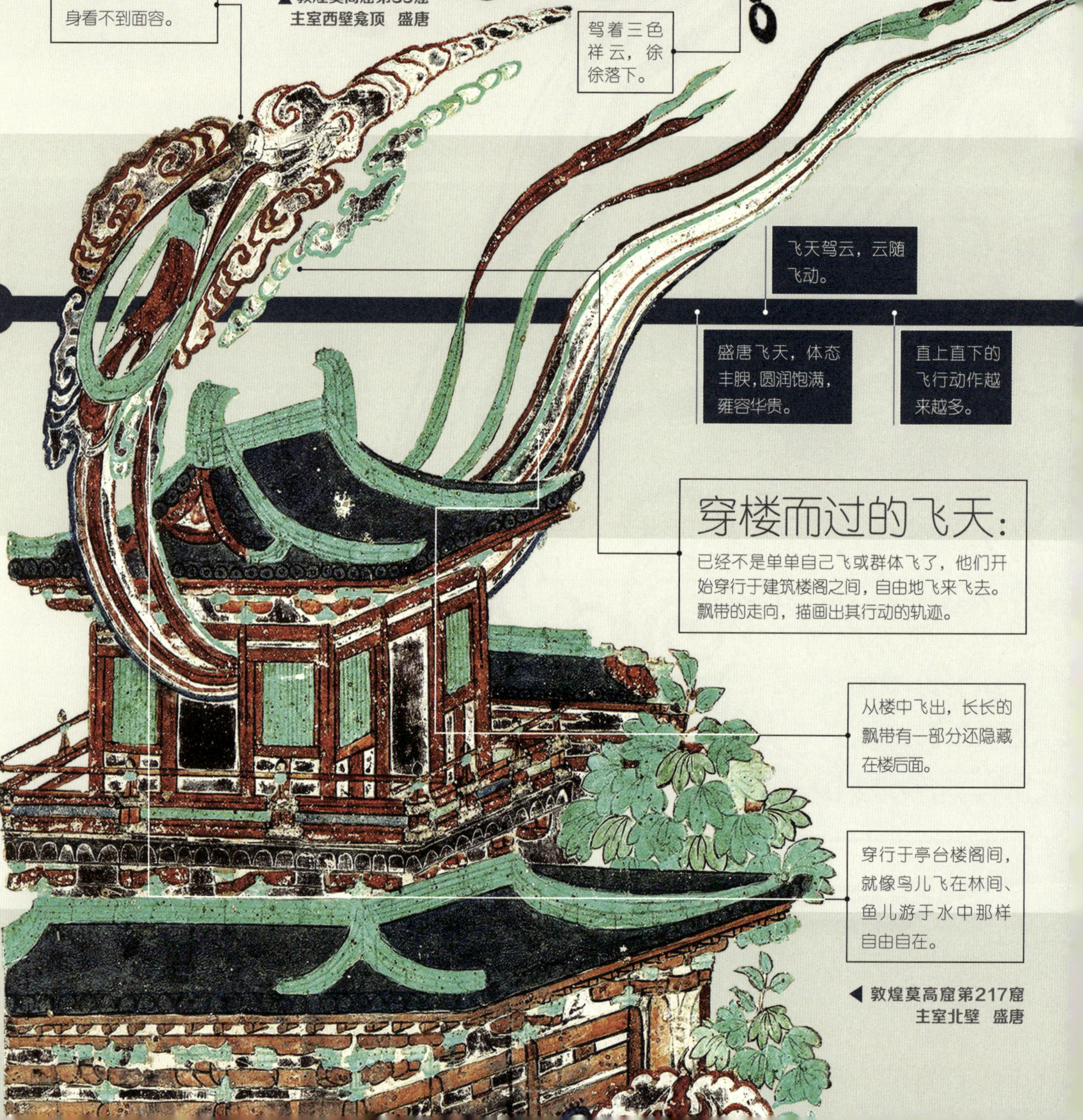

头上梳着垂髻，背身看不到面容。

飞天驾云，云随飞动。

盛唐飞天，体态丰腴，圆润饱满，雍容华贵。

直上直下的飞行动作越来越多。

穿楼而过的飞天：

已经不是单单自己飞或群体飞了，他们开始穿行于建筑楼阁之间，自由地飞来飞去。飘带的走向，描画出其行动的轨迹。

从楼中飞出，长长的飘带有一部分还隐藏在楼后面。

穿行于亭台楼阁间，就像鸟儿飞在林间、鱼儿游于水中那样自由自在。

◀敦煌莫高窟第217窟 主室北壁 盛唐

◀ 敦煌莫高窟第172窟 主室西壁 盛唐

六臂飞天：

这身飞天与众不同，肩生六臂，两手敲钹，一手奏笛，一手摇铃，剩下两手还在弹拨琵琶，一人竟组成了一个小型乐团。

▲ 敦煌莫高窟第148窟 主室南壁 盛唐

动作越来越丰富、自然。

飞行的姿态越来越优雅舒展，神态悠闲。

飘带长到夸张的程度，画师会利用飘带的转折来描绘飞天的动势和方向。

仰躺飞天：

双手枕在脑后，双腿自如地摆动，在云海中悠然游过。

相较初唐，大场面出现的上下对飞的飞天，这两身飞天被画在龛顶不大的地方，但呈现出的画面却让人感受不到空间的局促，他们是那样自在舒展地遨游。

云和飘带的翻卷，衬托出他们无拘无束的身姿。

这身飞天双手捧着花蕾，头朝下疾速下落。

腾空而起的飞天：

这两身飞天手托花蕾，一腿轻轻提起，仿佛刚从地面腾空而起。

▲ 敦煌莫高窟第172窟 主室北壁 盛唐

因为岁月侵蚀，飞天已氧化变色，形成黑褐色的皮肤，所以也被后人称作“黑飞天”。

两侧对称的飞天相互追逐打闹着，形成了一张一弛的节奏。

▲敦煌莫高窟第320窟　主室南壁　盛唐

石榴裙，是唐代年轻女子极为青睐的一种裙装。这种裙色如石榴的红，饱满鲜艳，使穿着它的女子俏丽动人。

头上梳着双刀髻，刀髻又称“刀形双翻髻”，是唐代女性流行的发式。

双手上举撒下花瓣，转身漫不经心地看着身后的伙伴。

双手高举，一条腿提起，一条腿伸直，正努力追赶前面的飞天。

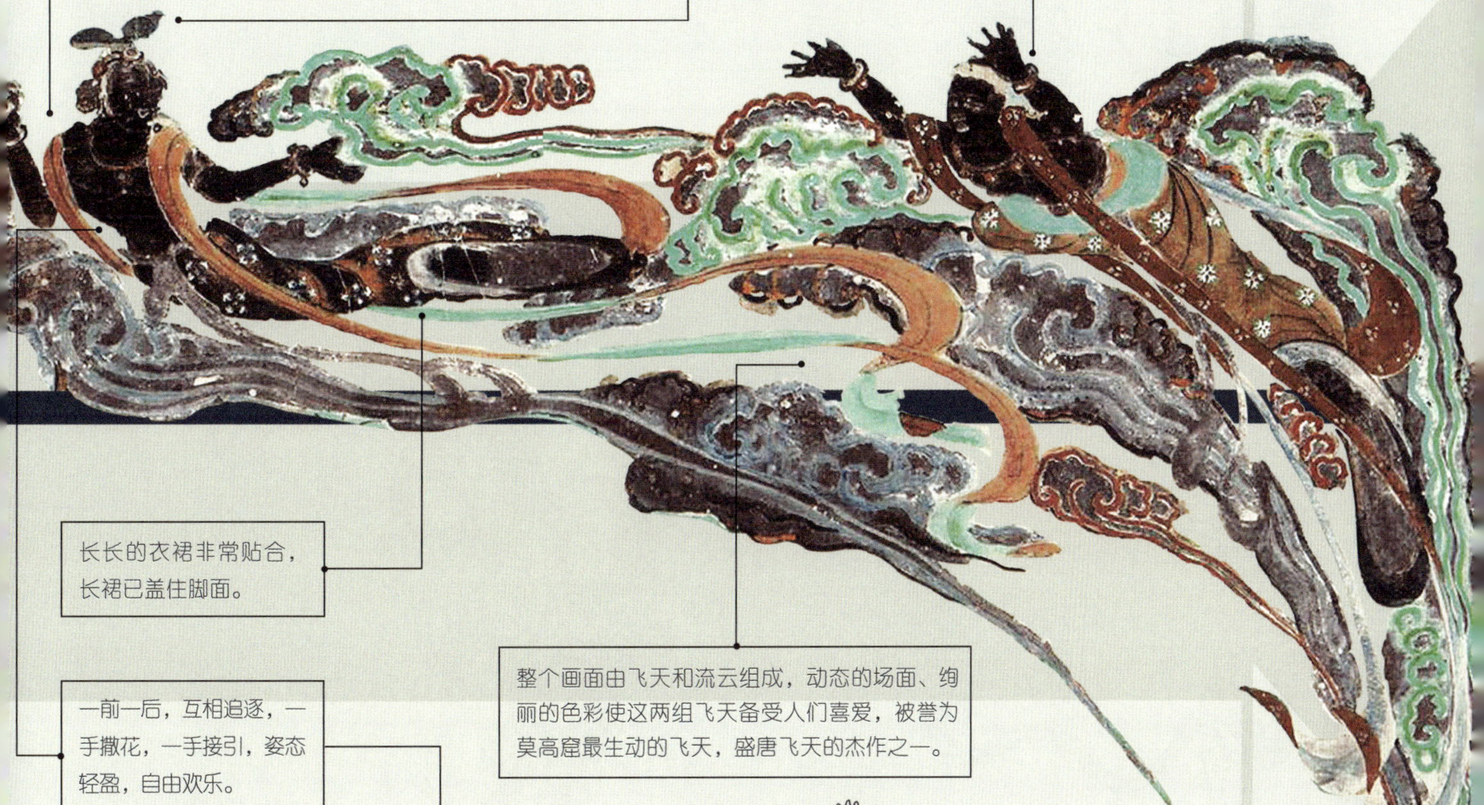

长长的衣裙非常贴合，长裙已盖住脚面。

一前一后，互相追逐，一手撒花，一手接引，姿态轻盈，自由欢乐。

整个画面由飞天和流云组成，动态的场面、绚丽的色彩使这两组飞天备受人们喜爱，被誉为莫高窟最生动的飞天，盛唐飞天的杰作之一。

敦煌榆林窟第25窟　前室西壁　中唐

身材曼妙，并不似这一时期飞天普遍丰腴的特征。

这身飞天眉清目秀，面容清晰可见，非常难得。

飘带翻舞成很多圆圈的形状，这也是中唐时期飘带的明显特征。

一手握拳使力撑起上身，另一手举过头顶散花，动作细腻生动。

身材丰腴健美，一腿屈膝上提，身体冉冉升起，双手扬起散花。

中唐时期，推崇丰肥为美的人物形象，飞天也被描绘成微胖的仕女形象。

中唐

飘带翻卷成圈状，显得飞行速度缓慢许多。

扭动身体飞行，成了一个U形。值得一提的是，中唐时期飞天飞舞的U形不是靠过长的腿弯曲形成的，而是通过**飘带与云彩**拖出的形状而形成的。

敦煌榆林窟第25窟　主室北壁　中唐

如果说初唐飞天是青春的少女形象，那么中唐飞天则是成熟雍容的少妇形象。

头戴三珠宝冠，项饰璎珞，身形丰满，正专注地吹奏着横笛。

敦煌榆林窟第15窟　前室窟顶南侧　中唐

体态雍容，头戴红色花冠，脖子上戴着顶链，手臂上戴着臂钏、手镯。

敦煌莫高窟第158窟　主室西壁　中唐
廖逸霄临摹

两手扬起，手中的莲花好似下一刻就要飘落。

手持七宝璎珞彩练腾云降落。

中唐，敦煌被吐蕃占领时期，飞天数量减少很多，壁画中飞天所占的比重也明显降低了。

画师的画技很高，人物形象描画都很精致，但飞天的形象千篇一律，让人眼前一亮的作品并不多见。

敦煌榆林窟第25窟
主室北壁　中唐

乘云升空：

一团团硕大的彩云稳稳地托着他升空，云的描画比之前任何时期都夸张，有实实在在的厚重感。

统一制式出品，除发饰、首饰细微的不同外，飞天的身形、动作，手中所持乐器基本相同，只有身上的飘带和身边的彩云画师会自行创作。

手上弹奏着只有一根琴弦的弯琴，弯琴的琴首为凤首形态的装饰。

晚唐飞天变得越来越淡雅萧疏，失去以往自由欢快的姿态。

在窟顶四披画出一周飞天的形式再度兴起。

晚唐

飞天造型已形成固定制式，千篇一律，失去特色。

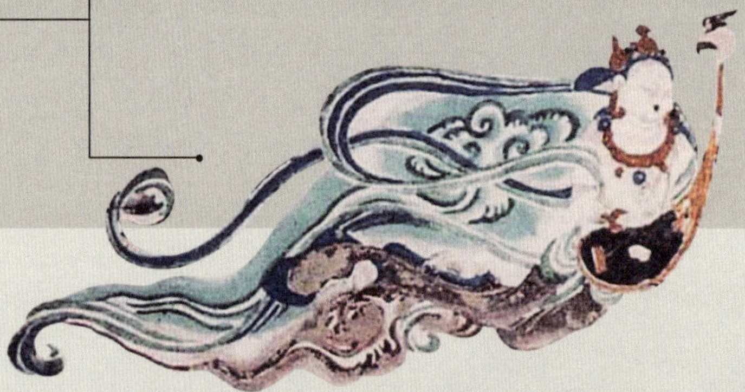

▲敦煌莫高窟第161窟　主室西披　晚唐

倒立飞行：

四身飞天，有一身是头朝下倒立飞行的，悠闲地弹奏着古筝。

窟顶一周的伎乐飞天，头戴花冠，上身袒露着，半浮在云上。

彩云中一边飞行，一边吹奏着筚篥。

▲ 敦煌莫高窟第12窟　主室西披　晚唐

手持璎珞彩练，动作轻缓地飞行。

自由的姿态，表现出天际的辽阔，这样别致的安排，打破了整齐划一的格局，显得灵活而富有变化。

衰落期：五代、宋、西夏、元

面貌和中晚唐时期的飞天相似，五官端正，面容饱满。

一手托着放有供品的花盘，一手散花，在彩云中飞行。

五代时期飞天流行束发，头戴宝冠，拖拽着长长的飘带与裙子。

▲ 敦煌莫高窟第468窟　主室西壁　五代

面部表情呆板，缺乏神韵，神情淡漠地吹奏着长笛。

▲ 敦煌莫高窟第76窟　主室东壁　宋

手中拿着拍板，一边飞行，一边演奏着。

头上梳着高髻，戴着宝冠，佩戴耳珰、臂钏、手镯。

五代

梳着双髻的飞天，面容丰满，衣着简朴，活泼可爱。

延续了晚唐的画风，创新不多。

飞天的身材比唐时更圆润，而且越来越粗短。

造型比较简单，色彩也越来越浅淡。

飞天面色低沉，有沉郁的视觉观感。

整窟内的数量大大减少。

宋

仕女形象的飞天绘制得愈发成熟。

人物形象变得缺乏生气，既没有了雍容华贵的气质，也失去了青春灵动的活力。

跨步散花：熟悉的跨步动作，一腿弯曲前跨，一腿向后伸直，双手散花，动作轻盈矫健。

程式化的动作：这身飞天的面部表情和肢体动作与这时期其他飞天大同小异，像按照同一个模板画出的，缺乏生气。

▲ 敦煌莫高窟第76窟　主室北壁　宋

平行飞行的飞天：身体伸直，沿着水平方向演奏着乐器飞行，其身体很长，远远超出正常身体比例，飞行的动感不明显，更像是被彩云托起来的。

▲ 敦煌莫高窟第61窟　主室背屏　五代

面部表情缺乏神韵，显出一丝“老态”。

斜披一条红色飘带，下身红色的长裙随风翻飞。

▲敦煌莫高窟第327窟 主室南披 西夏

童子飞天：

这身在龛内北侧的童子飞天极具西夏特色。头梳党项族的儿童发型，面型丰满而略带孩童的稚气。

有明显的少数民族的风格特征，与之前出现的飞天迥然不同。

西夏

飞天皆是身体健壮、丰满圆润的形象。

飞行的动作已失去了U形、S形姿态的细腻、柔和、飘逸。

彩云衬托下，专注地弹奏着箜篌。

◀敦煌莫高窟第97窟 主室西壁 西夏

金发，梳着双髻头，像儿童的形象，显得活泼可爱。

▲敦煌莫高窟第3窟 主室北壁 元
李皓、兰周尼玛临摹
中国艺术研究院工笔画研究院供稿

元代洞窟很少，飞天也很少。

元

身体比例不均衡，上身长，下身短。

飘带、衣裙都很短，唐代时期飞天那种飘逸感荡然无存。

高鼻梁，浓眉大眼，面容圆润。

飘带和衣裙明显变短，露出强健的身材。

腾云而飞：

一手握着长茎莲花，一手托着花蕾，乘黄色卷云飞行。

黑发，梳着双髻，垂在两耳旁，头戴簪花。

▲敦煌莫高窟第3窟 主室北壁 元
李皓、兰周尼玛临摹
中国艺术研究院工笔画研究院供稿

▲ 敦煌莫高窟第322窟　主室北壁　初唐
单晓东、丁筱洁、李笑娟临摹　中国艺术研究院工笔画院供稿

历经变幻的飞天

- 飞天与传统百戏舞蹈
- 飞天与武术体育
- 飞天与西方天使

▲汉代古墓画像石刻形象有不少这样形象的飞天资料——山东武氏祠画像石，单手倒立的拓片。

中国古代传统百戏包括歌舞、乐伎、杂技、摔跤、斗兽、马术等表演项目，起源于春秋战国，形成于汉代，兴盛于隋唐。

北周时期的飞天已经不像北凉、北魏时期的飞天动作僵硬、刻板，有了更具生活气息的动作形象。

这个姿势在汉代被称为“倒植”，是杂技表演中的一种。

吹着筚篥，从天而降，双脚上下摆动着，像杂技表演者在保持身体平衡。

▲敦煌莫高窟第428窟　主室南壁　北周

飞天与传统百戏舞蹈

飞天刚传入敦煌时，承袭了印度阿旃陀石窟飞天与西域龟兹石窟飞天的风格特征，敦煌画工们在不断的创作中，把中国古代百戏歌舞乐伎、杂技摔跤的形体姿态加入了进来，吸取精华后，飞天的形象也有了脱胎换骨的变化。

敦煌飞天演绎着百姓生活中的乐舞场面，那些美轮美奂的造型动作，其实就来自于百姓自己的生活，凝聚着中华民族的审美思想。

敦煌壁画中生活场景里的乐舞动作。

◀敦煌莫高窟第445窟 主室北壁 盛唐

盛唐是飞天艺术的繁盛时期，也是我国乐舞艺术发展的兴旺时期，西域胡旋舞与中原巾舞交流融合。

飞天挥舞的彩带，飘曳的长裙，妩媚的姿态，是古代乐舞表演者舞姿的再现。

▲敦煌莫高窟第249窟 主室北壁 西魏

这身飞天从天上直直地落下，手肘、膝盖等关节处的转折，显得很有力量感和节奏感。

单臂向下的造型，模仿的是杂技表演中的单臂倒立。

▲敦煌莫高窟第112窟 主室南壁 中唐

早期在天宫奏乐被称作“天宫伎乐”，后来持乐器歌舞被称为“飞天伎乐”。

▲ 敦煌莫高窟第420窟 主室西壁龛内 隋

乐舞与飞天绝佳的组合

隋唐时期，异域的乐舞与中原汉族传统乐舞互相影响、互相融合，敦煌飞天乐舞场面呈现出百花争艳的盛况。飞天腾绕在上空，手持乐器，有单飞的，有群飞的，有上下飞的，也有逆风飞的、顺风飞的……舞蹈赋予飞天更绰约曼妙的躯体美，飞天也实现了舞蹈上穷碧落的浪漫遐想。

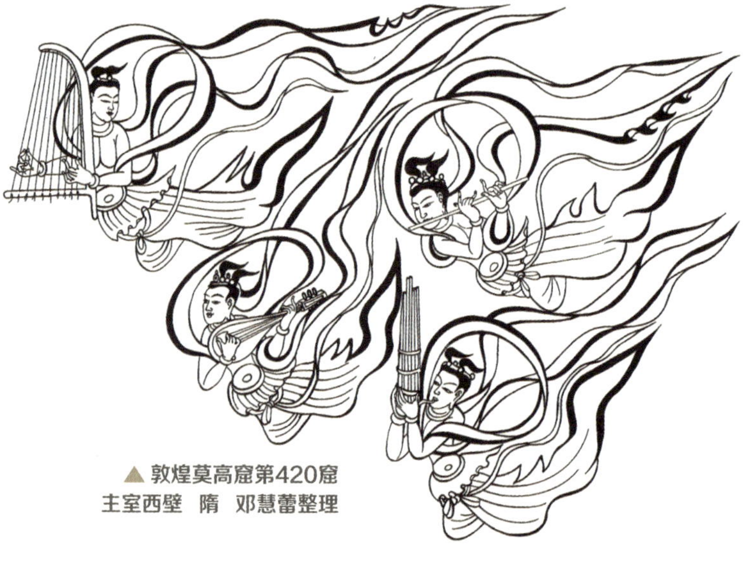

▲ 敦煌莫高窟第420窟
主室西壁 隋 邓慧蕾整理

敦煌飞天中约有三分之一是持乐器飞翔的，这些飞天的形体姿态，实际上就是历代乐伎舞者演奏各种乐器时的状态，只不过飞天身上多了飞舞的飘带，身边围绕着云气与花朵。

天花乱坠：飞天从天而降，朵朵莲花飘落在身侧，让人眼花缭乱，应接不暇。

▲ 敦煌莫高窟第331窟　主室西壁　初唐

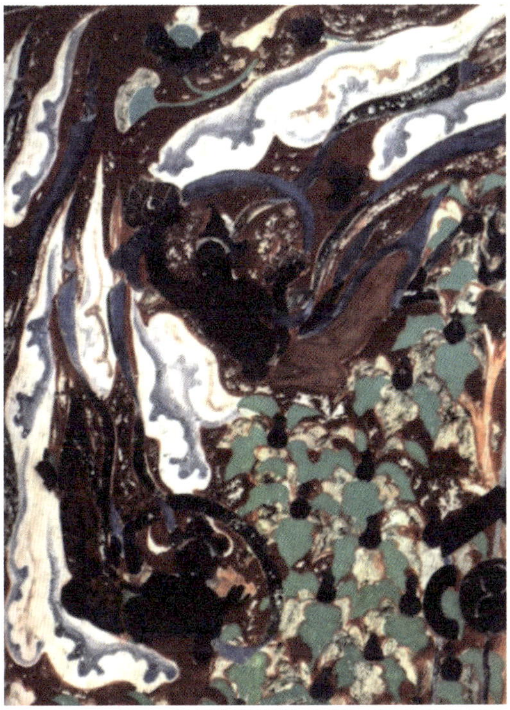

▲ 敦煌莫高窟第401窟　主室北壁　隋

▲ 敦煌莫高窟第407窟　藻井　隋　沈淑萍临摹

线描流畅有力，用色绚丽多彩。

飞天头上梳髻，珠光宝气，肢体柔软，一手持莲花花盘，一手拈牡丹花蕾。

这幅散花飞天是隋代飞天的代表作之一，他在飘浮的彩云和旋转的飞花中，自由活泼、富有生命力地翱翔飞舞。

敦煌飞天以歌舞伎为蓝本

敦煌飞天除持乐器的乐伎以外，绘制最多的要数持花飞天和散花飞天了。他们与伎乐飞天十分相似，只是将手中的乐器换成了花枝或花盘，在翱翔的过程中，摇晃花枝或散落花朵。飞天散花的手势，舞动的姿态，也是传统舞蹈表演者舞姿的再现。

飞天与武术体育

敦煌飞天的形体姿态不仅借鉴、模仿了杂技乐舞演员表演时的姿态，有些浮游、腾飞等动作也借鉴了武术、体育中的招式。

武中有舞

武术和舞蹈的形象、姿态有许多相似之处，一直都有“武舞同源”的说法，周朝时有“武舞”和“文舞”，唐代则有“健舞”和“软舞”，可见武术和舞蹈关系紧密。敦煌飞天的形体动作，很多看起来像武术动作，但也不乏舞蹈动作的轻巧、柔美。

▲ 敦煌莫高窟第290窟　主室东披　北周

第290窟的一身飞天，跳跃的姿态就与武术中拳术的姿态相似。

潜水式飞天

一猛子扎进云气中的“潜水式飞天”，类似“游泳”的动作就是模仿武术中的“浮游”动作。

如果脱下飞天身上飞舞的飘带，再把身侧卷起的云气看作入水时激起的浪花，他们就像在泳池里游泳一般。

▲ 敦煌莫高窟第329窟　主室东壁　初唐

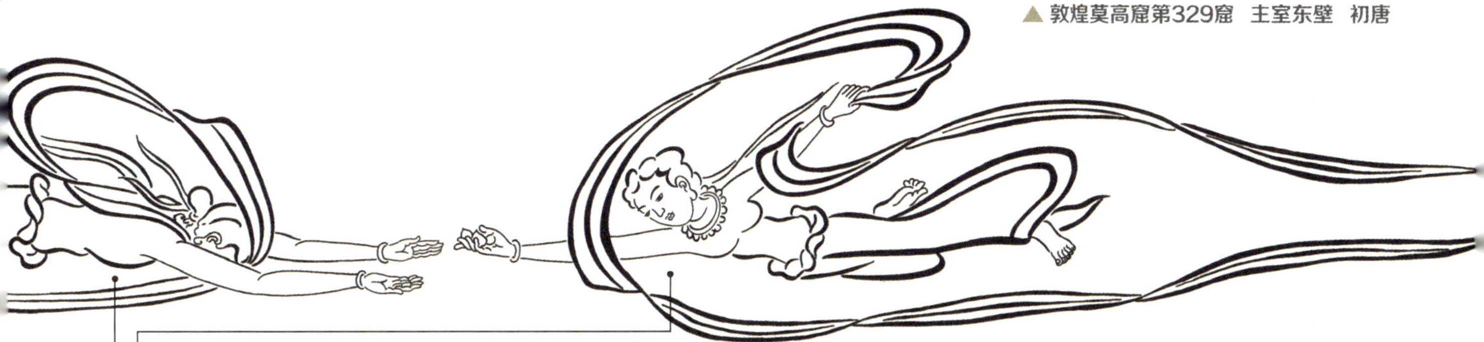

▲ 敦煌莫高窟第329窟　主室东壁　初唐

自由泳式飞天

舒展身体在天空中，飞天双手自由摆动地浮游，迎风而行，身上的飘带长长地浮在身侧，速度感十足。

“敦煌最富有民族个性的形象就是飞天。”

飞天与西方天使

为了如鸟儿般飞翔，古人倾注想象，创造出了西方的天使与东方的飞天。有人说，飞天是东方的天使，也有人说，天使是西方的飞天。

之所以将“敦煌飞天”与“西方天使”拿来做比较，正因为他们都是翱翔天际的“飞神”，是东西方文化中美好迷人的艺术形象之一。

在天空自由飞翔，一直都是人们的梦想，但东西方的绘画中实现的方式各有不同。

▲《多俾亚和大天使拉斐尔》 戈雅 西班牙 现藏于普拉多美术馆

翅膀与飘带

西方的天使，神的信差、使者。

西方艺术家以希腊神话为依据，创造了天使的形象，翅膀是他们的标配。他们大多是貌美的少男少女或可爱的儿童形象，双翼以纯白色为主，表达的也是纯真、开朗、乐观的情趣。

东方的飞天形象中，也积淀着古代羽化成仙的意识。飞天也有羽人之说，羽人身上的羽毛可变为“霓裳羽衣”，最终被灵动飞舞的飘带所取代。

毫不过分地说，飘带是飞天的灵魂。

北朝时的飞天，他飞动起来，飘带只是辅助，主要还是凭借长而多岔的衣裾。

▲敦煌莫高窟第272窟 主室南壁 北凉

▲敦煌莫高窟第407窟　藻井　隋　沈淑萍临摹

▲《洛神赋图》局部　顾恺之　晋　现藏于北京故宫博物院

隋飞天借助飘带飞翔，没有翅膀反而更加自然，画师们不断地改良飘带的形态和长度，飘带的曲线流畅回旋，富有流动感。

舞蹈表演的节奏与力量，通过上下左右流转飘飞的飘带演绎了出来。

《洛神赋图》《女史箴图》中，仙女身着羽衣腾空飞舞。

值得一提的是，这些长于身高数倍的飘带，营造出满壁飘动的视觉效果，轻盈的体态丝毫没有下坠的感觉。

飘带不仅仅让飞天飘在天际，更将其独特的东方韵味展示给人们。

▲ 敦煌莫高窟第420窟　主室北披　隋

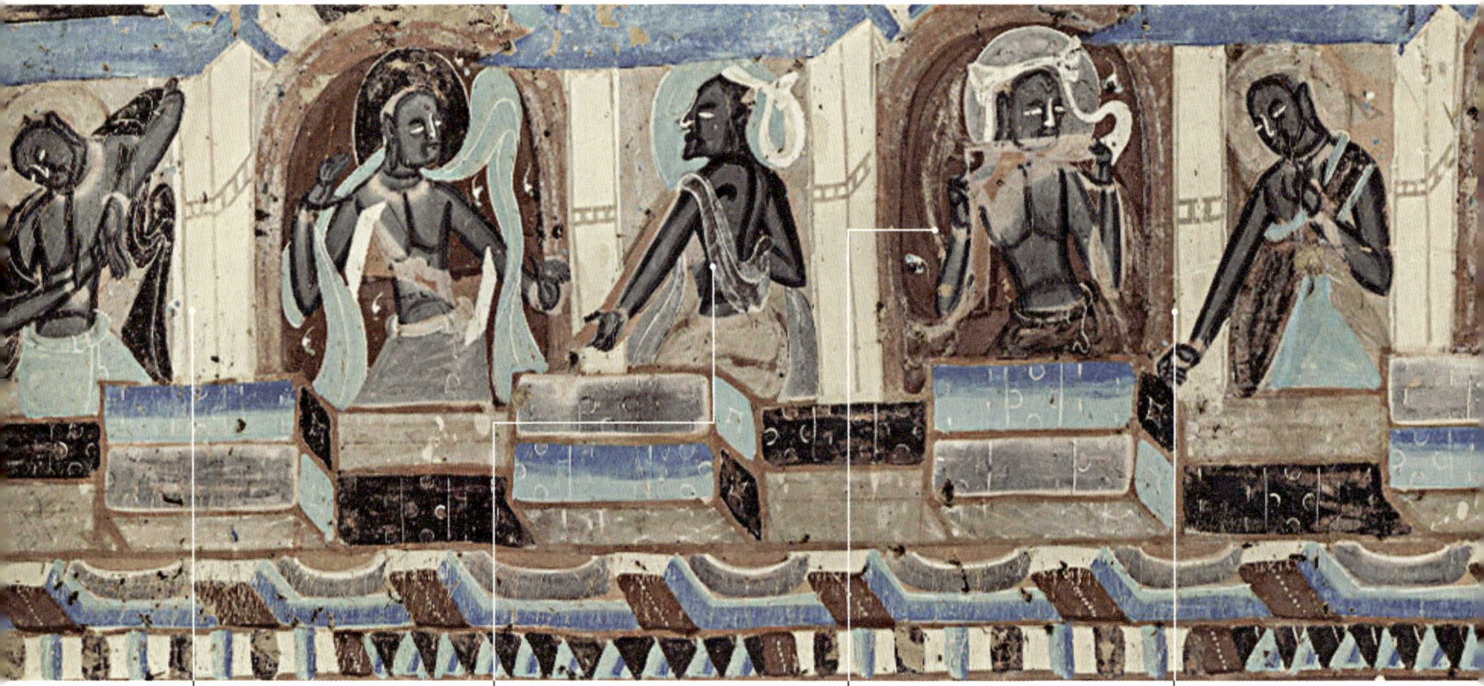

欢快地打着腰鼓。

吹奏着排箫。

穿着早期的伎乐飞天常见的龟兹服饰。

演奏着箜篌。

天宫里的环窟飞天

在莫高窟四壁，以天宫栏墙纹为界线，墙上为天宫，墙下为人间。环窟一周，有一支阵容庞大的伎乐飞天乐团，演奏千年，香音飘扬。

每个飞天站在一个拱形窗台内侧，探出半个身子，奏乐舞蹈。

合着乐曲舞动。

▲ 敦煌莫高窟第249窟 主室北壁 北魏

象征着天宫的平台栏墙，宛若真实的建筑砖块，凹凸排列着。

他们演奏着海螺、箜篌、齐鼓、琵琶、横笛、铜角……随乐而舞，姿态各异，侧身转合，这极富节奏感的场面，妥妥的360°环窟视听盛宴。

早期的天宫，持乐歌舞的飞天居住在天宫中，还未能飞翔于云霄。

吹着海螺。

▲ 敦煌莫高窟第249窟 主室南壁 西魏

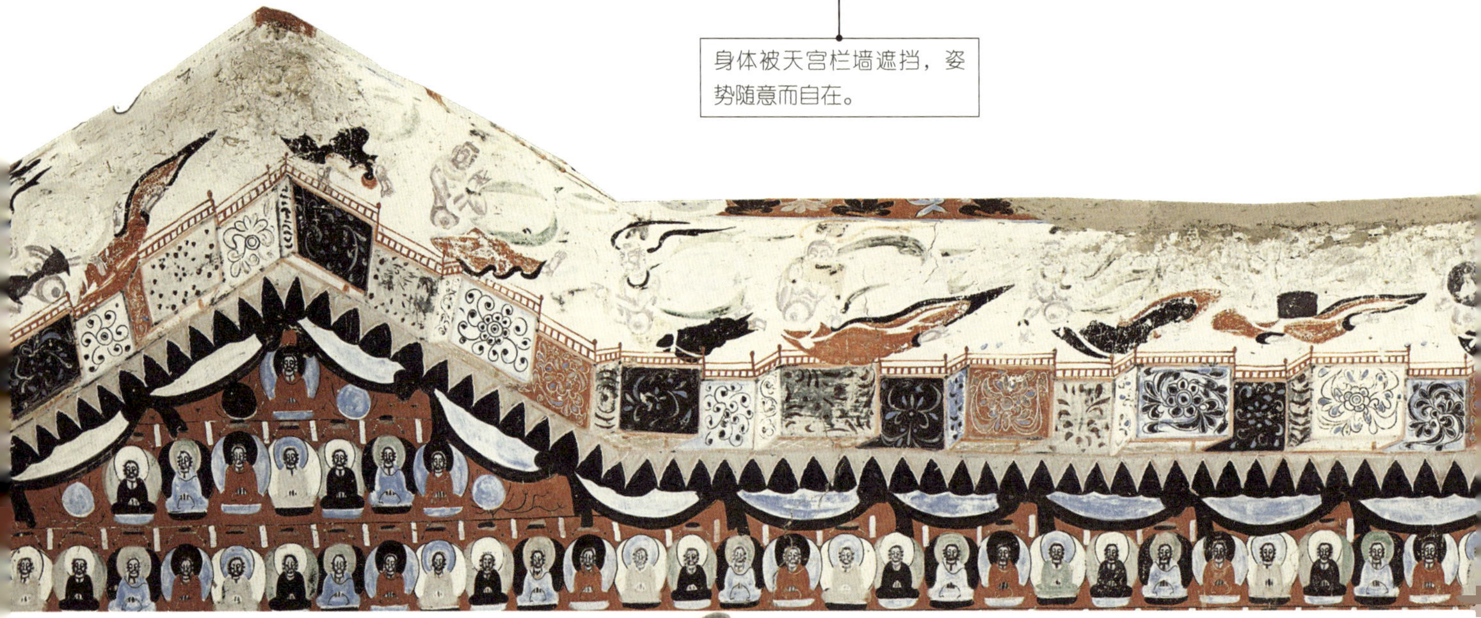

身体被天宫栏墙遮挡，姿势随意而自在。

聚精会神地吹奏着竖笛。

绕窟顶一周的伎乐飞天，仔细看会发现他们演奏乐器的姿态，被描绘得准确传神。

▲ 敦煌莫高窟第302窟 主室四壁顶部 隋

双手持一支长管号角（又名“铜角”）。

冲出天宫的环窟飞天

独特奔放的隋代，栏墙犹在，但再也关不住自由的飞天，他们终于冲出了天宫，一改站定的姿态，穿行于垂幔与栏墙之上。

色彩主要为青、绿、灰、黑、土红等，色调清淡。

双手举着璎珞飞驰而来。

南壁顶部绘有十身飞天，有弹琵琶、击鼓、吹笛、持花等形象，姿态生动，同向飞行于天宫栏墙与垂幔之上。

长巾飘扬，鼓乐齐奏，在曼妙的和鸣中，已去千年。

▲ 敦煌莫高窟第390窟　主室四壁顶部　隋

持香飞天。

敲着挂于胸前的腰鼓。

一手拿着莲花花茎，一手握住飘带。

刚柔并现的伎乐飞天

北周时期的莫高窟第428窟，南壁顶部有一组四身的飞天伎乐，他们吹拨弹奏，各司其职，组成“北周天音四重奏”小乐团。

头戴花冠，面部是标准的北周“小字脸”。

回过头，怀抱着琵琶演奏。

整幅画面给人粗犷的感觉，配合他们强健的身体和有力的动作，愈显得力量感十足。

▲敦煌莫高窟第428窟　主室南壁　北周　王文娟临摹　王丹丹指导

四大天王、四大神兽、四大名著……古人好像对“四”有特别的偏爱。

衣裙和飘带有节奏地飘动，衬托出他们迎风疾驰的身姿。

飞天的动态，有往上飞行的，也有往下飞行的，有顺风飞行的，也有逆风飞行的，非常活泼自由。

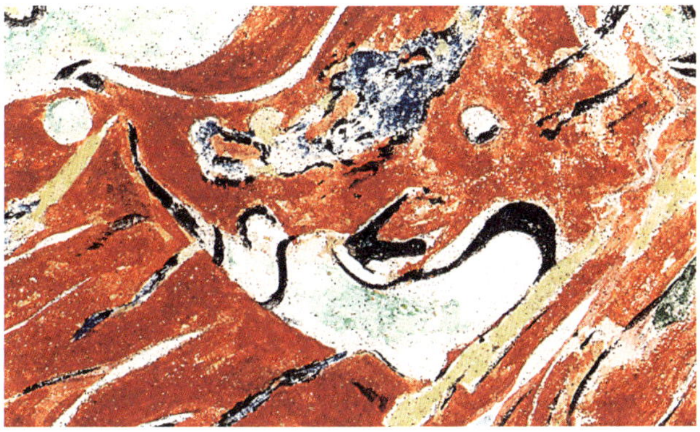
穿着袈裟的僧人形象的飞天。

一手托着花盘，跨步向前飞行。

熊熊火焰之上的飞天群

在莫高窟第412窟西壁龛顶，保存着一幅非常具有代表性的飞天群像壁画。他们不似环窟飞天一字形排列整齐出场，而是姿态各异，演奏着各种不同的乐器，从天而降，让人目不暇接。

手持璎珞飞行着。

双手托着花盘从天落下。

苗条的身段，灵活的动作，迅疾的动势，当他们成群结队地出现时，气势浑然天成，震撼人心，这就是隋代飞天独一无二的风貌。

波浪形的白色飘带随风飘荡，显示出画师精湛的构思。

与其说他们在疾速地飞行，不如说他们是在乐曲和色彩的天海里自由翱翔。

◀敦煌莫高窟第412窟　主室西壁　隋　吴金龙临摹　王丹丹指导

凭栏天女与飞天

深蓝色的天空中，六身天女姿态各异地凭栏下望，好奇地看着人间世界。身后的两身飞天姿态舒展自如，既像在天上飞行，又像在海洋中遨游。

长长的飘带随风舒卷，潇洒轻盈，婀娜动人。

云层之上，天宫的高台栏杆，一块一块的栏墙之间的衔接处，是一只禽鸟，衔着半圆形的璎珞珠串。

▲敦煌莫高窟第321窟　主室西壁　初唐　崔瑞艳临摹　王丹丹指导

飘飘九霄外，下视望仙宫。——韦渠牟《杂歌谣辞·步虚词》

故事中的随侍飞天

莫高窟第305窟窟顶北披是东王公出行图。画面中除画出东王公、神兽外，在飘扬的彩云中，在飞舞的天花里，九身飞天拖着长长的飘带纵身齐飞，构成了一个充满动感的飞天世界。

护卫乌获。

双手捧着花盘迎风飞翔。

龙车前有五身飞天，上方两身僧人形象，一位捧着经书回身看向后面读经文的同伴。

一手托花盘，一手散花，衣裙如燕尾，动作非常舒展，神情悠然自若。

车后旗帜迎风招展，神兽相随。

双手持香飞行。

双手挥舞着飘带，翩翩起舞。

▲ 敦煌莫高窟第 305 窟　主室北披　隋
李慧榕、梁旭玲、叶芷瑜临摹

身体弯曲成婀娜的曲线，潇洒飘逸的姿态呈现出隋代飞天动人的样子。

彩云流动，天花旋舞，飞天相随，窟顶的空间霎时变为天空，变得无限辽阔。

◀ 敦煌莫高窟第 305 窟　主室北披　隋
邓慧蕾整理

3

百花竞开，千叶相称，
万般锦簇向你开。

敦煌纹样

格律之美

千年国运，一点点融进了敦煌纹样平仄的格律中。

令人愉悦的节奏感

人字披上鸟语花香，平棋布满莲花绿池，藻井伞盖从天而降，背光之火点亮希望。

每种纹样有多种样式，同一样式又有不同颜色的变化，各种纹样相互组合，变化着不同的节奏和韵律。

▲敦煌莫高窟第302窟　主室东壁　盛唐

- 金釭纹
- 天宫栏墙纹

金釭纹

榫卯工艺进步后，把它作为装饰纹样留给了我们。

在仿木构建筑样式的人字披窟顶上，可以看到每条椽上彩绘有两段或三段的纹样，这就是金釭纹。金釭纹现今很多人都不认识了，它其实和云气纹一样都是中原的传统纹样。

敦煌莫高窟人字披圆椽上彩绘的这种M形纹样，是迄今为止发现最早的建筑彩画金釭纹。

尾端锯齿均饰三角蟠螭纹。

用铜把整个结合点箍起来。

1974年陕西凤翔春秋时期秦宫殿遗址中出土的青铜金釭。

▲ 作为建筑构件的转角釭

最早的“金釭”是有结构作用的，作为壁柱之间的衔接套件。汉代以后，随着榫卯工艺的成熟，“金釭”逐渐退化成了一种装饰纹样。

椽木上呈M形的纹样，上端平齐，有数道横线，下端有三个长尖齿形。

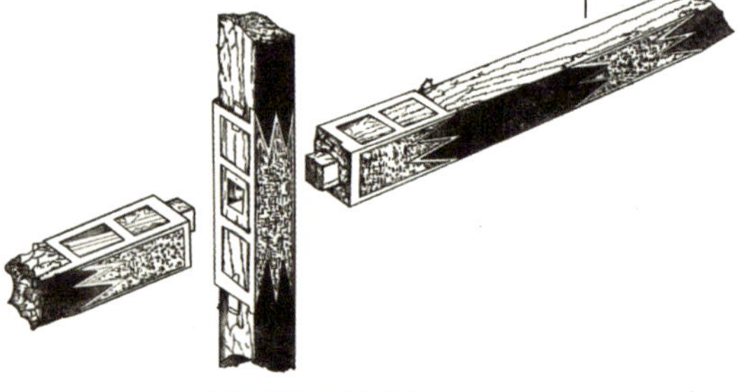

▲ 作为装饰构件的釭

凡铁之中空而受枘者，谓之釭。

——《广雅·释器》

听！敦煌在说话。

▼敦煌莫高窟第431窟 窟顶人字披 北魏 于志伟整理

▲敦煌莫高窟第288窟 主室北壁 西魏

起先，北周时期石窟内多为西域式栏墙，上方有殿堂拱门，示意天宫。壮硕的飞天在天宫内伎乐歌舞。

隋代后，天宫平台栏墙纹依然存在，但天宫已经消失，改绘为条砖、方砖叠砌的平台栏墙。栏墙下有挑梁，有垂帐。方砖上的图案内容也逐渐繁复起来。而从初唐以后，这一纹样逐渐消失。

隋代中期，方砖内的纹样内容越来越多样，以忍冬纹、云气纹、祥禽瑞兽纹等为主。旋转形忍冬纹和对角十字忍冬纹非常普及。

有的方格内为一团花，卷丝或两两相对或左右旋转，也有的方格内画有似云非云的蜿蜒连续纹。

立方体图形中的忍冬纹，大同小异，后期也有了多样的变化。

▲栏墙纹纹样部分样式 于志伟整理

纹样整体统一，立方体凹凸对称，颜色排列规律，反复连续着，构成了奇妙的视觉效果。

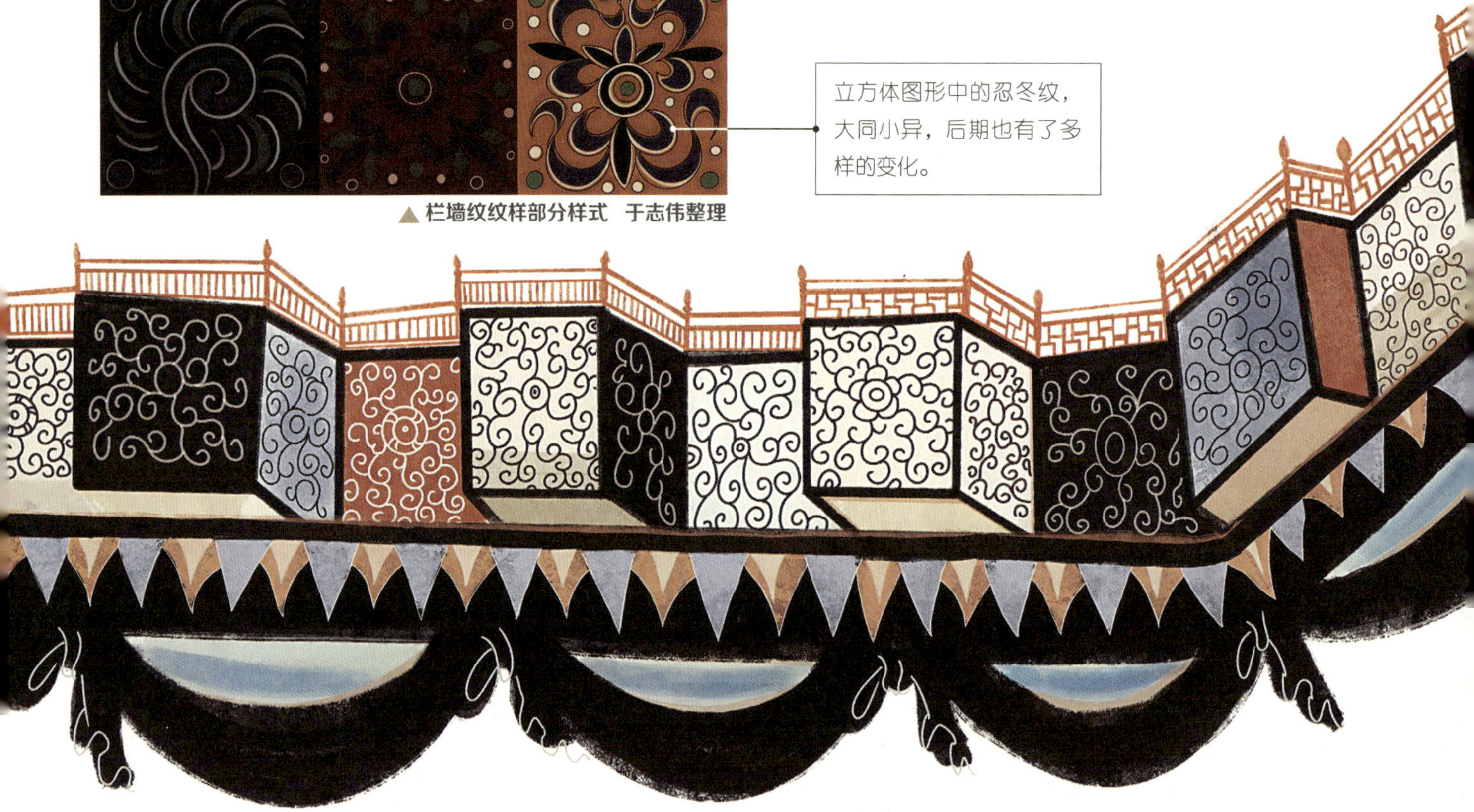

▲敦煌莫高窟第303窟 主室北壁 隋 邓慧蕾整理

凹—凸—凹—凸……红—蓝—黑—绿—红……重复连续，律动着。

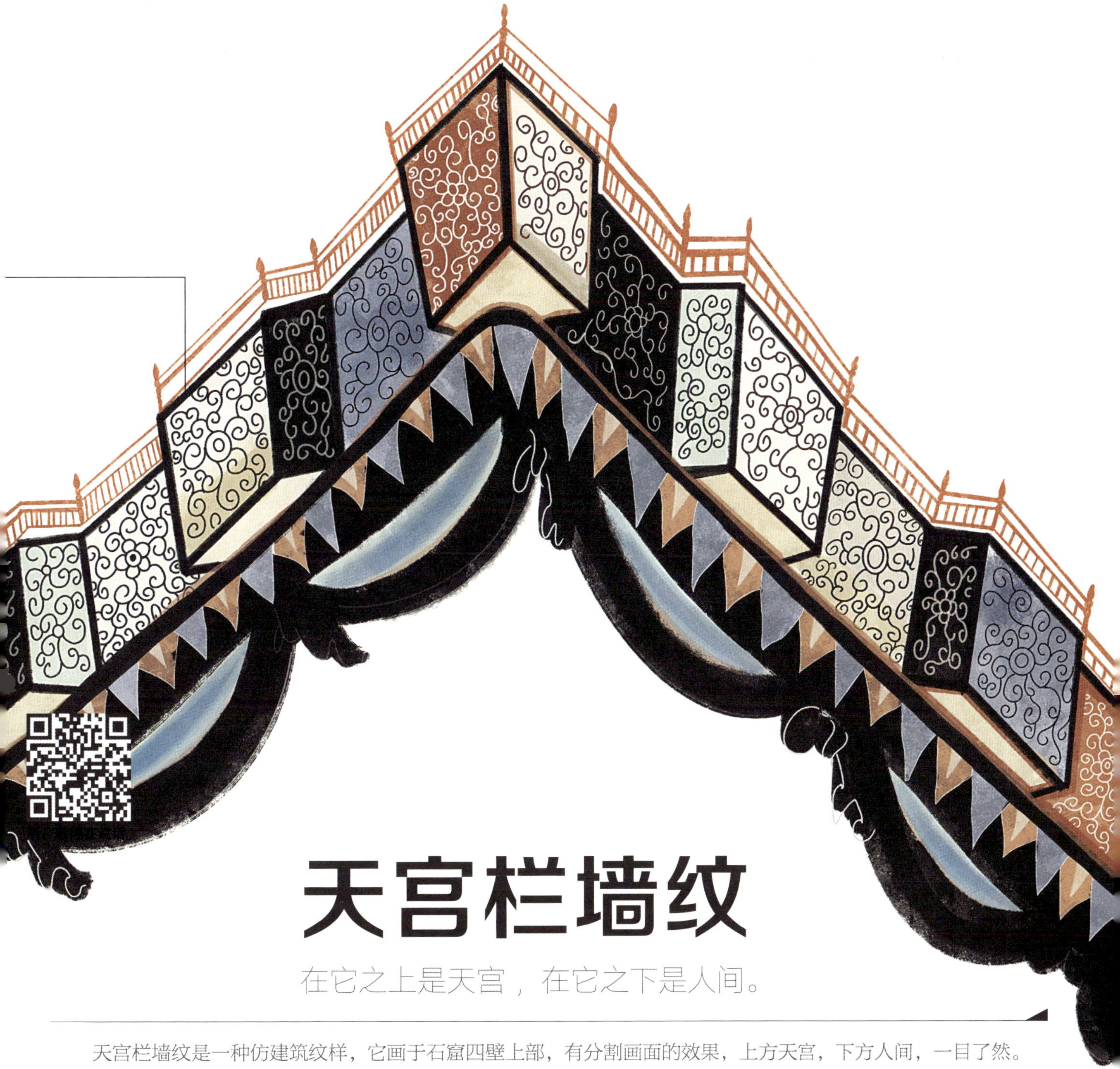

天宫栏墙纹

在它之上是天宫，在它之下是人间。

天宫栏墙纹是一种仿建筑纹样，它画于石窟四壁上部，有分割画面的效果，上方天宫，下方人间，一目了然。

绘制一排天宫栏墙纹样，连续凹凸状有规律地排列在一起，充满韵律感，更是在二维平面上体现出三维立体的效果。

天宫栏墙纹起源于印度，新疆克孜尔石窟有很多洞窟绘有天宫栏墙，敦煌石窟的天宫栏墙纹也明显受到克孜尔石窟纹样风格的影响。

龛内飞天正在演奏着乐曲，他们肤色一深一浅对比着出现。

新疆克孜尔石窟第38窟 主室北壁

听！敦煌在说话。

▲敦煌莫高窟第196窟　主室西壁　晚唐　邓慧蕾整理

- 莲花纹
- 忍冬纹
- 缠枝忍冬莲花纹
- 缠枝花草纹
- 五叶花草纹
- 雀尾花纹
- 葡萄纹
- 石榴纹
- 团花纹
- 百花草纹
- 茶花纹
- 牡丹纹

莲花纹

丰富多彩的莲花世界。

中国的莲花纹起源早，西周时期的青铜器上就已出现莲花纹。人们将莲花圣洁高雅的特质与内心美好的向往联系在一起，在古印度与中国的文化中，莲花的象征意义极为相似，因此莲花纹成了中西方文化传播的纽带，这一纹样被广泛运用，并迅速流行。

在敦煌壁画图案中，运用莲花纹最多的是平棋图案和藻井图案。早期，莲花纹一般作为中央的主题纹样出现。

藻井中心已销蚀脱色、模糊不清了，从整理出的花纹可以看出，中心莲花纹，莲瓣饱满的重层莲瓣，微微回卷，叶片上有竖直的脉线。在整个北朝时期的藻井图案中，这样的莲花纹也仅此一例。

▲ 敦煌莫高窟第272窟　藻井　北凉　邓慧蕾整理

敦煌石窟中，北凉时期的第272窟莲花纹保存得十分完整。

一朵朵莲花寄托着画匠们的美好愿望。以莲美好之名，敬天下虔诚之心。

天人持莲，莲枝不加修饰，纹样简洁朴实，极具北魏时期特色。

此莲花为侧视状，形成扁圆环形，沿圆环点画莲瓣。

敦煌莫高窟第254窟　主室人字披　北魏

胡亦然、胡畅临摹　马淑红、曹海梅指导 ▶

缠枝莲花纹

最初绘于隋代，莲花纹样极具代表性，绘制精致。缠枝莲花纹是受北朝忍冬莲花缠枝纹的影响，发展出来的一种新纹样。缠枝莲花纹在龛楣中绘制最多。

三兔缠枝莲花藻井中心为一八瓣莲花，花中心绘制三只追逐旋转的兔子，八瓣莲花周围则是缠枝莲花纹，莲花俯仰背侧，姿态多样，简洁质朴。

画中的莲花自由舒展，各现姿态，不要求过分对称，这样的风格一直延续到唐代。

▲敦煌莫高窟第397窟 藻井 隋 于志伟整理

▲敦煌莫高窟第292窟 中心柱东向面龛楣 隋 邓慧蕾整理

到了初唐时期，缠枝莲花纹绘制方法和色彩都发生了变化。

缠枝为波状连续，一波生出一簇花，花簇由很多种叶纹组成，各不相同。

▲敦煌莫高窟第321窟 主室西壁 初唐 于志伟整理

▲ 鎏金蔓草鸳鸯纹银羽觞　唐

桃形瓣莲花纹

桃形瓣莲花纹是初唐、盛唐之际典型的莲花纹样。如西安何家村出土的唐代鎏金蔓草鸳鸯纹银羽觞，羽觞内部就刻有六瓣桃形瓣莲花。

▲ 敦煌莫高窟第216窟　藻井　盛唐　于志伟整理

桃形瓣莲花纹是以莲花纹、卷草纹构成的全新藻井纹样。

桃形莲瓣两侧向内包含，呈多裂生长，花瓣宽大，画有叶形花饰。莲瓣多为一重，内中再环以卷云纹、小叶纹组合的连环纹，中心画重层四叶小花，层次简洁分明，形象爽朗明快。

中心莲花由八瓣桃形莲瓣组成，内层环是如意云头纹。

内外环层一冷一热，一疏一密，层次分明。

内环为桃形瓣莲花纹，色彩丰富，连续排列，相错形成花簇。

中心为平瓣莲花纹，瓣片多层叠晕。盛唐时期的平瓣大莲花纹与隋末时相比，整体显得更秀丽，绘制手法和颜色也有了很大变化。

外环为团花纹，做一整二半（一朵完整的位于中间，另一朵对半分开，分别位于下方左右两边）排序。

卷瓣莲花纹

盛唐末，卷瓣莲花纹出现，这种纹样外层为正圆形，莲瓣通常有八瓣或十瓣，瓣片向中心回卷，如同含苞待放的花蕾一般。对于花中心图案，画师们可谓挖空心思，将各种祥禽瑞兽放入其中，有三兔、团龙、翔凤、狮子、迦陵频伽等，花样繁多。

▲敦煌莫高窟第369窟　藻井　晚唐　臧凯稚整理

盛唐时期，莲花纹样愈发繁盛华丽，形成了一个多彩的莲花世界。

听！敦煌在说话。

◀敦煌莫高窟第217窟　盛唐　主室西龛内　于志伟、邓慧蕾整理

忍冬纹

凌冬不凋，攀援缠绕。

忍冬纹源自古代中亚和西亚，是一种由多裂叶片组成的植物纹样。忍冬纹在国外学者中被称作莨苕纹或棕榈叶纹，在古希腊建筑艺术中时常见到类似的纹饰。随着丝绸之路的开通，忍冬纹开始进入中土，后来经过不断的融合变化，才形成了现在我们看到的“忍冬纹”。

敦煌石窟的忍冬纹源自西域，南北朝时期忽然大量出现，同时也受中原的影响，吸收汉代云气纹的特征后，忍冬纹便轻盈飘逸起来，有了鲜明的个性形象。

听！敦煌在说话。

单叶忍冬波状连续纹（纤细版）

单叶忍冬纹，每叶三裂或四裂，首尾相连，两色相间涂饰，简练且节奏鲜明。叠画在外圈的白线起到了点睛的作用。这版单叶忍冬纹，叶片纤细，曲线优美。

◀敦煌莫高窟第288窟 窟顶平棋边饰 西魏 于志伟整理

单叶忍冬波状连续纹（丰腴版）

这版单叶忍冬纹，属叶体肥大型，看起来胖胖的，首尾相连成波状。叶片勾勒白色线条，背面点一串小白点，空档处夹画一小圆叶。色彩节奏鲜明，在石窟内常见。

◀敦煌莫高窟第254窟 主室南壁 北魏 于志伟整理

多裂单叶忍冬波状连续纹

这幅用黑线勾勒的多裂单叶素色忍冬纹，虽然也是单叶忍冬纹，但它是由多裂叶片组成的，每片叶片的叶裂非常深，直至茎部。有别于北魏时期的忍冬纹样，有雕刻出来的效果。

◀敦煌莫高窟第428窟 窟顶平棋边饰 北周 邓慧蕾整理

双叶忍冬波状连续纹（纤细版）

相较单叶忍冬纹而言，双叶忍冬纹则更加活泼，两叶反向相附于波状茎上，形成茎两侧叶片相背而存，波状起伏。这版双叶忍冬纹叶片细长，曲线流畅，体态轻盈。

◀敦煌莫高窟第254窟 主室南壁 北魏 于志伟整理

双叶忍冬波状连续纹（丰腴版）

忍冬纹叶片肥大，反向对称，颜色叠晕非常清晰，叶面涂青、褐两色，留白在黑底色的映衬下，显得庄重华贵，色彩如新。

◀敦煌莫高窟第288窟 主室北壁 西魏 于志伟整理

契合形忍冬波状连续纹

这是源自阿拉伯的契合形纹样，叶片保持了掌状叶纹的样式，严丝合缝地连在一起，波状起伏的忍冬纹线条清晰流畅，疏密有致。

◀敦煌莫高窟第248窟 窟顶平棋边饰 北魏 邓慧蕾整理

进入莫高窟经典洞窟第285窟时，就像进入了忍冬的海洋，它扑面而来，你沉浸其中。

双叶忍冬桃形套联连续纹

这种纹样具有桃形的骨架，或横或纵，连续套联在一起。这版桃形套联连续纹以土红色打底，白线勾出藤蔓曲线，妩媚绵延且生动自然。

◀敦煌莫高窟第428窟　窟顶平棋边饰　北周　邓慧蕾整理

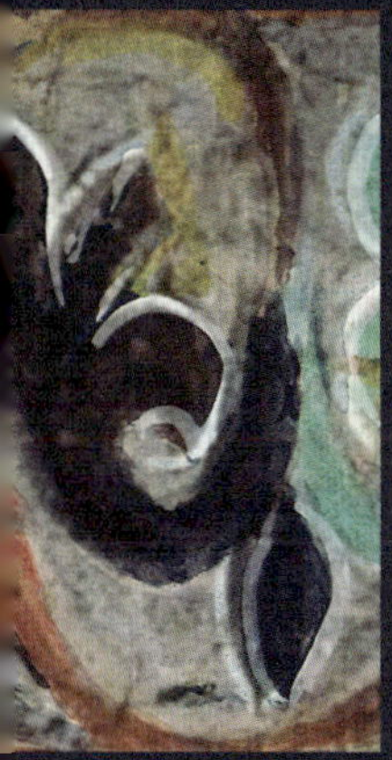

双叶忍冬藤蔓分枝回卷连续纹

这种纹样青绿色叶片在藤蔓主枝是波状连续着，每一分枝前后回卷，叶茎相连，形成上下颠倒的两片回卷叶片，淡红叶片向前回卷，黑褐叶片向后回卷，有跳动的节奏感。

◀敦煌莫高窟第254窟　主室西壁　北魏　王勇昌、廖逸霄临摹

四叶忍冬纹（纤细版）

这种纹样是以四片忍冬叶为一个单元，两叶合并在内，另两叶叶柄相连，左右连续。四叶忍冬纹均以青绿、淡朱、黑褐三色相间涂绘，富有装饰感。

◀敦煌莫高窟第285窟　主室西壁　西魏　王勇昌临摹

双叶忍冬交茎套联连续纹

忍冬纹叶片细长，双茎相对回旋套勾。以黑褐色勾画纹饰，具有浓郁的西亚风格。

▲敦煌莫高窟第303窟　窟顶平棋边饰　邓慧蕾整理

这一椽间绘有一只鹿，口衔仙草，奔走在忍冬莲花上。

看到这幅图案，就像进入静谧的林间，有手持莲花、身着汉式大袖红袍的飞天，在林中穿梭。

在叶纹细长的忍冬叶和莲花间，禽鸟在低头啄食。在人字披纹饰中，忍冬纹、莲花纹和禽鸟的组合很常见，禽鸟的姿态各异，充满生机。

屏风式的忍冬纹图案上下四层，均由忍冬纹和莲花纹构成，层层浮动向上，仿若随水波漂荡的水草，给单纯的建筑纹饰增添了生趣。

▲ 敦煌莫高窟第428窟 人字披 北周 刘一腾、黄小凡临摹 石东玉指导

缠枝忍冬莲花纹

忍冬和莲花组成的新纹样。

敦煌画师们巧妙运用反复、连续、对称、多样统一、动静结合等方式，把忍冬组成了波状形、心形、圆环形、龟甲形等各式各样的图案，还把忍冬和莲花结合组成了一种新图案——缠枝忍冬莲花纹，把忍冬、莲花以藤蔓缠绕在一起，让鸽子、孔雀、鹦鹉在内栖歇。

▲ 敦煌莫高窟第428窟　人字披　北周　丁芳凝临摹　王之言指导

人字披上纹样，以波状如流的莲枝和弯弧回卷的忍冬纹组成，这条长长的装饰带随着莲茎起伏延续着，在摇曳的莲花中栖息的蓝孔雀，也为静谧的画面增添了生气。

莲花纹叶片分叉处，向两边伸出两条细长的叶片，画师发挥想象，将其绘成忍冬纹的样式，叶端回卷，叶片四裂。

缠枝花草纹

生生不息，富贵绵长。

这种纹样来自西域，与新疆龟兹石窟内所绘的同类纹样基本相同，多绘于支撑檐枋的立柱上，画师将它装饰在石窟的重要部位，足见对这种纹样的喜爱。然而，这种华美新颖的新纹样并未被广泛使用，新颖的缠枝花草纹在敦煌石窟中只是昙花一现。

缠枝上长出长长的花形叶片，像折扇一样展开，花絮散射开放，纹样衬以土红底色，用灰绿、黑、白色勾画，华丽美观。

每一枝头上都生有花托、花蕊。

藤蔓似回卷的波浪。

花絮为层层弧形点线。

▲ 敦煌莫高窟第248窟　主室南壁　北魏
邓慧蕾整理

五叶花草纹

朴实秀美的五瓣花草。

五叶花草散点连续纹，一个叶片五裂，作一二一散点分布排列。纹样衬以土红底色，每个叶片以黑色和灰绿色涂饰，在黑色的裂片外加勾白线，整体看起来朴实秀美。

▲ 敦煌莫高窟第428窟　窟顶平棋边饰　北周　邓慧蕾整理

雀尾花纹

层层叠叠的翎眼，令人目眩。

这是北魏时期第257窟平棋中的一条边饰，它以土红色涂底，白色小点连接组成波状的网格，在每个网眼内画雀尾翎眼的花饰以及三条黑、白、绿相间的弧线，有节奏且富有韵味。

土红色作为底色，北朝时期边饰常见的底纹颜色。

网眼内绘雀尾花。

重复出现的雀尾花纹样，就像旋律一样、音符一般富有韵律感。

敦煌莫高窟第257窟　窟顶平棋边饰　北魏　邓慧蕾整理

葡萄纹

火焰下的勃勃生机。

葡萄卷草纹

隋代洞窟图案的绘制，不甘因循守旧，创造出很多新颖的样式，其中头光和身光内层的葡萄卷草纹就是比较突出的精品。

▲ 敦煌莫高窟第314窟 藻井 隋 邓慧蕾整理

它的叶如花似果，看起来像一颗“小辣椒”。

深绿色底，以淡紫和赭褐色绘纹。

它绘于火焰纹的内层，在焰色缤纷的衬托下，熠熠生辉。

▲ 敦煌莫高窟第407窟 主室西壁 隋 李宇瑞临摹 王丹丹指导

葡萄卷草纹，有画葡萄的，也有不画葡萄的。有单一卷草的，也有和别的纹样组合而成的。但只要认准这个“小辣椒”，就能找到它。

缠枝葡萄纹

缠枝葡萄纹与隋代的葡萄卷草纹是不同谱系的纹样。初唐时期第209窟藻井位置的缠枝葡萄纹，藤枝以十字或米字框架缠绕套联，疏密相宜地铺满葡萄串和叶子，一般搭配石榴纹一起出现。

藻井内画四个石榴构成“十”字。

四片葡萄叶与缠枝又构成“十”字，两个“十”字相连，组成一个米字框架。

八串葡萄颗粒累累，环绕着石榴，组成方圆相套的效果，充满异域风韵。

石榴的红色果实粒粒可见。初唐时期，这样的葡萄石榴纹藻井很常见。边饰层次较少，简练平稳，色调也清新典雅。

除了用作窟顶藻井上的主要纹饰，在很多重要位置的边饰上，也出现了漂亮的缠枝葡萄纹样式。葡萄串、葡萄叶随缠枝呈波状展开。

▲ 敦煌莫高窟第209窟　藻井　初唐　李心畅临摹　王丹丹指导

▲ 敦煌莫高窟第322窟　主室西壁　初唐　廖逸霄临摹

石榴纹

美味与颜值并存。

石榴开着红艳的花，结出宝石般的果，早在公元前11世纪，已让古希腊为之疯狂。

公元前10世纪，所罗门王栽种石榴，并喜爱饮用石榴汁酿的美酒。

公元前2000年左右，擅长航海的腓尼基人将石榴的种子带往地中海沿岸。希腊神话将石榴称为“忘忧果”。

张骞出使西域，传说也带回了石榴的种子，其被称为“安息石榴”。石榴在汉代传入中原。隋代后的铜镜和金银器上便经常出现石榴纹。石榴纹也对敦煌地区的装饰纹样产生了巨大影响。

红如宝石的石榴子，不甘寂寞，它沿着地中海旅行，走到哪里，就用妖媚的红色，染红那里的土地。

▲敦煌莫高窟第209窟　藻井　初唐
无籽石榴纹

有剖面露子，有无子，如同莲花花瓣一样。

▲敦煌莫高窟第329窟　藻井　初唐
露籽石榴纹

初唐的石榴纹带有浓重的隋代遗风，石榴纹由两片忍冬叶相合成状如桃子的形象。它与忍冬纹、莲花纹、葡萄纹等纹样结合，形成了一组组新颖别致的花纹。

石榴卷草纹

它是初唐石榴纹样的延续，卷草中的石榴形象更为丰富多变，有剖面、正面、背面，各不相同。

绘有一条波状主枝，叶片卷曲，旁侧生出多条小分枝，分枝上长出石榴卷草，富有小叶，大小疏密均匀分布，形成一种平稳缓慢的流动感。

▼敦煌莫高窟第148窟　主室东壁　盛唐　于志伟整理

盛唐后期的单枝石榴卷草纹边饰中，石榴纹卷草叶较长。

单枝石榴卷草纹，层层宽大的卷叶包裹住石榴，内中石榴成半圆形或写实形。

石榴形象多样，缠枝上富有小叶，叶纹分布丰满。

▲ 敦煌莫高窟第201窟　藻井　中唐
邓慧蕾整理

石榴茶花缠枝纹

缠枝茶花串联而成，每朵茶花中有一个石榴，石榴形象为卷云纹形态，顶部开出一朵小花，这样的组合非常有新意。

底色两种颜色交错，增强了缠枝的波状流动感。

▲ 敦煌莫高窟第113窟　主室西壁　盛唐　邓慧蕾整理

侧视剖面角度层层的卷叶包裹住石榴果实。

包裹住的石榴果实有半圆形的，也有写实的。

团花纹

寄托了人们对“团圆”的向往。

团花纹是一种外轮轮廓适用于圆形的装饰纹样。

最初出现在原始时期的彩陶旋纹上，随着丝路的开辟，团花纹样受波斯文化的影响，样式更加多样，使用更加广泛。到了唐代，团花纹终于以主角身份闪亮登场，它被赋予了独特的装饰审美和美好寓意，同时也向人们展现了它无穷的艺术魅力。

唐代流行的团花纹是天宝时期莲花纹样的典型形象。它是由圆叶纹和卷云纹组合而成的团状莲花纹，花瓣层次比较多，繁丽动人。

花卉植物团花纹样从初唐开始，一直流行到晚唐，而动物团花纹样则出现在晚唐，一直延续到五代。宋之后，晚唐时期兴起的小团花纹，已不再是主纹饰，花纹也进一步简化。

▲敦煌莫高窟第201窟　藻井边饰　中唐
于志伟整理

团花边饰多作一整二半连续，半团花呈半圆状。

茶花团花纹。

中心为一小团花，外环卷云形花朵，再外绘多瓣小花。

棋格团花纹平棋，在每一方格内画一团花。

花瓣似祥云，层层叠叠，福气满满、富丽漫漫，以花开之盛寄予万泰祥和的美好期待。

◀敦煌莫高窟第159窟　西壁龛顶平棋　中唐　邓慧蕾整理

百草花纹

圆润肥美的盛唐之花。

边饰纹样，发展到盛唐已达极盛，很多种类的花卉纹样纷纷出现，可谓“百花齐放”，百花草纹就是其中之一。

百花草纹是绘于四壁边饰位置，以多种叶形杂花组合的一种纹样。

它一般有两种，一是正规圆形，有五至六片花瓣，瓣片边沿呈圆弧形三裂；另一种是侧视下垂形，如一朵松果状的花蕾。它的花草小叶很多，叶片肥大，花叶分布均匀，自由连续。

五片花瓣，瓣片边沿有圆弧形三裂。

侧视的花朵如扇形，花瓣似鸟冠，叶片肥短。

画于西龛上沿的花饰，由中央向两边伸展，主花多是一朵形如松果的花蕾。

花、叶布局紧密，层层相接，没有固定的规律，自在连续。

它，圆润华美，正侧相叠，雍容端正，自在连续。

▲ 敦煌莫高窟第79窟 主室西壁 盛唐 叶芷瑜临摹

▲ 敦煌莫高窟第120窟 主室南壁 盛唐 于志伟整理

茶花纹

青色叠晕，由繁入简。

中唐时期敦煌被吐蕃占据，石窟装饰中盛唐的样式戛然而止。茶花纹受到了盛唐时期百花草纹影响演变而来，成为在中唐时期最有代表性的独立纹样，运用非常广泛，具有鲜明的时代特征。

▲双摩羯鱼茶花纹金花六曲银盘

茶花纹样流行于盛唐末年到晚唐时期，如1976年在赤峰市喀喇沁旗出土的唐宣州刺史刘赞进奉的双摩羯鱼茶花纹金花六曲银盘，银盘上的茶花纹与敦煌石窟装饰中的茶花纹如出一辙。

茶花纹除绘于藻井外，还出现在四壁边饰、龛顶平棋等位置。

茶花纹单花形有正视、侧视。正视花形为六瓣，侧视花形则有七瓣或八瓣，瓣片顶端有裂。

敦煌莫高窟第159窟　藻井　中唐　于志伟整理▶

▼敦煌莫高窟第361窟　主室西壁　中唐　于志伟整理

石榴茶花缠枝纹

藻井中心由八朵单体茶花组成，缠枝串联成一个大花环，花环中心绘一朵大大的莲花，空缝处缠蔓着小叶片。

茶花纹正视图

茶花纹侧视图

▲ 敦煌莫高窟第98窟　边饰　五代

▲ 敦煌莫高窟第148窟
主室东壁　盛唐　于志伟整理

茶花在卷草叶片的衬托下，由缠枝串联起来，波状连续。

茶花团花纹

茶花团花纹边饰在中唐的石窟内很常见。

盛开的缠枝茶花围绕着莲花，色彩浓艳而不失秀丽。

牡丹纹

天香“一捻红”，应是帝王爱。

汉代以前，牡丹幽而有芳，自开自落无人赏。

东晋顾恺之画的《洛神赋图》是现存最早的绘有牡丹的画卷。

进入唐代，牡丹始盛。

唐人对牡丹的喜爱是历代之首，唐玄宗更是为牡丹赐名“一捻红”，足见帝王对牡丹的喜爱，这份帝王爱，也使牡丹成为“人间富贵花”，被世人所追捧。

应运而生的牡丹纹样，更是我国工艺美术装饰中应用历史最久、范围最广的纹样之一。牡丹纹不仅绣在衣服上，印刻在器物上，也在敦煌石窟壁画中流行。

缠枝牡丹纹，外形多有变化，牡丹的外重花瓣、叶片卷曲着，不拘一格，生动活泼。

内重花瓣很多都是多裂圆叶，这也是牡丹纹的一个特征。

▲敦煌榆林窟第10窟 窟顶边饰 西夏 于志伟整理

秦岭山麓冒出的这一抹嫣红，着色了唐人，斑斓了两宋，终灿然而富贵于大明。

▲敦煌榆林窟第3窟 窟顶 西夏 邓慧蕾整理

▲ 敦煌莫高窟第254窟　中心柱东向面　北魏

自然属性的纹样

- 云纹
- 火焰纹
- 水波折纹
- 卷涡纹

云纹

必不可少的极佳“辅助”。

云纹是最古老的中国传统纹样之一，起源于先民对自然力量的崇拜。所谓的“云纹”，即是一种似“云”似“雷”的纹饰。

早期的纹样形式是新石器时期刻画在彩陶上的原始旋纹，商周时期的云雷纹、先秦时期的卷云纹、楚汉时期的云气纹都与新石器时期的彩陶旋纹存在着必然的联系。

云纹在敦煌壁画中，一直作为重要的辅助出现。它虽不是壁画内容的主角，但却是必不可少的元素。

随着朝代的更迭和时间的变迁，它不断变换着不同姿态，展现着云卷云舒。

▲敦煌莫高窟第248窟　人字披　北魏

蝌蚪状的云纹

北魏时期的云纹，形似“小蝌蚪”，云头饱满粗犷，云尾草草一笔带过。

蓝色的云。

▲敦煌莫高窟第285窟　主室南壁　西魏
赵小婢临摹马淑红、曹海梅指导

忍冬状的多重云纹

到了西魏，云纹的数量增加，出现了多重云纹的叠加和连接，动态更加灵动。

云的颜色依旧是蓝色。

▲敦煌莫高窟第412窟　主室西壁　隋

团状的云纹

隋代的云纹和隋代的飞天一样，无拘无束，充满动感和活力。

在一群飞天的衣带之间，用黑色线条勾出了团状云纹。

云的变化多端，在敦煌画师笔下被描绘得淋漓尽致。它可以被拙朴地一笔带过，也可以色彩浓重地托起飞天。

听！敦煌在说话。

▲敦煌莫高窟第322窟　主室北坡　初唐

▲敦煌莫高窟第329窟　主室西壁　初唐

▲敦煌莫高窟第320窟　主室南壁　盛唐
陈楚滢、周心烨临摹　王之言指导

立体的卷云纹

隋代末已开始用白色绘制云纹，初唐延续了隋代的风格。

由流线型的团云纹，逐渐转变为内敛勾卷的卷云纹。

淡彩色的卷云纹

色彩非常清新，运用不同颜色体现出云的层次感。

由之前以蓝色、白色为主，变为彩色祥云。

浓重的卷云纹

也是彩色的云纹，但是颜色更加丰富、浓重。

盛唐的云纹增加了云层的厚重感，结构也更加紧密，为旁边的飞天增加了力量感。

▲ 敦煌莫高窟第251窟　中心柱东向面　北魏　王一丁临摹　王丹丹指导

火焰纹

千年不息，浓艳如新。

火焰纹是敦煌石窟壁画中的代表纹样，它千年不息，寄托了人们对光明的向往。历经1400余年的时间，火焰的颜色依旧浓艳如新，烈焰升腾，动感十足。

在北凉至北周时期，火焰纹有着举足轻重的地位，样式繁多，层次鲜明。

这是单头单色火焰纹。北凉时期主要以单头、多头火焰纹为主。

单线火焰纹，黑色铺底，细细的白线勾勒出火焰形状。

多色套联单头火焰纹，几个颜色的火焰套联在一起，使火焰看起来连绵不断，形成熊熊燃烧的感觉。

忍冬火焰纹，火焰是忍冬的形状。

由多种火焰纹组成，其中一环是一开一合的波状单线火焰纹，比较少见。

▲ 敦煌莫高窟第249窟　主室西壁　西魏

多色三头火焰纹，火焰像一个“山”字。

多色多头火焰纹，整个形态都像一个“火”字。

▲ 敦煌莫高窟第254窟　主室中心柱东向面　北魏

自从西来的火焰蔓延至中土，就一发不可收，渐渐照亮了整个北朝。

听！敦煌在说话。

水波折纹

色彩叠晕的美感。

水波折纹，也叫“曲尺纹”“三角折线纹”，因折曲线条像水波纹一样而得名，是古代汉族陶瓷器的装饰纹样之一。

水波折纹的形态让人自然地联想到陕西出土的唐代海兽纹银碗，俯视角度观察这些西亚风格的银碗上，水波弧曲线清晰可见，颇具特色。

海兽纹银碗 唐 现藏于陕西历史博物馆

水波折纹多用于背光图案，绘制简约，颜色鲜艳。

敦煌莫高窟第148窟 主室南壁 盛唐 邓慧蕾整理

卷涡纹

卷云卷水卷宝珠。

卷涡纹，源自印度，出现在元代石窟内，那个时期，石窟内的装饰纹样也绘制得和前代迥然不同，风格变得更多元化、多民族化。

元代窟内绘有三种卷涡纹，分别是流水卷涡纹、简笔云气卷涡纹、宝珠卷涡纹。

▲敦煌莫高窟第465窟　元　邓慧蕾整理

流水卷涡纹

卷起像水流似的漩涡，白色作为打底，用绿色绘制池水，黑线勾勒波纹，形如其名。

简笔云气卷涡纹

形制简洁，粗壮的缠枝一端形成涡形，将点点云气状花蕾卷入其中，以S形连续，形成了繁而不乱、连贯流畅的特色纹样。

▲敦煌莫高窟第465窟　元　邓慧蕾整理

▲敦煌莫高窟第465窟　主室四披边饰　元　邓慧蕾整理

宝珠卷涡纹

浓密粗壮的藤蔓形成卷涡状，卷涡中用蓝色、红色、绿色打底，在藤蔓的枝头模仿黄金纹饰，镶嵌着一颗颗椭圆形宝珠，是敦煌壁画晚期边饰图案新颖独特之处。

它可以如回卷的行云，可以如涡旋的水流，也可以如卷起宝珠的藤蔓。

▲ 敦煌莫高窟第432窟　中心柱东向面　西魏

几何图案纹样

- 方格纹
- 菱格纹
- 联珠纹
- 回纹
- 三角垂帐纹
- 龟甲纹
- 圆环联泉纹

方格纹

从简单到千变万化。

几何纹在北朝时期非常引人注目，是被绘制数量仅次于忍冬纹的边饰。这些几何纹种类丰富，而且保存完好。

方格纹，垂直和水平直线相交而成的几何图形。在敦煌石窟中有正方形的方格纹，也有长方形的方格纹，还有按一定角度倾斜的斜方格纹。

蓝黑色方格纹

- 白色涂底，用横竖线垂直相交，形成方形网块。
- 用蓝、黑两色在方格内左斜向填色，组成的线条像编织出的网，简单朴实。

圆点斜方格纹

- 竖线和横线以点为线，斜向交叉，中心点一小圆点，简洁活泼。

套线菱格纹

- 套线菱格纹常以两个或两个以上同心菱形套叠出现。
- 以灰白色打底，黑色直线相交形成菱形，用深灰色和黑色填充里面的套叠菱形。

双线方格纹

- 四条垂直线与四条横线相交，形成大方格形，大方格内画十字小花，单色相间填色。

三叶花菱格纹

- 四朵三叶花连成菱格内的方形，方形中心又画一朵四叶小花。

它们是几何纹的代表，北朝简约，隋代创新，唐代雍容，元代清冷……

听！敦煌在说话。

▲ 敦煌莫高窟第288窟　窟顶平棋边饰　西魏　于志伟整理

▲ 敦煌莫高窟第288窟　主室南壁　西魏　于志伟整理

▲ 敦煌莫高窟第275窟　主室西壁　北凉　于志伟整理

▲ 敦煌莫高窟第39窟　中心柱东向面龛内　盛唐　邓慧蕾整理

▲敦煌莫高窟第435窟　窟顶平棋边饰　北魏　于志伟整理

▲敦煌莫高窟第217窟　主室西壁　盛唐　于志伟整理

▲敦煌莫高窟第288窟　平棋边饰　西魏　邓慧蕾整理

▲敦煌莫高窟第435窟　窟顶平棋边饰　北魏　邓慧蕾整理

▲敦煌莫高窟第288窟　主室南壁　西魏　于志伟整理

▲敦煌榆林窟第17窟　边饰　初唐建　宋重修　臧凯稚整理

蓝赭间色方格纹

- 纹样与蓝黑色方格纹结构相似。
- 在方格内用蓝、赭两色右斜向填色。

四叶花斜方格纹

- 在斜方格纹的基础上，以青、绿、朱、赭等纯净饱和的色彩绘制。
- 斜方格内青绿两色叠晕——由浅而深的五层，花心画白色、赭红的四叶小花。
- 五色小联珠纹像一条彩链，把斜方格纹装饰得艳丽精致。

点线菱格纹

- 以土红色涂底，用白色点线斜向交叉，形成菱形网状结构。
- 每个交叉点涂黑色，菱格内点涂蓝色，点状结构更如真实的网一般。

复线菱格纹

- 看似无任何规律，细致梳理可以发现，由两条线组成的宽条带，以两条宽条带为单位分隔画面，形成大小相邻的菱形块，相邻菱形块间隔涂蓝色。
- 同时，大菱形内还画有同心小菱形，形成了自己独特的规律。

立体菱格纹

- 立体方块连续纹，方块立面绘有四菱叶、冰裂纹。
- 敦煌榆林窟第17窟始建于初唐，后期经过宋代重修，窟内的纹样多有初唐装饰的遗风，也融入了宋代装饰纹样的特点，别具一格。

菱格纹

菱格内总有惊喜。

菱格纹，在中国传统装饰纹样中有着悠久的历史。敦煌早期石窟内的菱格纹在色彩、造型和表现形式上丰富多样，中期融汇中西方风格后，更富于创造性，也越来越色彩绚丽，动感十足。

联珠纹

古道上散落的珍珠。

联珠纹从隋开始，在敦煌石窟内流行起来了。石窟内联珠纹主要有直线形与环形两种。

隋炀帝时期营造的第407窟、419窟、420窟、427窟，绘制了大量内容新颖、风格独特的装饰图案，其中以环形联珠纹最具代表性。

中西方文化的混血产物

在中西方的艺术文明中，联珠纹是独立存在于互不关联的两种文化中。源自中国本土的联珠纹，出现较早，用于主纹样的上下栏，作为边框使用。目前发现的最早的联珠纹见于马家窑文化的陶器之上。

▲马家窑半山类彩陶腹部装饰联珠纹

▲《步辇图》局部 阎立本 唐
现藏于北京故宫博物院

禄东赞长袍上即装饰有联珠纹。

联珠纹真正在中国开始流行是在南北朝时期，古波斯萨珊王朝盛行的一种实心联珠纹，沿着丝绸之路传播进入中原地区，两者融合后，联珠纹常被用作辅纹，广泛运用到各种器物壁画的装饰上。

至隋代后，联珠纹更为盛行，开始有了较大的变化，联珠纹变成了联珠圈纹。

值得注意的是，马肚上标有的“山”“吉”是隋唐官马的标志，汉字出现在西域图样上，正好诠释了隋唐时期胡汉文化的完美融合。

▲敦煌莫高窟第314窟 藻井 隋 邓慧蕾整理

▲敦煌榆林窟第10窟 窟顶 西夏 于志伟整理

直线联珠纹 / 立体直线联珠纹

直线联珠纹，由一串彼此相连的圆形或球形组成，成一字形，“珠”有实心的，有空心的，也有榆林窟第10窟中这样立体渐变的。

▲敦煌莫高窟第 401 窟 主室西壁 隋 于志伟整理

团花联珠纹

隋代石窟内的联珠纹中，数量最多的是团花联珠纹。联珠内的花型有四叶、六叶、八叶等多种形态。

▲联珠四骑狩狮纹锦 现藏于日本东京国立博物馆

环形联珠纹

环形联珠纹的环内画有很多祥禽瑞兽，在大量出土的联珠纹织锦上很常见。

联珠四骑狩狮纹锦是隋唐生产的颇具特色的丝织品，也是古波斯帝国萨珊王朝经典的艺术主题。

环形联珠纹内部大多绘制动物形象。

雁衔花串联珠纹

图案是大雁衔着一串花链，寓意官禄登科。禽鸟联珠纹是当时吐蕃流行的纹样，具有鲜明的时代特征。

这只嘴中衔着花串的禽鸟，叫衔绶鸟或含绶鸟。

对马联珠纹

隋代第277窟龛口沿上的对马联珠纹，两匹马相对而立，马头之间画一株五叶草，与出土的吐蕃对马联珠纹织锦上的纹样相似。

◀敦煌莫高窟第277窟　主室西壁　隋

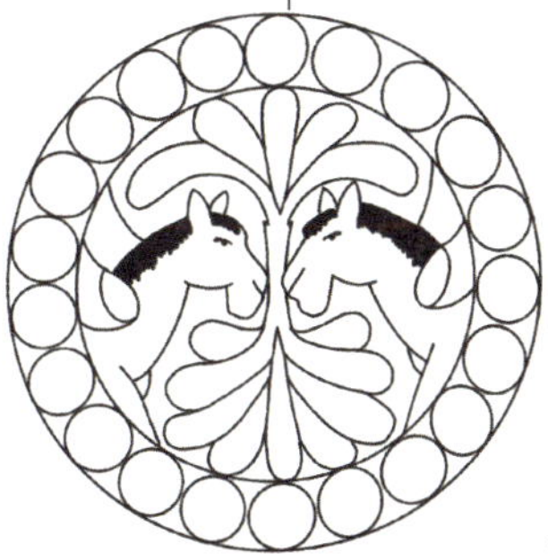

▲敦煌莫高窟第361窟　西壁龛顶平棋　中唐　邓慧蕾整理

▲敦煌莫高窟第401窟　藻井　隋　于志伟整理

孔雀联珠纹

隋中期后，敦煌石窟中环形联珠纹的应用越来越多。第401窟中窟顶藻井边框画有一圈孔雀联珠纹，孔雀正面而立，展翅开屏。

中华民族文化的伟大，在于传承本土，接纳外来，而后丰富壮大自己。

听！敦煌在说话。

回纹

百转千回，富贵不断。

▲ 马家窑文化遗址出土的陶瓷

回纹是中国典型的几何传统纹样之一，在民间习俗中，回纹被称为“富贵不断头”，是一种很吉利的纹样。

以“回”字而得名，《说文解字》注：“外为大口，内为小口，皆回转之形也。”

这种纹样是由古代的器皿纹样演化而来，马家窑文化中马厂类遗址出土的新石器时期陶器上的回纹，被认为是我们目前所见最早的回纹。

在敦煌石窟内，回纹在纹饰中出现得较晚，在中晚唐至西夏时期窟顶图案中比较常见。

纹样主要以内部黄绿色和外部赭石色相配，外重而内淡，使富于理性的横竖转折，更为精致庄重。

缠枝牡丹纹。

圆环联泉纹。

工字回纹

天字回纹、工字回纹，都是后人根据汉字形象命名的，其实工字回纹看起来更像个“王”字。

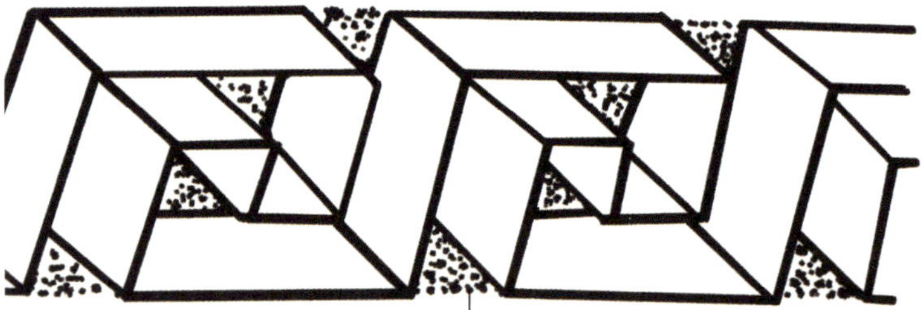

纹样先由外向内转折，再由内向外反复转折延续，规律有序。

香印回纹

▲ 敦煌榆林窟第2窟　窟顶　西夏　于志伟整理

香印，也称“香篆”，是一种焚香方式，在白色香灰上，香粉压印成篆字，点燃上方起笔处任一端，香粉缓缓燃尽，香灰留下篆字之形，这就是香篆。敦煌画工为这类难以名状的篆形回纹 赋予吉祥之名——香印回纹。

▲ 敦煌榆林窟第3窟　窟顶　西夏　于志伟整理

▲ 敦煌莫高窟第465窟　窟顶　中唐　于志伟整理

卷云回纹

卷云纹和回纹的结合。在中唐时期，卷云纹已经非常成熟，变化出来多种多样的衍生纹样。

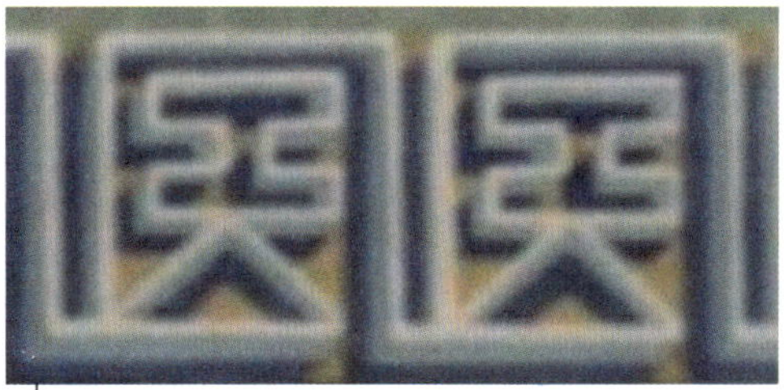

▲ 敦煌榆林窟第2窟　窟顶　西夏　于志伟整理

天字回纹

回纹成为五代至蒙元时期出现频率很高的纹样，一般绘成非常显眼的青绿色或深蓝色。

三角垂帐纹

由简变繁，再变简。

自北朝至初唐的发展，覆斗形石窟藻井的装饰图案已形成基本定式，皆由中心方井、方井四周边饰层、垂幔三部分组成。

垂幔部分在这期间，经历了翻天覆地的变化，过程非常精彩，成果十分震撼！

▲ 敦煌莫高窟第272窟 西壁龛顶 北凉 于志伟整理

三角垂帐纹

北凉三窟中，第272窟龛顶上的华盖外圈是敦煌石窟内第一次出现三角垂帐纹，这时的垂帐纹与西魏后期出现的藻井与华盖合二为一的垂幔完全不同。

最初的模样

到西魏时，藻井图案与华盖合二为一。第285窟藻井就以三角垂帐纹作为帷幔。这也是现存藻井图案中，第一幅被发现绘有三角垂帐纹的。

此处的华盖帷幔是双层三角垂帐纹，但这时的画师对双层三角垂帐纹的处理似乎还不成熟，上下两排的排列并不理想。

▲ 敦煌莫高窟第285窟 藻井 西魏
薛长伟临摹 王丹丹指导

莲瓣 / 三角垂帐纹

北周时期的第461窟，垂幔部分由方形“莲瓣”和三角垂帐纹组成，方形莲瓣纹是早期鳞片形莲瓣纹的雏形。

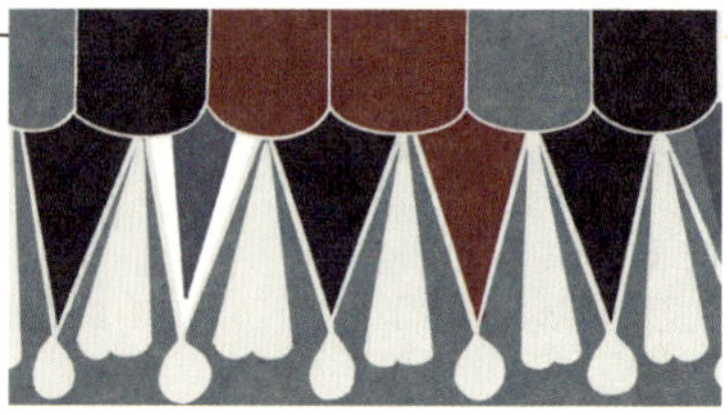

◀ 敦煌莫高窟第461窟 藻井 北周

北朝时期

从简单三角形的排列，到与莲瓣、黑色帷幔的组合，再由精美的瓔珞衬托，越来越华美艳丽。

◀敦煌莫高窟第305窟　藻井　隋　邓慧蕾整理

▲敦煌莫高窟第372窟
藻井　初唐　于志伟整理

开始翻卷拂动起来

作为隋代藻井中的代表，第305窟的垂幔是双层莲瓣纹样搭配长三角垂帐纹的组合。组合出的新纹样，开启了隋代套斗藻井的新篇章，三角垂帐纹翻卷拂动的姿态也是别具隋代特色。

方井外圈的鳞片上绘制着云纹。

三角垂帐纹上画着当时流行的长叶忍冬纹，用细细的黑线勾勒，秀气稳重。

此处的三角垂帐纹精细华丽，黑色帷幔褶皱像被风吹动似的，自由翻卷着。

鳞片形莲瓣纹出现了

初唐的垂幔，大部分保持了隋代的基础样式，已经形成了鳞片形莲瓣纹搭配三角垂帐纹，有时附深色帷幔的固定组合。用色也更为大胆热烈，变化丰富，活泼多姿。

藻井垂幔经历了从无到有的北朝，自由奔放的隋，已有了它简洁成熟的模样。接下来，它即将迎来繁花似锦、庄重华丽的盛唐时期了。

隋　初唐

▲敦煌莫高窟第79窟 藻井 盛唐 臧凯稚整理

▲敦煌莫高窟第126窟 藻井 盛唐

▲敦煌莫高窟第26窟 藻井 盛唐

垂幔的装饰，由保持三角齿状纹变为圆叶纹、铃铛纹。

五彩长幡铃铛纹，铃铛之间有珠宝璎珞相连，纹样简洁，排列整齐，气韵温和。

彩幡铃铛纹

来到盛唐，藻井百花齐放，一窟一样，完全脱离了“斗四套叠”的结构，用色华丽，鲜艳浓烈，规模宏大，各类纹样发展已臻完美，这个时期正是藻井装饰图案的鼎盛期。

垂幔装饰中，持续200多年的长三角齿形垂帐纹逐渐被圆叶纹、锦彩铃铛纹所取代。敦煌莫高窟第97窟中的铃铛纹，有长长的彩幡，五色晕染。彩幡下坠一小铃铛，风吹起，仿佛隐约能听到阵阵“叮叮当当”的铜铃声。

垂幔的固定组合也发生了变化，整体风格由原来的简洁明快，逐渐发展得华丽繁缛，垂幔处纹样让人眼花缭乱。

中唐后重回舞台的三角垂帐纹，呈现密集短小的姿态，与隋唐时期的大三角垂帐纹略有不同。

垂幔背景效果的布幔上画出一层层的垂幔褶纹晕染，使垂幔有一种织物的质感。

密集短小的齿形三角垂帐纹

进入中唐，大唐恢宏澎湃的气势已经不在，藻井图案风格由之前的繁缛变得简洁，由色彩浓艳变得雅致秀丽，不难看出，中唐后人们的审美情趣有了很大变化。

垂幔装饰纹样已经简化，盛唐时的彩铃、圆叶花纹样被密集短小的齿状三角纹所取代。这是对隋及初唐藻井垂幔中的大三角纹的恢复和发展。

▲敦煌莫高窟第201窟　藻井　中唐　邓慧蕾整理

中晚唐

龟甲纹

祥瑞的标志。

古人发现龟背板上的裂纹痕很规矩，分布也非常整齐，龟甲上的几何纹样也被赋予长寿吉祥的寓意。

龟甲纹，是以龟甲部的纹理为基础，抽象演变出的一种由六边形为骨架四方连续的纹样。

龟甲纹作为我国的传统纹样之一，有悠久的历史。汉代很多毛织物和壁画中都有出现，这些出土文物上的龟甲纹，多为简单的直线框架，六边形内部填充简单的装饰物。

▲ 新疆民丰尼雅遗址出土的汉代龟甲四瓣花纹毛织物

在敦煌石窟，不论壁画还是彩塑雕像中，龟甲纹作为装饰纹样使用的并不多，但却是敦煌壁画艺术中一个颇具特色的存在。

忍冬龟甲套联纹

在第 248 窟内中心柱东向龛龛外平棋边饰处，以龟甲纹的结构为框架，框架内填充五瓣忍冬纹，其间贯穿了两条波状线。精妙之处在于，波状线是由虚线的点构成，并不会对龟甲纹主体造成干扰，反倒使整个纹样更有层次感。

▲ 敦煌莫高窟第45窟　西壁龛内　盛唐天王像铠甲局部

龟甲纹在敦煌莫高窟彩塑人物服饰上也有应用，但不多，仅出现在盛唐至五代时期。

四叶花龟甲纹

在西龛内边饰处，由六角形的龟甲纹组成，框架内以青、绿、赭、褐、黑多重叠晕，中心均画一朵四叶小花，形成明快的节奏变化。

六出龟甲纹

在藻井边饰处，以龟甲纹作为框架，从中伸出六条支干与相邻的六方龟甲纹相连。

◀敦煌莫高窟第194窟
主室南壁　盛唐

壁画上的帝王围裳上的纹样就是龟甲纹。这里的龟甲纹要比第45窟天王铠甲上的华丽很多。它以联珠纹组成龟甲纹的框架，框架内填充花朵。这种龟甲纹一直沿用到五代。

▲敦煌莫高窟第248窟　窟顶平棋边饰　北魏　邓慧蕾整理

▲敦煌莫高窟第323窟　主室西壁　盛唐　于志伟整理

▲敦煌榆林窟第3窟　窟顶边饰　西夏　于志伟整理

▲《捣练图》局部　唐　张萱　现藏于美国波士顿美术馆

在《捣练图》中，仕女的服饰上也出现了龟甲纹，在日本浮世绘中也有大量龟甲纹装饰的服饰纹样。

干净规整的龟甲纹，作为点缀使画面更加生动。

圆环联泉纹

圆圆相连，步步生财。

圆环联泉纹，也叫“联泉纹”，《营造法式》称其为“球路纹”，是一种以圆环相套或相接连续展开的几何纹。北朝传入，隋唐发展，宋辽元流行。

方菱圆环联泉纹

方菱圆环联泉纹是一种斜方格和圆弧支条叠压套联的纹样，这种纹样非常特别，画工依据多变几何连续纹的结构方法自创出诸多新纹样，甚至比《营造法式》中收录的图样更为丰富！

▲ 耀州窑青釉刻球路纹执壶　金
现藏于北京故宫博物院

壶身清晰可见四方连续的圆环联泉纹。

▲ 敦煌榆林窟第3窟　窟顶　西夏
于志伟整理

藻井边饰中的圆环联泉纹，圆环上下套叠，左右相连，成二方连续边饰，圆内成四角形，环内区域画四叶草纹，简单有韵律。

▲ 敦煌榆林窟第4窟　窟顶　元　于志伟整理

它以相连的圆环为主纹样，与伸出的枝干贯穿其中形成的方菱格连续相连。

这是四方连续的圆环联泉纹，是以六个圆相交而形成的框架结构。

圆环联泉纹骨架六边形，内部填充的是六叶小花。

在长长的甬道顶上，交错的圆，绘成“绫罗绸缎的墙”，表达生生不息的愿望。

▲敦煌莫高窟第61窟　甬道顶部　五代　邓慧蕾整理

▲ 敦煌莫高窟第428窟　人字披　北周　黄小凡临摹　石东玉指导

西魏时期

- 圆轮莲花平棋
- 四虎莲花飞天平棋
- 双凤联泉平棋
- 莲花忍冬猴鸟人字披
- 缠枝忍冬禽鸟人字披

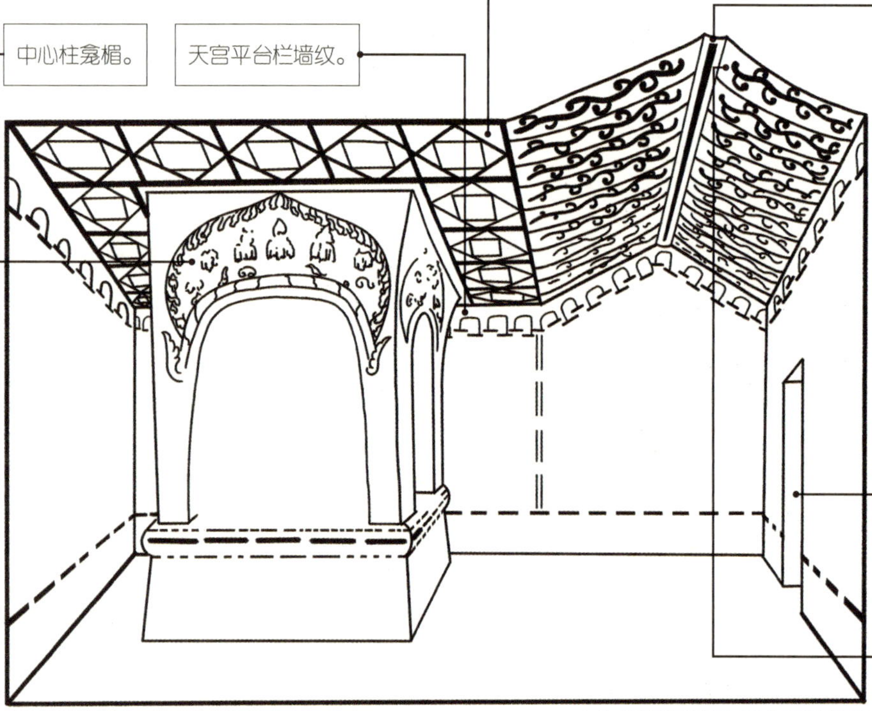

▲ 中心塔柱结构的洞窟分布示意图

四角绘摩尼宝珠莲花纹。

方井中心绘圆轮形大莲花，这是复原出的莲瓣，中心莲花粗而密集，真实的平棋方井内墙面莲瓣线条已消失，呈单色环状。

绿池中水涡纹卷动着池水。

外层边框绘蓝赭色方格网状连续纹。

人字披图案是绘在中心塔柱窟顶前部人字披面上的装饰，与后部平棋图案相接。

散漫舒缓的散点小花纹。

敦煌北朝平棋图案，是以北朝的各种纹样和边饰组合而成的，集北朝图案之大成。北魏建国后，莫高窟开凿了一批中心塔柱结构的洞窟。第254窟即是其中之一。

忍冬火焰纹。

▲ 敦煌莫高窟第254窟 人字披图案 北魏
胡亦然、胡畅临摹 马淑红、曹海梅指导

随着中心塔柱结构洞窟被覆斗式结构洞窟取代，平棋图案就此消失，退出历史舞台。

波浪状的云气纹，以一条蜿蜒曲折的回转弧线，演绎出云气的流动不息，变化莫测。

北朝石窟内的云气纹，都是用几分随意的连笔，在土红底色上用白色粗线疾速画出的S形图案。

空白处加几颗小圆点，示意星辰。

散点斜方菱格连续纹。

首尾相连，S形连续的单叶忍冬波状纹，如同翻腾的浪花，形成流畅的曲线。

圆轮莲花平棋

敦煌莫高窟第254窟　北魏

▲邓慧蕾整理

四虎莲花飞天平棋

敦煌莫高窟第428窟　北周

北朝的后期，平棋图案日渐追求华丽，第428窟的平棋图案就是这样的代表。

第428窟是莫高窟最大的中心塔柱式石窟，每个平棋图案约1平方米，共绘24方平棋图案。

平棋的四角画着飞天，一身持花盘，三身作舞，他们眉眼清晰，肌肉轮廓分明，舒身展臂，挥巾飞舞，怡然自得。

莲蓬中莲子粒粒分明。

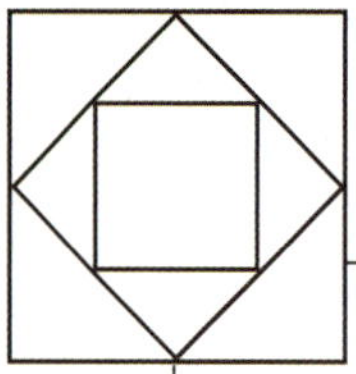

三重套斗式结构，四条边饰构成一重方井，如此三重套叠而成。

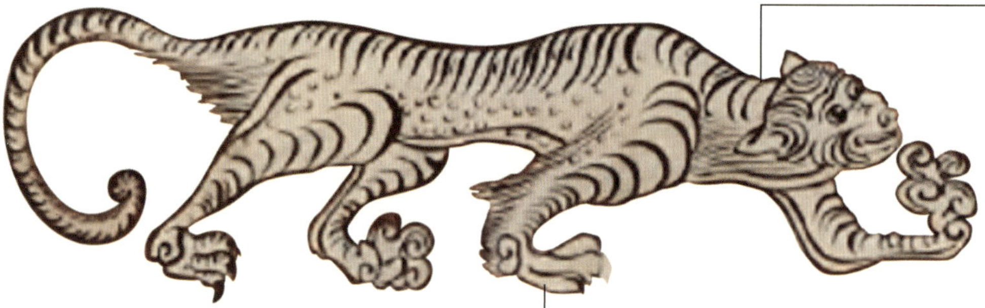

在敦煌石窟内，双虎纹作为平棋之间的间隔纹饰非常少见。

飞天采用西域凹凸晕染法，略有变色，线条清晰，人体比例准确，飞翔姿态粗犷奔放，别具风采。

蓝色水涡纹的莲池中，画着重瓣圆轮莲花。

如祥云一般的忍冬叶，由细细的茎蔓串在一起，起伏连续着。

单叶忍冬连续纹。

内岔角画着火焰纹。

套线菱格纹。

斜方格纹。

白虎夭矫如猛龙，虎爪有力如卷云。

听！敦煌在说话。

▲邓慧蕾整理

双凤联泉平棋

敦煌榆林窟第10窟　西夏

在敦煌榆林窟第10窟甬道顶装饰着这样别出机杼的平棋图案，这组图案完美地诠释了敦煌艺术后期多文化元素融合的特色，是西夏洞窟甬道顶装饰流行的纹样之一。

中心圆环内画着展翅盘旋飞翔的双凤。

双凤飞翔，周身云气围绕，尾部自然弯曲，头尾相接，构成连绵不断的动态效果，线条流畅，富有节奏感，有生生不息的寓意，更具有富贵吉庆之意。

向两个方向旋转的晕纹与环内的双凤呼应，动感十足。

色彩上，既有石绿之清丽，也有朱砂之华美，色与色之间相互映衬，各自生辉。

图案四周画着圆环联泉纹，与双凤晕纹搭配到一起，和谐完整。

听！敦煌在说话。

敦煌石窟壁画中的祥禽瑞兽形象丰富传神，作为装饰的同时，也被赋予了吉庆祥瑞的美好寓意。

甘芷蔓临摹　石东玉指导

莲花忍冬猴鸟人字披

敦煌莫高窟第428窟　北周

人字披图案是敦煌石窟早期洞窟窟形中位于窟顶部分的装饰图案。

第428窟人字披椽间花鸟纹样一共36条，窟内装饰纹样丰富，色彩鲜明。

静静的密林中，两只孔雀交颈立在莲花之上，尾羽向上方翘起。

孔雀身上的色彩，除石绿外又增加了石青色。

在北周时期，莲花忍冬纹较为流行，忍冬和莲花的线条纤秀流畅。

忍冬莲花层层浮动向上，就像随着水波漂荡的水藻。

整个图案疏密有序，动静相宜，丰富连贯，一气呵成。

到北周时期，椽子上渐渐取消了装饰，人字披的椽子和脊枋仅平涂土红一色，而无任何花纹，反而起到了繁简相宜的装饰效果。

椽间图案则以浅米白色为底。

两只猴子在莲花下玩耍，猴子的面部表情也被描绘得生动逼真。

忍冬莲花的下部画出一道波状起伏的粗纹，把条条茎枝连在一起。

纹样枝叶细长，波状向上伸展，叶梢反转回折。

于志伟整理

缠枝忍冬禽鸟人字披

敦煌莫高窟西千佛洞第10窟　北周

西千佛洞第10窟中，人字披上的图案和北周时期其他洞窟不同，在沿袭西魏的特色基础上，较多地保持了北魏的遗风，它以北魏的波状莲枝为主枝，其上开出极具西魏特色叶瓣饱满的莲花。

▲ 北魏的波状莲枝构架

▲ 西魏的莲花纹莲瓣

色彩上，更多地运用了石青色，与石绿色相互映衬。

主干是波状如流的莲花缠枝，弯弧向上伸展，左右交错。

莲花为侧视角度。

北魏时期洞窟内，人字披椽子上常见的金釭纹。

缠枝上布满忍冬叶，叶纹肥圆。

歇息的一对鸟，其中一只嘴中衔着忍冬花叶。

展开的莲瓣微微下垂，颇有随风摇曳的感觉。

绘技虽略粗糙，但纹样形成的节奏感，正是莫高窟前期诸窟所缺少的。

于志伟整理

藤蔓上是忍冬叶纹，比北魏时期更为生动，更富于变化。
贯通上下的藤蔓上，每一分枝构成一个弯弧回卷的圆环。环内枝头各有一朵莲花。
凸起的莲蓬。

▲ 敦煌莫高窟第103窟　藻井　盛唐

- 莲花忍冬飞天藻井
- 忍冬莲花藻井
- 双层垂幔莲花藻井
- 三兔飞天莲花藻井
- 缠枝石榴葡萄藻井
- 葡萄石榴藻井
- 米字葡萄石榴藻井
- 卷云莲花藻井
- 莲花飞天藻井
- 桃形瓣莲花藻井
- 妙音鸟卷瓣莲花藻井
- 团龙鹦鹉莲花藻井
- 双龙卷瓣莲花藻井
- 宝珠火焰团花藻井
- 七龙莲花藻井

双叶忍冬波状连续纹。
云气纹。
藻井为三重套斗式结构，中层和内层方井边框为泥质浮塑。
藻井四角，各有一身朴拙质感的飞天，非常有北凉时期特色，轻盈感不足，但力量感拉满，他们体形健壮，手臂舒展有力，腾空飞舞着。
四叶忍冬连续纹。
双叶忍冬交茎套联纹。

聂宗浩临摹　王丹丹指导

莲花忍冬飞天藻井

敦煌莫高窟第272窟　北凉

北朝的中心塔柱结构石窟被新的覆斗顶窟所取代，平棋图案被华盖样式的藻井所取代。这种洞窟最早出现于莫高窟北凉时期，隋唐洞窟多为这种形式，是莫高窟中最多见、延续时间最长的一种石窟空间形式。

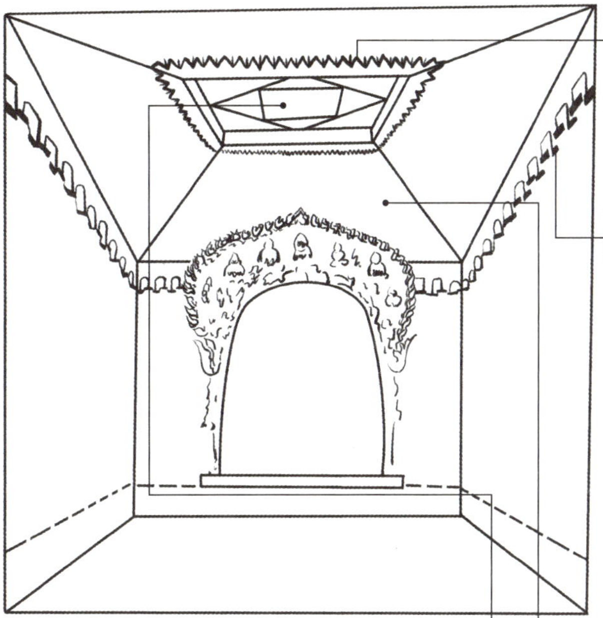

▲ 覆斗式结构洞窟分布示意图

屋上覆橑，古人谓之绮井，亦曰藻井，又谓之覆海。

——沈括《梦溪笔谈》

忍冬莲花藻井

敦煌莫高窟第249窟　西魏

在第272窟后，北魏数十年中再没有出现过覆斗顶窟，所以藻井图案也就短暂地消失了。直至北魏末西魏初，覆斗顶窟再次出现，也才有了第249窟、286窟、461窟藻井的绘制。这三窟藻井图案承袭了前期平棋的图案样式，更严格遵循了色彩和纹饰的对称原则，为后期大型藻井的创作奠定了基础。

第249窟藻井是一幅规整的中心对称图案，是当时引领时代的震撼之作。

方井四角纹样为莲花纹。

火焰纹。

散点小花纹。

四叶忍冬连续纹。

藻井绘火焰、忍冬、莲花纹，处于石窟内中央顶部，使石窟窟顶显得高远深邃。

听！敦煌在说话。

李少笛临摹　王丹丹指导

双层垂幔莲花藻井

敦煌莫高窟第285窟　西魏

敦煌莫高窟第285窟，其藻井是一幅兼有建筑与装饰特征的图案。建筑的特征是它保持了仿木构建筑方井套斗结构，装饰特征是方井外围四边绘有三角垂帐和四角的兽面流苏。

莲花纹。

火焰纹。

莫高窟第一幅绘有三角垂帐纹的藻井。

重层的三角垂帐纹，画师对这个纹样的处理还不娴熟，采取了**上下两层排列**，略显生硬，垂帐的设计还在摸索阶段。

窟顶的藻井中央在绿色背景下表现水波纹，中央绘双重卷瓣莲花，花瓣呈翻卷状，较为特别。

西魏时期特有的蓝色多层叠加版云气纹。

单叶忍冬波状连续纹。

薛长伟临摹　王丹丹指导

兽首。

兽面流苏。

巨大的嘴巴两侧各有一条绶带。

下颌中央悬垂珠串，上有石磬、风铃、法螺等垂饰。

▲ 敦煌莫高窟第285窟窟顶东北角　西魏

藻井四角的兽面流苏是一个大胆的尝试，这样的布局将窟顶四披做了分界，藻井一下子变作一个立体华盖。

三兔飞天莲花藻井

敦煌莫高窟第407窟 隋

隋炀帝时期营造的第407窟，窟顶的藻井是隋代莲花飞天藻井的代表性佳作。

第407窟的藻井以飞天、八瓣莲花为主纹饰，中心方井非常宽大，中央绘有一朵八瓣大莲花，莲花周围画如风的飞天，他们或挥动长带，或散花歌舞，自由飞翔，好不自在。

北朝时期的藻井，是三层套叠式方井结构。

隋代，藻井在结构上有了巨大的变化，出现了莲花飞天藻井等。

敦煌的莲花飞天藻井图案从何而来？只要试着把套叠方井中的两层去除，看到的就是飞天绕莲花飞行的藻井图案雏形了。

隋代图案艺术成就斐然，是敦煌石窟装饰艺术史上独特而辉煌的时段。

听！敦煌在说话。

隋代的飞天，纤细潇洒地飞翔。

隋代藻井中的莲花彻底改变了北朝圆轮式的形象，变为全新的中原风格的八瓣大莲花。

西周以来，兔纹本就有“长寿吉祥”的寓意，三兔共耳图案是以三只兔子的耳朵连接成一个三角形，朝着一个方向奔跑，彼此接触得到，但永远追不到，有因果循环、生生不息、无穷无尽之意。

视觉上，三个兔身，每个兔子单看都有两只耳朵，连到一起却只有三只耳朵。

云纹和飞天的飘带、裙摆，朝着一个方向伸展，形成了穿梭于云际间的动感。

沈淑萍临摹

缠枝石榴葡萄藻井

敦煌莫高窟第387窟　初唐

初唐早期的石榴葡萄藻井带有浓重的隋代遗风，井心也比较宽大，井外边饰层次少，纹样种类不多，整幅藻井的重点都在井心图案上，非常简练平稳，色调也清新典雅。

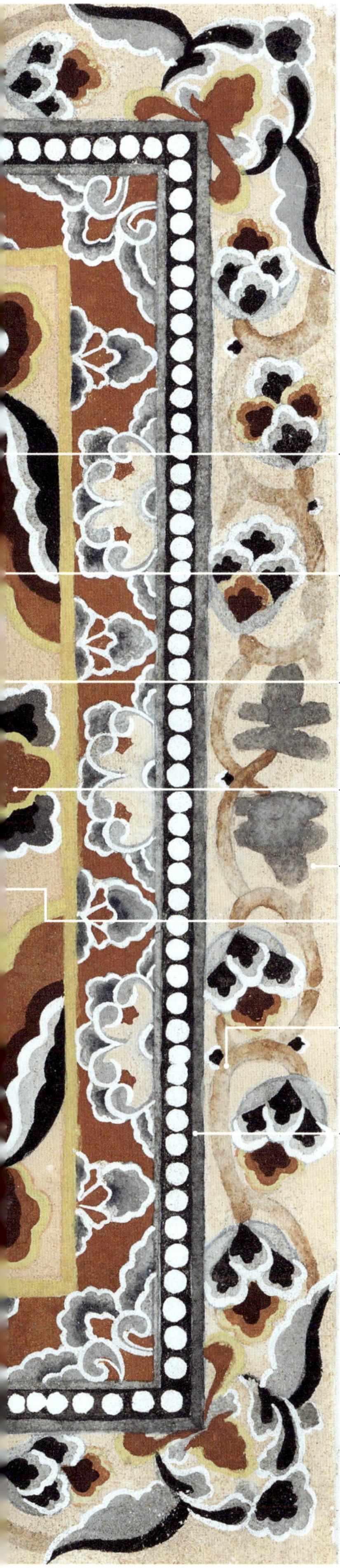

藻井的图案题材不断丰富，具有西域特色的石榴纹也被用在藻井的装饰图案中。

藻井以石榴和石榴花为主纹饰，葡萄叶、叶形纹为辅纹饰。

中心纹饰作米字形架构。

井心外围绕一周石榴花、葡萄叶缠枝，满地铺展，分布疏密相宜。

一片三弧小叶，是形如品字的葡萄叶纹。

无子的石榴纹。

边框纹样中的忍冬纹不再出现，取而代之的缠枝卷草纹逐渐兴起。

联珠纹。

石榴花

方井中心为一朵四叶莲花卷云纹，花型呈放射状。

尽管花型简单，色彩清淡，但在画师巧妙的布局下，整幅藻井图案看上去爽朗明快，层次分明。

听！敦煌在说话。

田心月临摹　王丹丹指导

葡萄石榴藻井

敦煌莫高窟第322窟　初唐

初唐时期的石窟壁画具有中原文化雄浑的气魄和西域文化生动的风采，图案外来特征明显，但不失中原文化的魂。

第322窟是初唐时期的代表石窟之一。唐代藻井图案广泛从丝织物、金银器中借用纹样，创造出了全新样式的葡萄石榴藻井和石榴莲花藻井，完全摆脱了北朝、隋代的藻井模式，从题材内容到表现形式，都表现出全新的风貌，使人眼前一亮。

推陈出新，中西合璧，虽西风劲吹，但吹不散中原文化的筋骨、中原文化的魂。

刘一霖临摹　王丹丹指导

米字葡萄石榴藻井

敦煌莫高窟第209窟　初唐

葡萄纹和石榴纹在初唐唐高宗、武则天时期最为流行，这一时期的葡萄纹多以写实的形象出现，突出葡萄硕果累累的造型，其中第209窟的藻井图案就极具代表性。

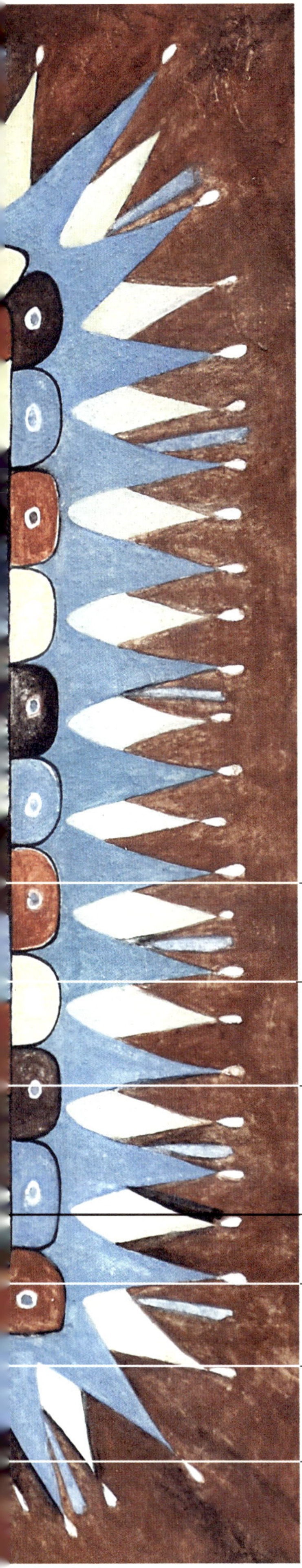

葡萄纹

葡萄纹在大唐深受贵族们的青睐，唐代的金银器上也可以看到这样果粒分明的葡萄纹样。

西安何家村出土的唐代蔓草葡萄龙凤纹银碗纹饰。

唐代红地缠枝葡萄织锦，现藏于日本正仓院。唐代的缠枝葡萄纹东传至日本，对他们的装饰纹样影响深远。

两种形态完全不一样的葡萄叶纹。第209窟的藻井虽然造型相对简单，但缠枝中一起出现葡萄果实、葡萄叶、石榴、石榴花等特色纹样，数量不多但非常珍贵。

藻井内四个石榴构成十字，四片葡萄叶与缠枝又构成十字，两个十字相连，呈米字框架。

石榴和石榴花。

这个时期的石榴纹多为以安石榴为原型的写实风格，既有石榴果实样子的，也有石榴花叶样子的。

小石榴。

菱形团花纹。

八串葡萄环绕石榴，组成方圆相套的形式，充满异域风韵。

桃形石榴纹，两片叶纹中石榴绽开露出了石榴子。

李心畅临摹　王丹丹指导

对称的藤蔓枝叶搭配饱满写实的果实，将大唐审美表现得淋漓尽致。

听！敦煌在说话。

卷云莲花藻井

敦煌莫高窟第321窟　初唐

初唐时期，在两窟精美的藻井上开出了两朵“异性莲花”，其一是第319窟的莲花飞天藻井，另一个就是此处介绍的第321窟的卷云莲花藻井。

这两窟藻井图案都属孤例，画师在表现题材多元化的同时，努力将大唐盛世的华丽风格、人文情怀与洞窟内的装饰结合起来，大胆尝试后的作品，独具匠心，可谓是这一时代之代表。

小枝带叶牡丹纹

多裂云曲花瓣纹

石榴莲花纹

异形莲花

中心方井内莲花纹是初唐之前没出现过的新纹样，由石榴莲花纹和多裂云曲花瓣纹组成，花型新颖，是莲花纹向复合团花纹演变中的大胆尝试。

四角为桃形侧卷莲瓣纹，花瓣饱满，已经初具复合团花纹的特征了。

这是当时广为流行的缠枝三叶莲花纹，三片花瓣翻卷得自然流畅。

色彩以朱砂、白、褐色为底色，配以青绿色纹样，冷暖色对比相宜，和谐清新。

由传统的云头纹扣合五裂云曲花瓣纹组成。

小枝带叶牡丹纹。

石榴莲花纹。

半对半团花纹。

方井四周只有两道边饰，并无垂幔。

云卷云舒，花开花落，回转起伏，应是莲花最盛时。

听！敦煌在说话。

王丹波临摹　王丹丹指导

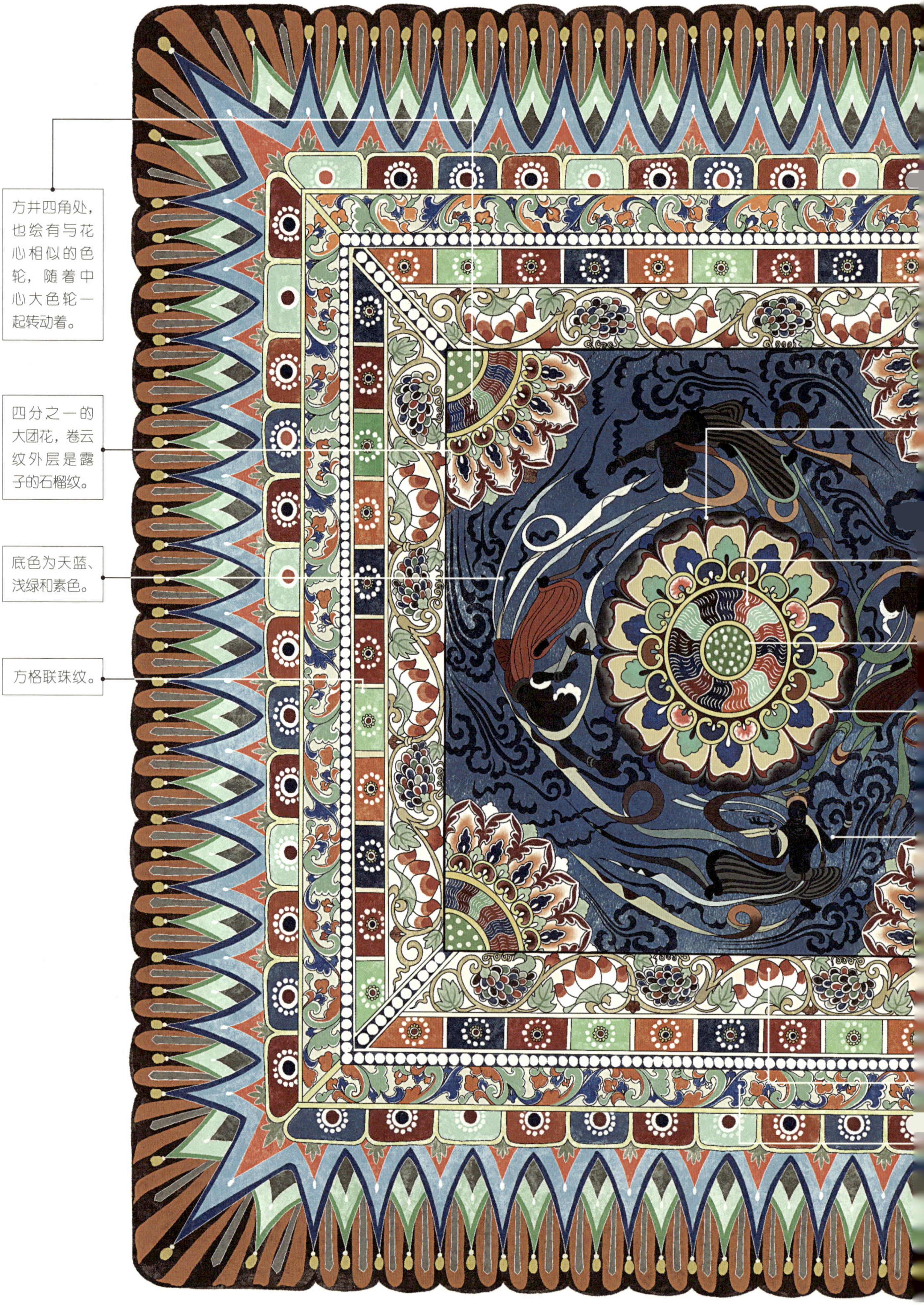
方井四角处，也绘有与花心相似的色轮，随着中心大色轮一起转动着。
四分之一的大团花，卷云纹外层是露子的石榴纹。
底色为天蓝、浅绿和素色。
方格联珠纹。

莲花飞天藻井

敦煌莫高窟第329窟 初唐

初唐时期，如果要问哪个藻井与众不同，那当数华美至极的第329窟了。它看起来异常繁复华丽，像一朵旷世奇花，层层绽放，姿态丰盈。藻井图案样式独特，难以与同时期其他洞窟内的藻井归为一类，是一个孤例，却可谓“苦心孤诣”。

藻井中心画一朵十四瓣卷瓣大莲花，也是一朵异形莲花。

北朝和隋代简单的莲花造型，经过唐人不断的加工融合，创造出了唐代人的理想之花。

井心中的莲花兼具石榴花和莲花的特征，此时正处于新旧更替时期，新的纹样蜂拥而来，画工们还在探索尝试之中。就整体而言，第329窟藻井虽过于繁复但异常精美，个性鲜明。

莲花的花心画着色轮莲蓬，富有新意，仿佛色轮在莲花中心旋转发光，这朵莲花也是初唐时期唯一放光的莲花图案。

一朵莲花用了四种颜色叠晕着色，莲瓣由青色、白色、朱红色、褐色组成，不仅颜色丰富，整个图案看起来还富有立体感。

四身曼妙的飞天手中持花，在蓝色的天空下，乘着流动的云，环绕着莲花飞翔。

藻井的边饰层次很多，有缠枝葡萄莲花纹、方格联珠纹、缠枝卷草纹等，纹样非常丰富。

缠枝葡萄莲花纹。

卷草纹。

听！敦煌在说话。

如此苦心孤诣之作，虽仅此一例，但很重要，亦很精美。

邓慧蕾整理

桃形瓣莲花藻井

敦煌莫高窟第217窟 盛唐

盛唐时期，大唐国威日甚，经济、文化都发展到鼎盛阶段，藻井图案风格从初唐时期的生动活泼、爽朗明快转变得繁华富丽、气度恢宏。结构也更加严密，布局规整，秩序井然，给人庄重的感觉。敦煌莫高窟第217窟就是那个时期比较具有代表性的洞窟。

莲花图案在初唐逐渐演变为复合型团花，新颖而富有朝气，造型圆浑，形象饱满。如这只唐代鸳鸯莲瓣纹金碗，碗心绽开一朵硕大的团花，熠熠生辉。

▲ 鸳鸯莲瓣纹金碗
唐　现藏于陕西历史博物馆

如水波翻涌的卷草纹。

内卷云纹，朵朵相连。

花瓣叠晕着色，立体感十足。

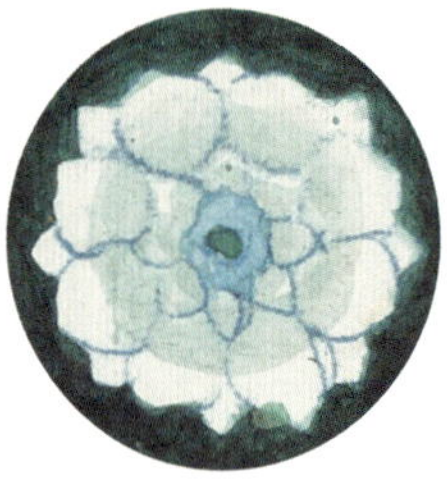

藻井中心的团花，分为花心和外层花瓣两层。三层莲花，每层都是八瓣，相错绽开。

中心方井以朱砂为底色，内层青绿交错。

听！敦煌在说话。

井心巨大的八瓣桃形莲瓣环绕一周，花型细密，繁而不乱。

边饰出现了一整二半的团花纹，与井心团花内外呼应，营造出气势恢宏的视觉效果。

四角绘有四分之一的团花，与中心花型呼应。

布幔上画出了一层层垂幔的褶皱，增加了织物垂坠的质感。

鳞片形莲瓣纹。

在莲瓣的簇拥下，绽开的团花繁缛富丽，是盛唐国势昌盛的标志。

胡星云临摹　石东玉指导

卷草纹在这个时期是边饰纹样的主角。

彩色菱格纹。

四角分别画着一朵茶花团花纹饰。

如意云纹。

纹样中出现了回纹，立体感强，是中唐重要的边饰纹样。

两色相间的云纹。

五彩长幡铃铛纹。

妙音鸟
卷瓣莲花藻井

敦煌莫高窟第360窟　中唐

中唐时期，敦煌石窟内的装饰图案与盛唐相比，出现了明显差异，图案整体保持着中原特色，但也融入了一些吐蕃风格的元素。第360窟藻井图案是中唐时期的代表作之一。

洞窟内镂金错彩的盛唐格调也变得清新雅致。

中唐时期，卷瓣莲花纹再次成为井心图案的主角。

由于当时敦煌与中原交流受阻，壁画所需的一些颜料供给不足，色彩风格变得单一。

莲花外围为正圆形，瓣片有10片，回卷包合着花心，如同一朵含苞待放的花蕾。

帷幔更加突出、华丽起来，垂帐纹已变为齿状小三角纹。

莲花中有一身**妙音鸟**在欢快地弹奏琵琶。同一时期，其他藻井中心也有出现狮子、三兔、团龙、妙音鸟等祥禽瑞兽纹。

中唐时期淡彩轻敷，石青、石绿是这个时期经常使用的颜色，也用土红、赭石和黑、白等色勾画线条，整体清雅恬淡，余味隽永。

卷草中的石榴纹减少，茶花纹增多，茶花形在盛唐末期已经成熟。

中唐藻井图案，虽不及初唐、盛唐那样绚丽、灿烂，清新的格调却显示出另一种魅力。

史明珠临摹　王丹丹指导

团龙鹦鹉莲花藻井

敦煌莫高窟第61窟 五代

五代的藻井承袭了晚唐时期的风格，以瑞兽莲花为主，井心除了团龙图案，龙凤、凤狮图案也十分盛行，边饰以卷草纹和各种几何纹为主。

五代时期，战乱纷起，强藩各自为政，第61窟就是当时沙洲归义军曹氏家族建造的，规模很大，占地约有200平方米，是五代比较有代表性的洞窟之一。

方井中心绘团龙戏珠的图案，团龙卷起涡纹在绿色水波中盘踞着，也像在窟顶直通的天空中遨游着。

团龙头上长角，口衔宝珠，伸展着前爪，凶猛的气势，令人心生畏惧。

卷瓣莲花纹，瓣片稠密，外层莲瓣串联成一个大花环。

在含苞待放的莲花中，腾跃出一条金色团龙。

花瓣的二重，是一圈十六片卷云圆叶团花纹联成的花环。

在继承中晚唐团纹样的基础上，敦煌画师们绘制出了属于那个时代特有的、以团龙为主体的一系列藻井图案。

四角是四分之一的井心图案，中心绘摩尼宝珠莲花。

团花周围四对鹦鹉，两两相对而立。

从晚唐、五代开始，敦煌藻井中用龙凤纹的频率越来越高，颇具特色。

邓慧蕾整理

双龙卷瓣莲花藻井

敦煌莫高窟第55窟 宋

如果说五代藻井图案总体上还是唐代样式的延续，那么到了宋代，藻井图案所展现的则是完全不同的面貌。

藻井多以团龙为中心方井的主题，并出现了双龙、五龙、团凤四龙等多种样式，可见对龙纹的重视。

宋中期后，藻井画团龙，不仅是为了彰显皇权，更多的是寓意吉祥。

◀张文铎、江文丽临摹

宝珠火焰团花藻井

敦煌莫高窟第330窟 西夏

西夏时期第330窟藻井的图案别具一格，图案布局更加严谨且对称。西夏藻井与唐和五代时期不同，整体风格清冷淡雅，呈现一种独特的秩序感，简约婉转。

井心有一朵八瓣莲花，两色相间，在连铸纹和团花纹的衬托下最为突出，是整个藻井的视觉焦点。

西夏藻井色彩相对之前各时期藻井更为清淡、素雅。这幅藻井别具一格地运用了赭红颜色勾填而成，再不敷任何色彩，也不用任何晕饰，色彩淡雅，营造出独特的氛围。

四面平整的人字披上，由卷曲云头和宝珠火焰组成的团花纹铺设绘制，组成品字形四方连续的图案。整齐排开的团花纹使得图案更加规整，富有韵律感。

团花纹是西夏藻井中常见的图案，团花的形态也丰富多样，有很强的装饰性。

联珠纹的运用非常出彩，作为分界的小边饰，将藻井图案衬托得豁亮清晰。

外圈的忍冬连续纹，线条流畅，给藻井增添了一种流动的美感。

听！敦煌在说话。

这样图案造型的藻井在整个敦煌石窟群中仅此一例。

臧凯稚整理

七龙莲花藻井

敦煌莫高窟第5窟 元代

这幅七龙莲花藻井，圆形图案好似旋转的伞盖悬于顶部，藻井图案在众多敦煌莫高窟藻井壁画中，别具一格，让人印象深刻。

敦煌洞窟中看到的很多藻井以莲花或团花作井心图案，往往都从水中孕育出现，而莲花长于水中，更是符合藻井的本意。

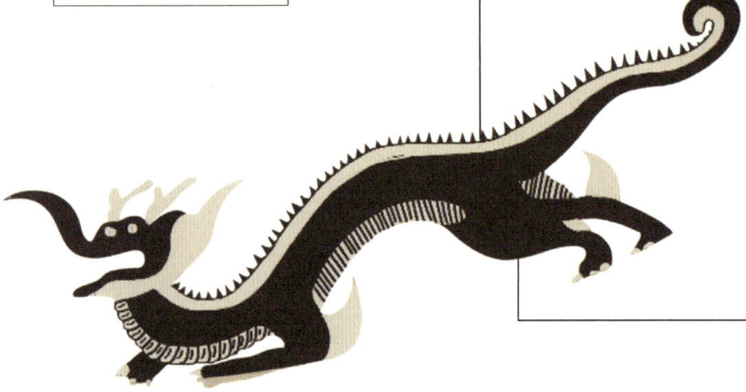

在莲花井心外，环绕着一圈锐角形多层色彩叠晕的垂帐纹，纹样简单质朴，形成了旋转不停的强烈动感，视觉冲击感很强。

纯装饰性图案，元代延续了西夏时期，甚至更早时期的图案样式，但是在排列连接上有了让人眼前一亮的创新。

由细小的联珠纹串联成璎珞，自然地垂落在帷幔之上。

听！敦煌在说话。

▲ 邓慧蕾整理

4

音符落下，低吟的古乐声，挥舞的红绿飘带，留下了精美绝伦的壮阔画卷……

敦煌乐器

沉睡千年的梵音

千年的敦煌乐舞，是一篇华美的丝路乐章，一段磅礴的历史回声，一个明盛的时代印记。

解开中国古代音乐史之谜的一把钥匙

敦煌壁画中有一个极为壮观的乐器世界，留存着大量中国古代乐器的珍稀图像。仅莫高窟就有音乐洞窟200个，不同类型的乐队490组，乐器44种4330件。这些壁画中的“乐器”，历经千年，是解开中国古代音乐史之谜的一把钥匙。

敦煌乐器造型多变，许多乐器都形态各异，即使是同一种乐器，历经各朝代描绘，外形也不尽相同，各有特色，如50多种不同样式的琵琶、各式造型独特的鼓等。民族的崛起迁徙、融合及音乐文化的发展，直接影响着中国乐器的兴衰变革，敦煌壁画恰好详尽地记录了各阶段乐器发展的盛况。

▲敦煌莫高窟第220窟　主室北壁　初唐　沈淑萍临摹

一千多年脱胎换骨的

演变过程

从整个敦煌石窟壁画乐器的演变过程，感受中国乐器千年的发展。

敦煌乐器的演变，随着中国乐器的兴衰变化和民族的崛起迁徙，逐渐变革，延绵不断。乐器的品种由少到多，从北凉时期仅几件乐器，到唐代发展繁盛，涌现出30余种之多，有些被记录下来的乐器图像是国内出现最早的，有些更是绝无仅有的，具有独特的历史意义。

敦煌乐器逐步蜕变，壁画上的乐器由简单原始的图形逐渐变为写实精致的图像，工艺越来越精细，装饰雕琢丰富起来。

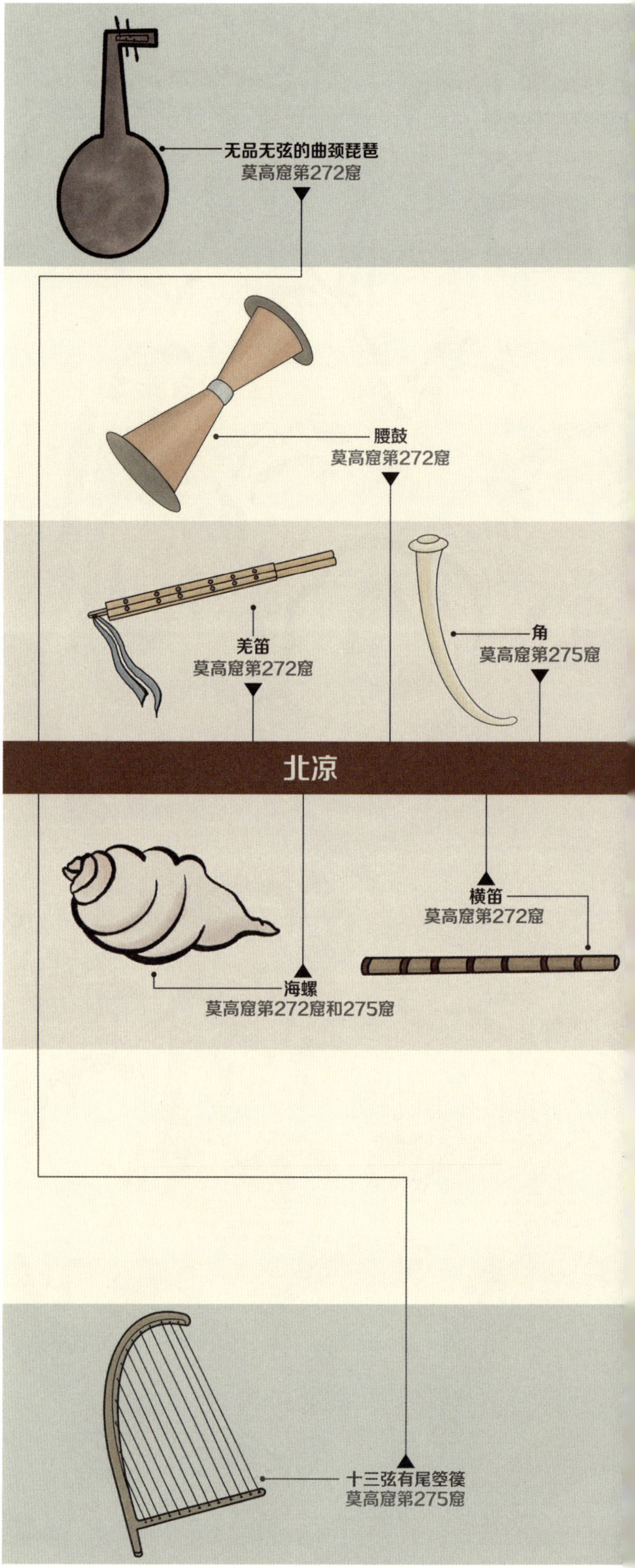

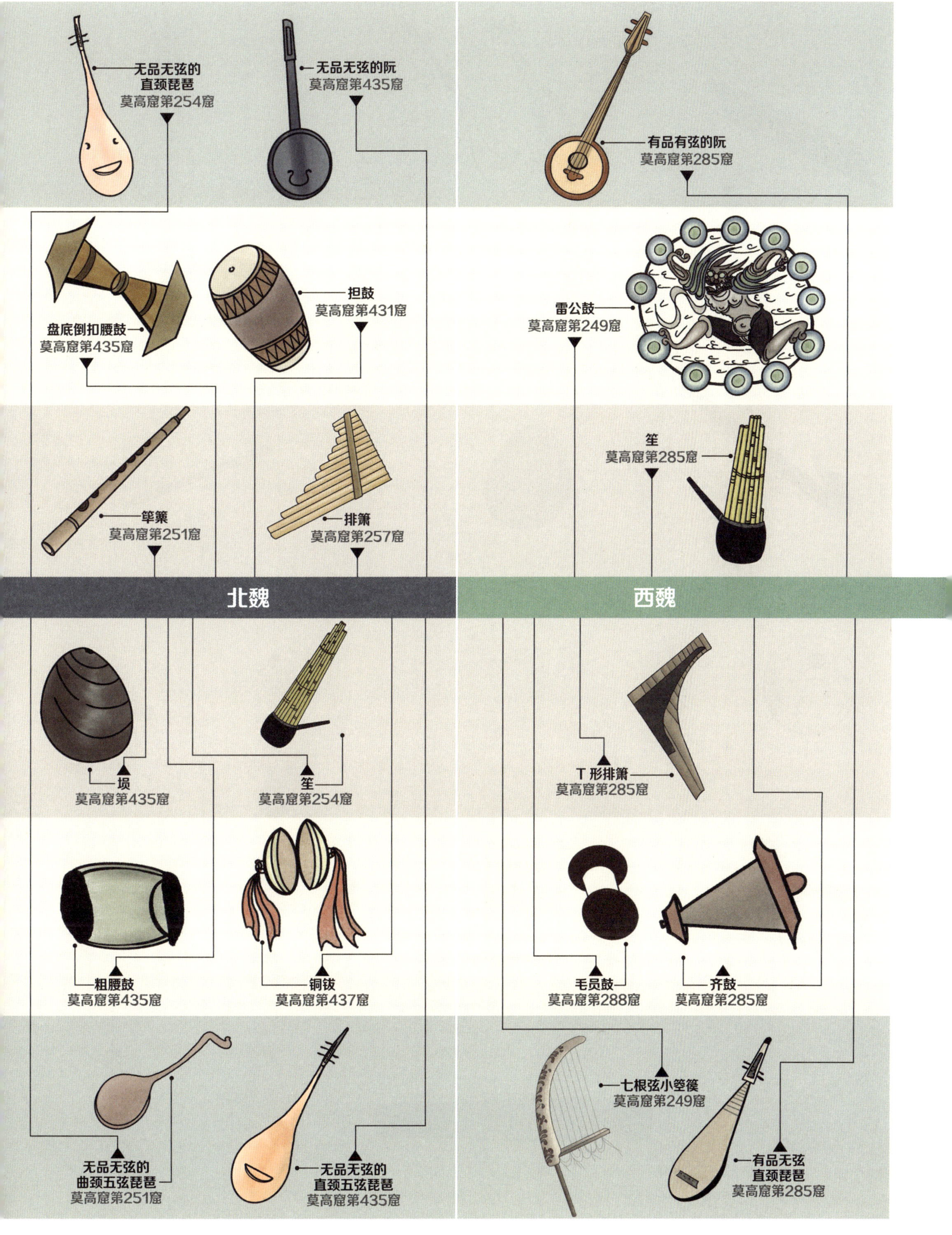
无品无弦的
直颈琵琶
莫高窟第254窟
无品无弦的阮
莫高窟第435窟
有品有弦的阮
莫高窟第285窟
盘底倒扣腰鼓
莫高窟第435窟
担鼓
莫高窟第431窟
雷公鼓
莫高窟第249窟
筚篥
莫高窟第251窟
排箫
莫高窟第257窟
笙
莫高窟第285窟
北魏
西魏
埙
莫高窟第435窟
笙
莫高窟第254窟
T 形排箫
莫高窟第285窟
粗腰鼓
莫高窟第435窟
铜钹
莫高窟第437窟
毛员鼓
莫高窟第288窟
齐鼓
莫高窟第285窟
无品无弦的
曲颈五弦琵琶
莫高窟第251窟
无品无弦的
直颈五弦琵琶
莫高窟第435窟
七根弦小箜篌
莫高窟第249窟
有品无弦
直颈琵琶
莫高窟第285窟

瑟
莫高窟290窟
竽
莫高窟第297窟
北周
球状埙
莫高窟第430窟
鼗鼓和鸡娄鼓
莫高窟第290窟
五弦葫芦琴
莫高窟第262窟
有品五弦直颈琵琶
莫高窟第390窟
节鼓
莫高窟第420窟
卵状埙
莫高窟第427窟
隋
直角
莫高窟第302窟
方响
莫高窟第390窟
古琴
莫高窟第423窟
葫芦琴
莫高窟第322窟
答腊鼓
莫高窟第321窟
拍板
莫高窟第172窟
义嘴笛
莫高窟第386窟
桃形埙
莫高窟第220窟
弯嘴笙
莫高窟第321窟
短笛
莫高窟第202窟
都昙鼓
莫高窟第220窟
羯鼓
莫高窟第220窟
凤首弯琴
莫高窟第161窟
无尾大箜篌
莫高窟第172窟

小棒琵琶
莫高窟第322窟
六弦阮
莫高窟第217窟
三弦琴
榆林窟第3窟
铙
莫高窟第360窟
铜铃
莫高窟第148窟
军鼓
莫高窟第156窟
扁鼓
榆林窟第3窟
钟
莫高窟第9窟
双角
莫高窟第156窟
凤首笛
榆林窟第10窟
唐
五代、宋、西夏、元
画角
莫高窟第 156 窟
尺八
莫高窟第321窟
雁型排箫
榆林窟第3窟
手鼓
莫高窟第148窟
毛员鼓
莫高窟第158窟
方响
莫高窟第220窟
金刚铃
榆林窟第3窟
手鼓
榆林窟第10窟
四弦弯琴
莫高窟第465窟
胡琴
榆林窟第10窟
花边阮
莫高窟第220窟

▲ 敦煌莫高窟第321窟　主室北壁　初唐

- 吹奏乐器
- 弹拉乐器
- 打击乐器

吹奏乐器

历史悠久，音色和造型更是具有鲜明的民族风格和特色。

吹奏乐器是乐器的主要类别之一，具有悠久的发展历史，敦煌壁画中保存了丰富的吹奏乐器的图像资料。

敦煌壁画上的吹奏乐器，共有17种，2000余件，不仅种类繁多，而且造型各异。它们分布在历代敦煌洞窟内的画壁之上，在北凉第272窟和第275窟中最早出现，与敦煌石窟艺术同步诞生，共同发展。

箫

单管竖吹的乐器，顶端豁一开口为吹孔，和尺八一样，是汉族的传统乐器。

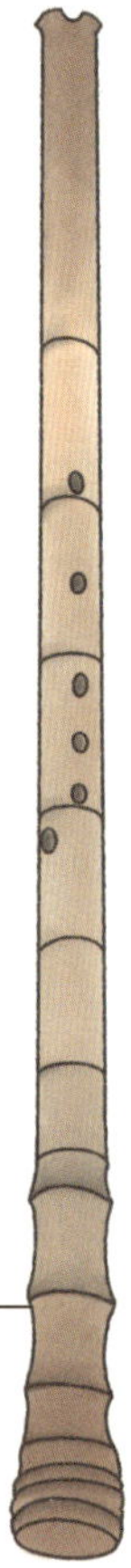

尺八

单管竖吹的乐器，以管长一尺八寸而得名。音色苍凉空灵。

筚篥

单管竖吹的乐器，管的一端装有用芦苇制成的哨子吹奏发音。

敦煌壁画中出现的筚篥，比现今管子长，哨嘴也更大，出现在敦煌壁画中期以后。

竖笛

有吹口，吹奏时两手较为靠下。

单管竖吹乐器，竹子制成，六个按孔。粗细和横笛相似。

在敦煌壁画中多次出现，是常见乐器之一，音色古朴优雅，非常悦耳，很受人们的欢迎。

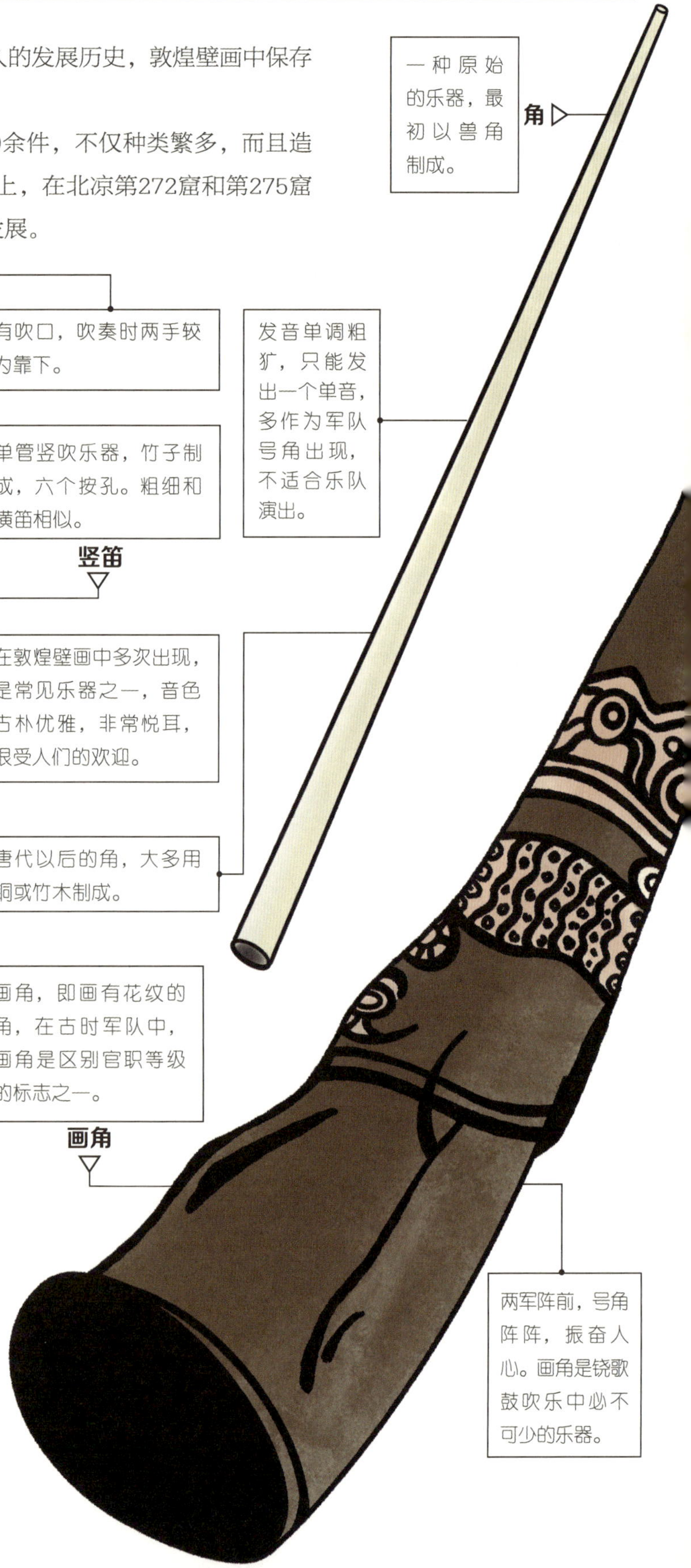

角

一种原始的乐器，最初以兽角制成。

发音单调粗犷，只能发出一个单音，多作为军队号角出现，不适合乐队演出。

唐代以后的角，大多用铜或竹木制成。

画角

画角，即画有花纹的角，在古时军队中，画角是区别官职等级的标志之一。

两军阵前，号角阵阵，振奋人心。画角是铙歌鼓吹乐中必不可少的乐器。

排箫是单管单音依次排列而成的编组乐器，发音的高低，取决于管的长短，一般来说，管长发音低，管短发音高。管数越多，音域相对越宽。

敦煌壁画上的排箫运用十分广泛，造型多样，管数不一，大小有别。

竹管长短不一，一端长，一端短，称为洞箫。它主要出现在早期的敦煌莫高窟洞窟内，目前我国出土的年代最早的排箫实物，就是洞箫。

洞箫

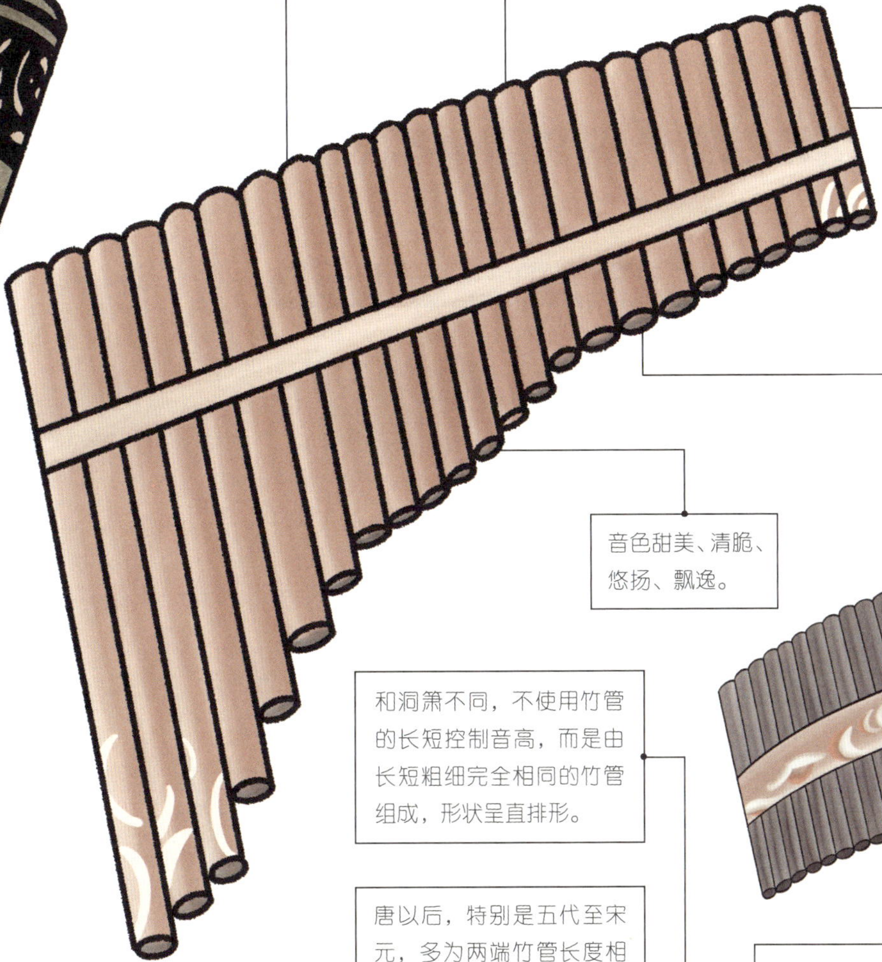

洞箫的每根竹管，均在上面开口为吹孔，下端洞通为出音孔，调律的调节完全取决于管子的长短，所以叫作洞箫。

音色甜美、清脆、悠扬、飘逸。

演奏时，边吹奏边移动吹口的位置。

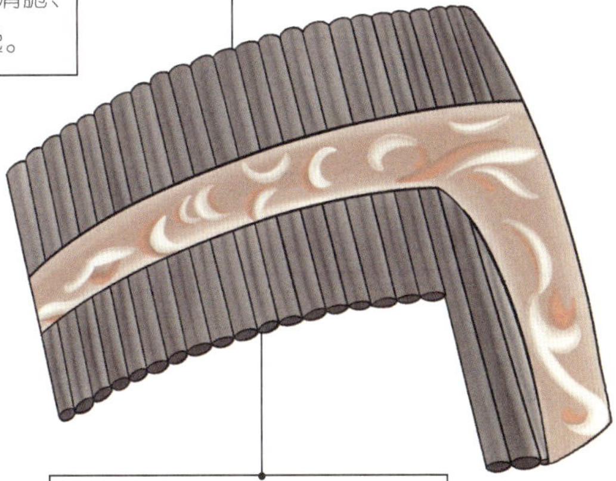

和洞箫不同，不使用竹管的长短控制音高，而是由长短粗细完全相同的竹管组成，形状呈直排形。

唐以后，特别是五代至宋元，多为两端竹管长度相同的底箫。

前段大半数竹管长度相同且短，后段竹管长度相同且长，这种也属于底箫。

底箫

雁形排箫

形状似雁形而得名，很少见，仅出现在榆林窟第10窟内。

上端开口作为吹孔，而管的下端用软木或蜡塞住，调律的调节以塞蜡的多少而定，对于演奏者来说更容易调准音律。

吹奏乐器的音色各有特色，有高亢的，有抒情的，有凄凉的，也有柔和的。

天然竹管制成，西夏乐器，横吹演奏，与横笛相仿，笛身头部有凤头装饰，所以称为“凤笛”。

凤笛在榆林窟第10窟中出现，是敦煌壁画中笛的一个种类。

凤笛

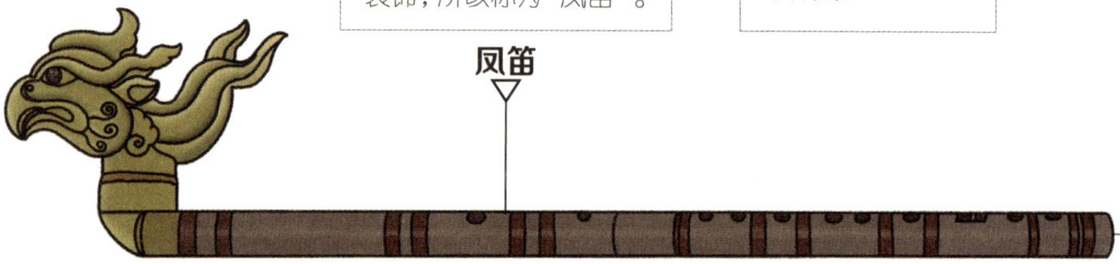

汉魏时期，已有“笛”的名称，张骞出使西域也曾带回笛乐器。

横笛有一个吹孔和数个按孔，历代横笛上按孔数目不尽相同。

横笛在乐队中居重要的领奏地位，乐队中都画有横笛，甚至一组乐队中画有数支横笛，用以显著突出高音声部的音乐效果。

横笛

横笛，竹制，管身细而长，横吹演奏，音色明亮、清脆。

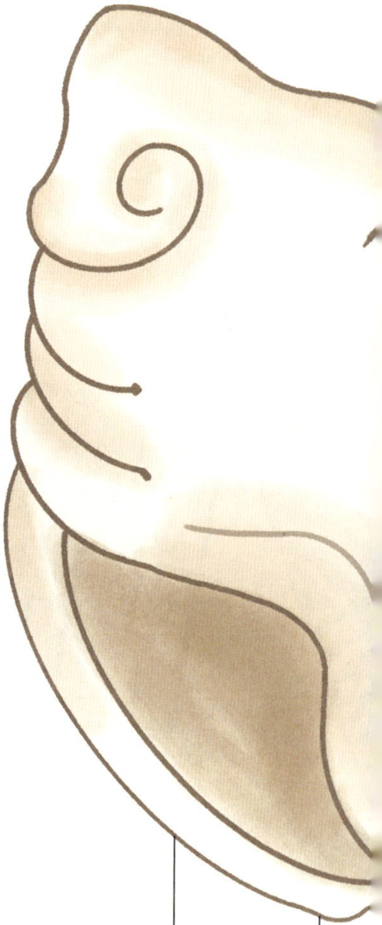

义嘴笛

也叫“七星管”，是敦煌特有的一种带钩管状的横笛。其形态与普通横笛相似，只是在吹口一端多出一小段弯钩枝杈竹管，这部分枝杈不影响笛子的发音，只是一种装饰。

和角一样只能发出一个单音，也没有固定音高。

篪

与横笛属同类别，被称为“篪”的横管乐器，周代已有记录和流传。

与笛不同的是，它两端是封闭的，全身涂漆，而笛不封口也不涂漆。

海螺上大下小，两手捧吹，有侧身吹奏的，有歪头吹奏的，有挺胸吹奏的，姿态各异。

随着历史的发展，时代的变化，带有“笛”字的乐器越来越多。隋、唐《九部乐》《十部乐》所用乐器中，就有横笛、竖笛、义嘴笛、凤笛等名称的记载。

也称“贝”，是将天然海螺磨穿做吹口，吹起后螺腔震动发音，音量较大，音色浑厚，呜呜长鸣。

海螺

埙体是桃形的，双手捧着吹奏。最具代表性的就是初唐第220窟乐队中乐伎吹奏的桃形埙，描绘得十分精致。

桃形埙的图像十分珍贵，在敦煌壁画中仅见于莫高窟第220窟南壁乐队中一例。

桃形埙

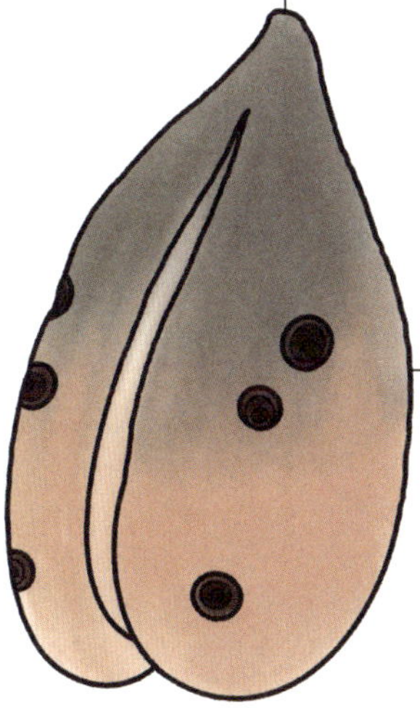

埙是中国最古老的吹奏乐器之一，用陶土烧制而成，也称“陶埙”。

卵形埙

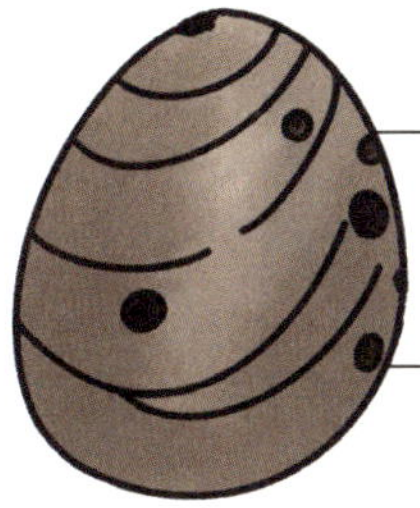

敦煌壁画中有埙的图像，最早出现在北魏时期的第435窟，为天宫乐伎演奏的埙，形似卵形。

笙

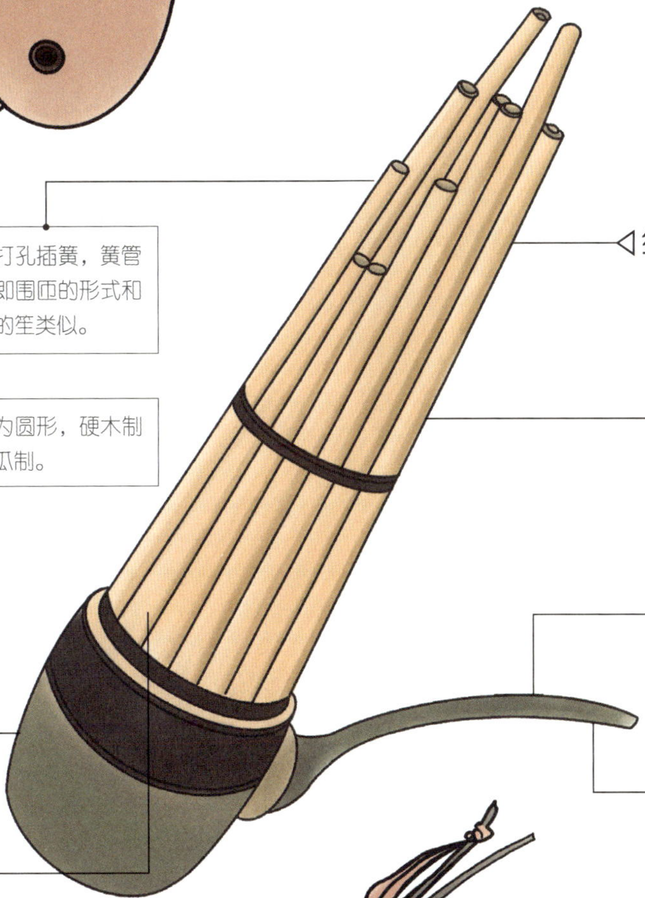

上方打孔插簧，簧管数量即围匝的形式和现在的笙类似。

弯嘴吹管，外形类似茶壶嘴的吹嘴，但长短和弯曲的形式各式各样。

斗子为圆形，硬木制或匏瓜制。

中国的古老乐器，由斗子、簧管、吹管三部分构成。

早期的笙，吹管均是直形的，唐代以后，直形吹管变成了弯形吹管。

下部装有簧片插入斗子发音。

敦煌壁画中很常见，笙的图像有300余幅，最早出现在北魏时期的第254窟南壁，由药叉乐伎演奏，笙的音管很少，只有3支，形状比较清晰、简单。

竽

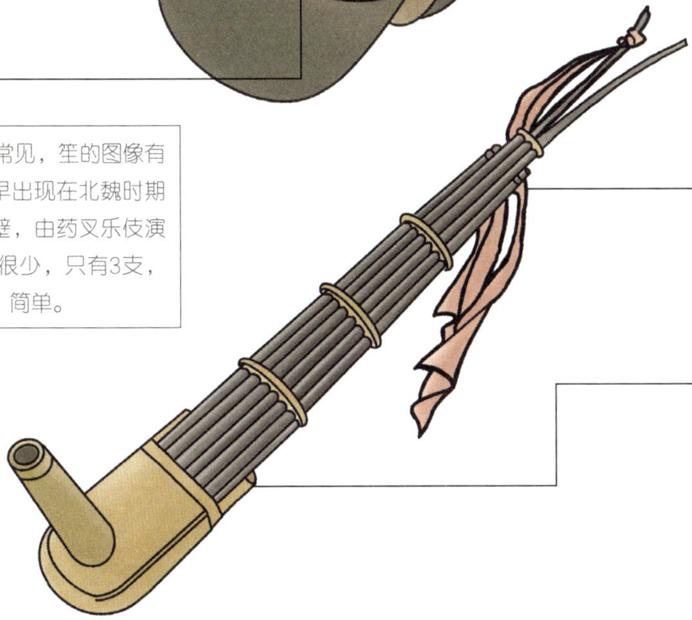

竽和笙都是中国古代传统吹奏乐器，但竽的体型比笙更大，管子更长。

在早期的天宫伎乐中常常出现，飞天站在天宫栏墙内演奏。后期的乐队演奏中很少出现，即使出现在乐队也仅充当色彩性乐器，起着辅助节奏的作用，并非吹奏旋律。

▲ 敦煌莫高窟第257窟　主室北壁　北魏

在北朝十六国时期壁画中就出现了横笛的身影，早期的横笛，画师就只画出一条粗黑的线，看不清吹孔和按孔。

▲ 敦煌榆林窟第25窟　主室南壁　中唐

乐伎吹奏时动作逼真，宛如真人，手指按孔的姿态清晰生动，右手大拇指托着笛身，两手食指和小指同时抬起，中指和无名指按音孔。

▲ 敦煌莫高窟第112窟　主室南壁　中唐

横笛是乐队中最常见的乐器之一，一般的乐队场面中都会画有横笛。这位乐伎神态自然悠闲，手中的横笛画得写实逼真，吹孔和按孔都清晰可见。

▲ **敦煌莫高窟第288窟　主室北壁　西魏**
这身天宫乐伎吹奏的横笛，绘制得非常简略，仅仅画成细长白条表示，笛孔看不清。

▲ **敦煌莫高窟第445窟　主室南壁　盛唐**
横笛有平放在嘴边吹奏的，也有像第445窟最左边的乐伎这样斜吹的。

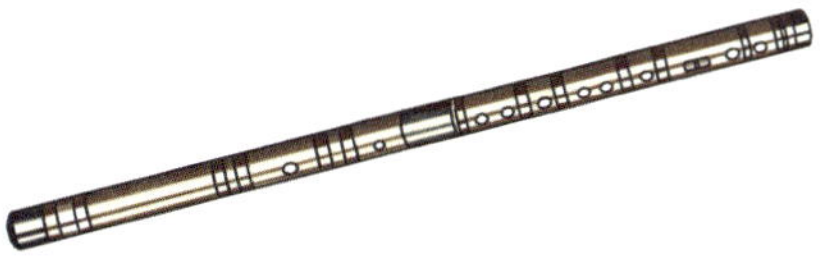

单音悠悠，回荡不息：横笛

横笛惊征雁，娇歌落塞云。

在吹奏乐器中，横笛的地位是无可取代的。在乐队中，它居领奏地位，是必不可少的高音乐器。有时一组乐队会连用数支横笛，用来增加音量，突出高音声部的音响效果。

横笛主要用天然竹管制成，有一个吹孔和数个按孔。历代壁画中，笛子长短规格、按孔数量都不尽相同，大多为五孔或六孔，少数笛身绘有花纹。

在敦煌壁画中，横笛与琵琶一样，始终串联在近千年的历史脉络中，从北凉时期开始出现，并流传至今。

△ **篪**

与横笛很像的一种横吹乐器，从周代就已有记载和流传。篪，六孔，双手掌心向里拿着两端吹奏。它两端封闭，全身涂漆，而笛不涂漆，也不封口。敦煌壁画中所绘横吹几乎都是笛，只有一处例外。

莫高窟第159窟西壁龛外，行走的乐伎中，前排乐伎吹的横吹乐器，很多专家认为就是篪。虽然演奏方式和记载有些出入，但是外形一端堵一塞状物，与笛不同，是否称为“篪”尚待研究。

横笛吹奏轻扬，横在唇边，气息变化自如，手指灵活起舞，笛音飘然而出，悠游柔转。

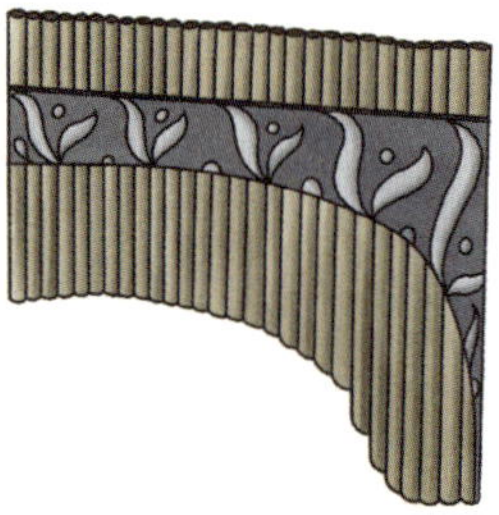

舜做箫笙，以象凤翼：排箫

一统京华饶节物，两班文武排箫鼓。

排箫，是我国最早出现的编管乐器。自古以来，排箫一直被称为“箫”，直到唐代，单管竖吹的箫日渐流行，才有了“排箫”的名字。但在史料文献中，特别是关于雅乐的记载中，“箫”仍指排箫。

敦煌壁画中的排箫，自北魏开始，直到元代，在莫高窟出现有300多处，位置显著，造型华丽。

▲ **敦煌莫高窟第249窟　主室北壁　西魏**
北魏、西魏时，敦煌壁画上就已经出现排箫的身影了。

▽ **随着丝路走出去的中国乐器**
在丝绸之路石窟中，不仅在敦煌石窟内，在新疆石窟壁画中，也找到许多关于排箫的描绘，甚至扩展到了印度，在印度石窟内也发现了排箫的身影。

▲ **印度石窟浮雕，奏乐女左数第三位吹的就是排箫。**

▲ **敦煌莫高窟第420窟　主室北披　隋**
排箫分两种，一种两端竹管长短一致，叫作底箫，另一种一边长一边短，叫作洞箫。早期壁画中出现的多是洞箫。

儿近失传的它，是曾经盛行于唐代宫廷，长期**占据中国管乐“C位”的乐器**。

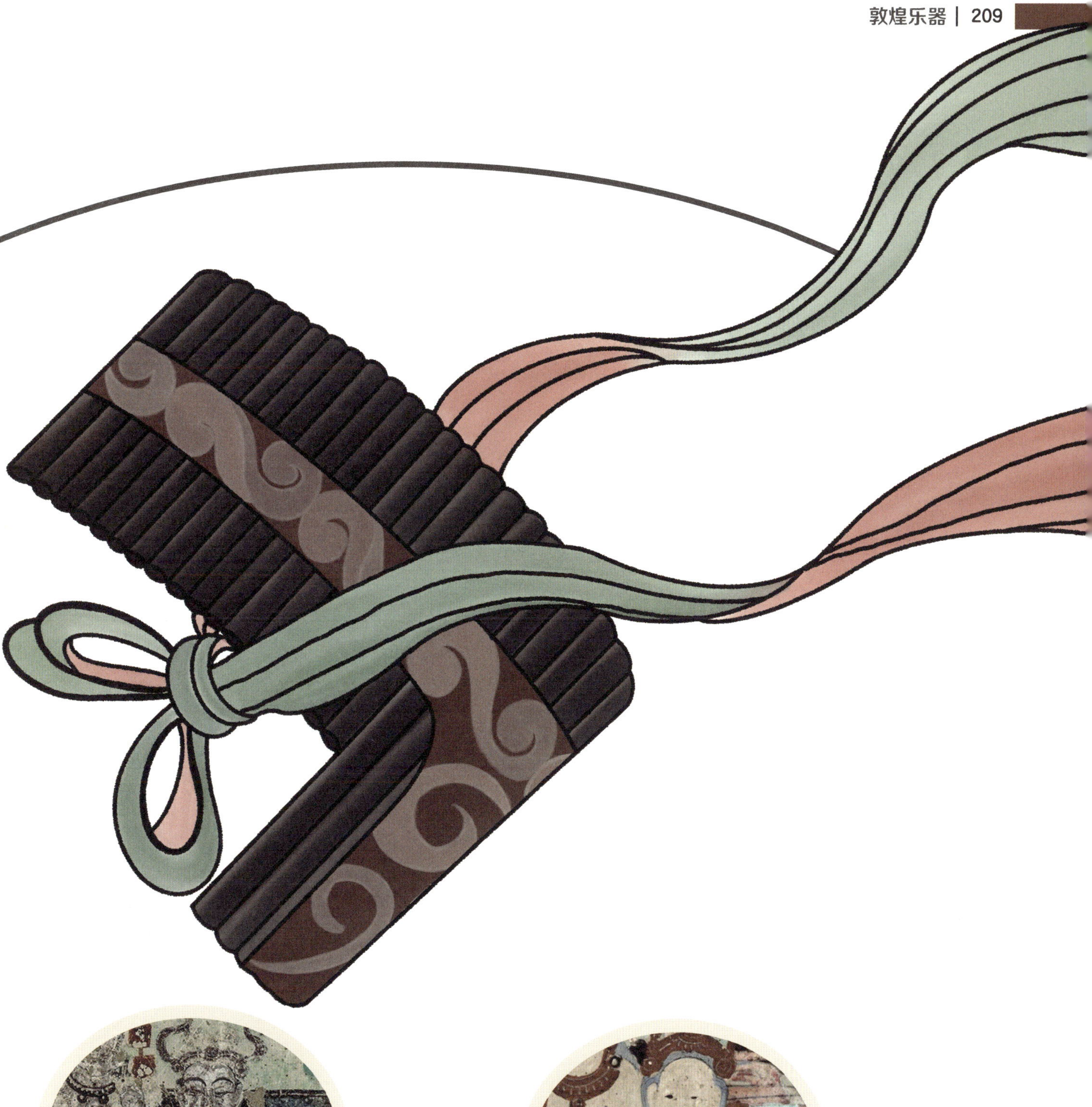

▲ **敦煌莫高窟第217窟　主室北壁　盛唐**

唐后期，特别是五代到宋元时期，两端一样长的底箫比较多见。

▲ **敦煌莫高窟第12窟　主室东壁　晚唐**

晚唐时期多见这样两端长度一致的底箫。

▲ **敦煌莫高窟第257窟　主室北壁　北魏**

筚篥在敦煌壁画中始见于北魏，图中乐伎双手握筚篥，口含哨嘴吹奏。

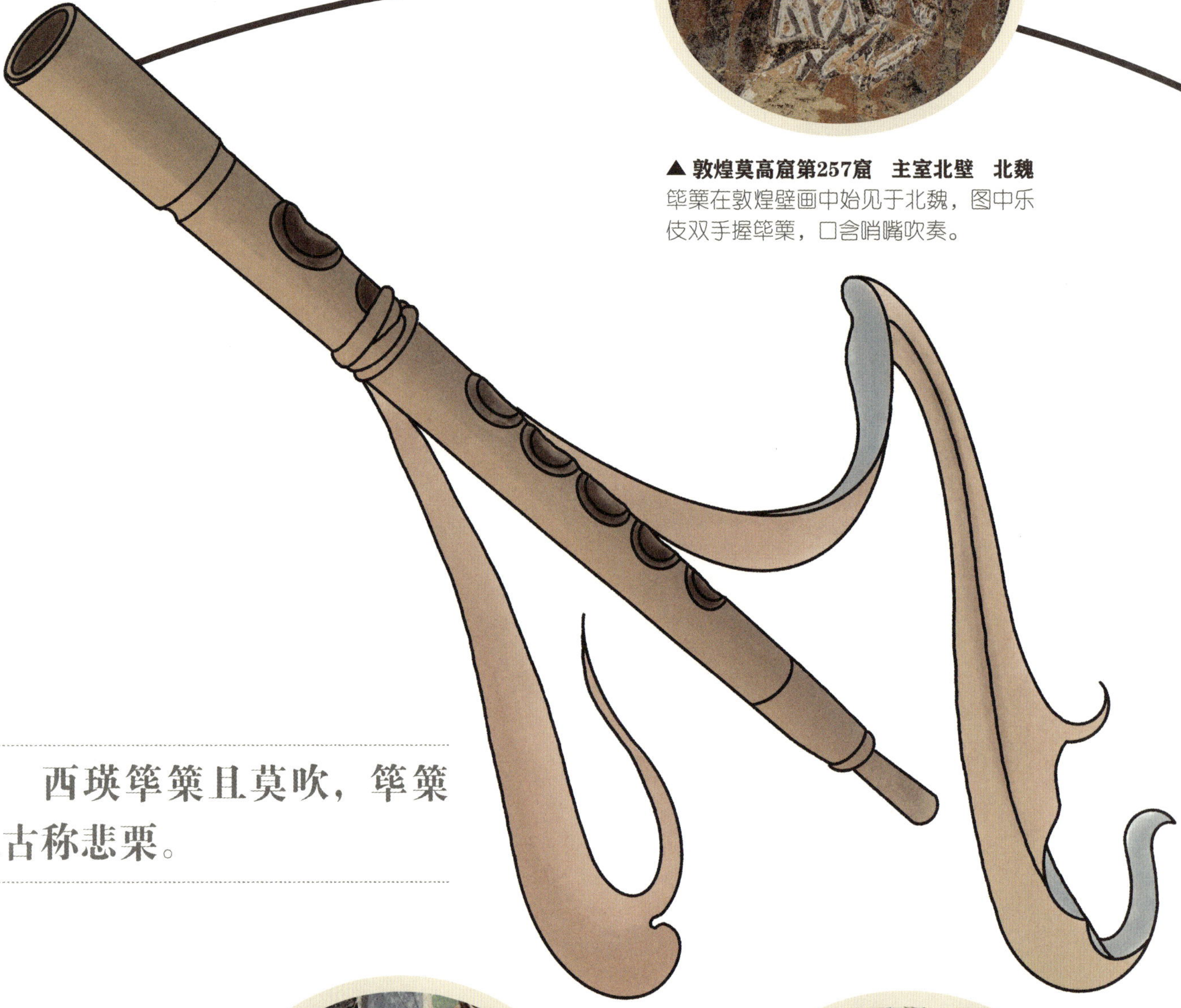

西瑛筚篥且莫吹，筚篥从古称悲栗。

▲ **敦煌莫高窟第61窟　主室南壁　五代**

乐伎口含筚篥吹口，左手在上，右手在下持筚篥作演奏状。

▲ **敦煌榆林窟第25窟　主室南壁　中唐**

南壁左侧四身乐伎，第二位波浪式的鬓发紧贴额面，面容清晰可见，手握筚篥认真演奏。

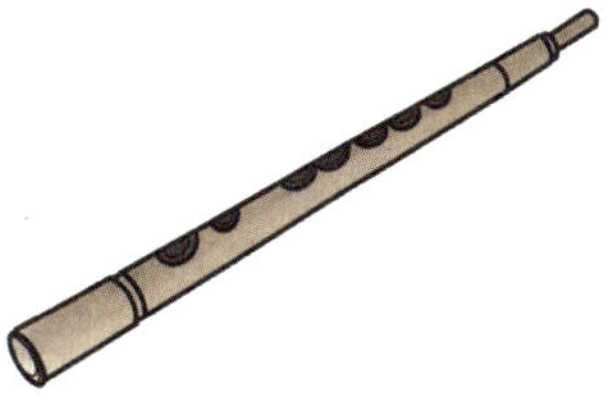

几乎失传的大漠悲咽：筚篥

南山截竹为筚篥，此乐本自龟兹出。

▲ **敦煌莫高窟第154窟　主室北壁　中唐**
筚篥的音孔清晰可见，演奏者口含哨片，指按音孔，聚精会神地演奏。

▲ **敦煌莫高窟第201窟　主室南壁　中唐**
此筚篥管身粗短，哨片较宽扁，如此清晰地描绘古时筚篥结构，非常难得。

筚篥，是古代龟兹的一种簧管乐器。竖吹演奏，音色低沉悲咽，自带哀婉荒凉的古意，故也有“悲篥”的别称。

筚篥在龟兹乐中是重要的伴奏乐器，有很多种类，如大筚篥、小筚篥、以桃皮卷制成的桃皮筚篥、能发出双音的双筚篥等。

筚篥在唐时非常流行，不仅民间使用，在宫廷乐舞中更是多见。由于它自带悲凉气质，深受文人喜爱，出现了很多咏筚篥的诗歌。

如杜甫《夜闻觱篥》诗云：“夜闻觱篥沧江上，衰年侧耳情所向。邻舟一听多感伤，塞曲三更欻悲壮。”

筚篥在元代后期逐渐被冷落，只流行于少数地区，而后渐渐地会演奏它的人越来越少，几乎失传。

▽ **中原书画中的筚篥**
在很多古代卷轴画中，常常能见到筚篥的身影，可见筚篥在当时的乐器中具有比较重要的地位。

▲《韩熙载夜宴图》局部　顾闳中　南唐
三位乐伎演奏着筚篥 现藏于北京故宫博物院

▲《唐人宫乐图》局部　佚名　唐
现藏于中国台北故宫博物院

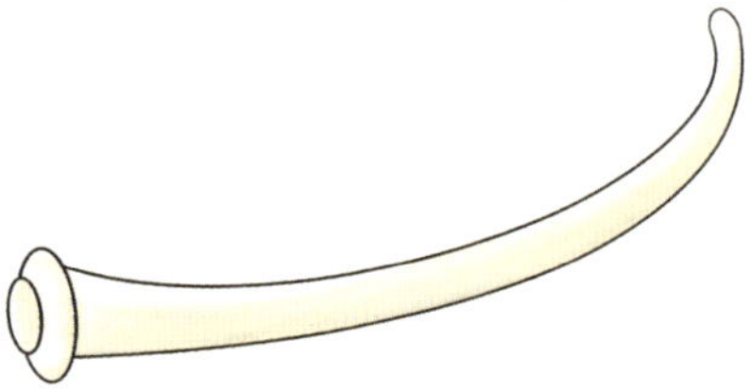

牧人的意趣与军队的气势：角

醉里挑灯看剑，梦回吹角连营。

角，是古代吹奏乐器，一种最简单的原始乐器。

它最先在游牧民族放牧时使用，以吹角方式呼唤牛、马、羊群，同时，增添放牧人的娱乐情趣。再经边疆传入中原内地，由北方扩散到南方，后引入汉族的军营，它发音高亢嘹亮，特别适合提升军队气势，最终成为古代军营乐器的一员。

角最早以动物头上的角来制作，形状多是自然弯曲的，体积较小较短，后来改用竹、木、皮革、铜等材料制作，吹嘴细，喇叭口粗，圆锥形或直筒形，体积也变得较大较长了。

角是敦煌壁画中出现最早的角类乐器。最早出现在北凉莫高窟第275窟中，北壁两个乐伎吹奏的就是角，画面中的角已经不是兽角，可能是由竹、木制成，角上没有画花纹，半人多高。

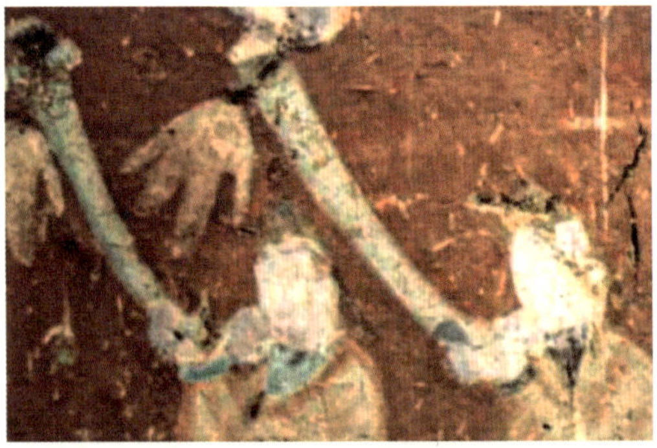

△《鼓吹乐队图》 敦煌莫高窟第275窟

△《鼓吹乐队图》南北朝画像砖　河南邓县

与北凉第275窟相似的角，在河南邓县出土的南北朝时期的画像砖上的《鼓吹乐队图》中可找到。外观相同，管身弯曲，弧度较大且长。

唐时，盛大的天宫伎乐画面中，已无角的身影，大概是因为角只能发一音，声音过于单一，很难和其他乐器融合。

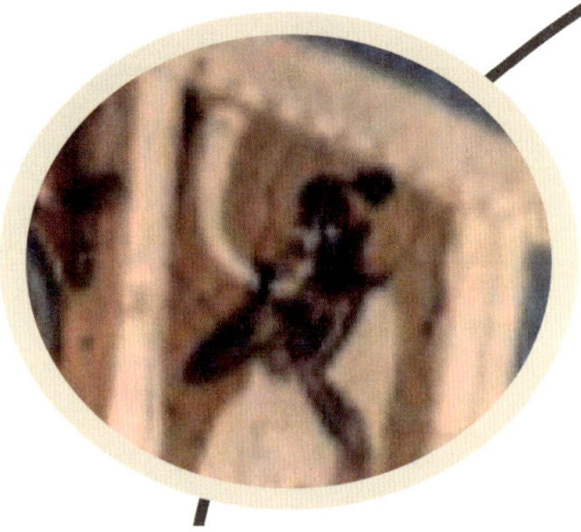

▲ **敦煌莫高窟第435窟　主室北壁　北魏**

敦煌牛角乐器几乎只出现在北魏、西魏时期的洞窟内，牛角弧形，颜色大多是土黄色的，用线描勾画，单线平涂。

▲ **敦煌莫高窟第302窟　主室东壁　隋**

乐伎吹奏着一只长而细的锥形革角。隋代第302窟的革角，在当时并非广泛流行，这种角隋代之前没有，隋代之后也未见，敦煌壁画中也仅存这一例。

粗犷浑厚，只能发一音，却有燎原之势。

▲ **敦煌莫高窟第112窟　主室南壁　中唐**
不鼓自鸣的乐器，束着飘带的角。

▲ **敦煌莫高窟第156窟　主室南壁　晚唐**
第156窟主室南壁下《张议潮出行图》军乐队中，骑在马上吹奏的士兵，左边的士兵吹奏着画角（绘有彩色图案的角），右边的士兵吹奏着双角。

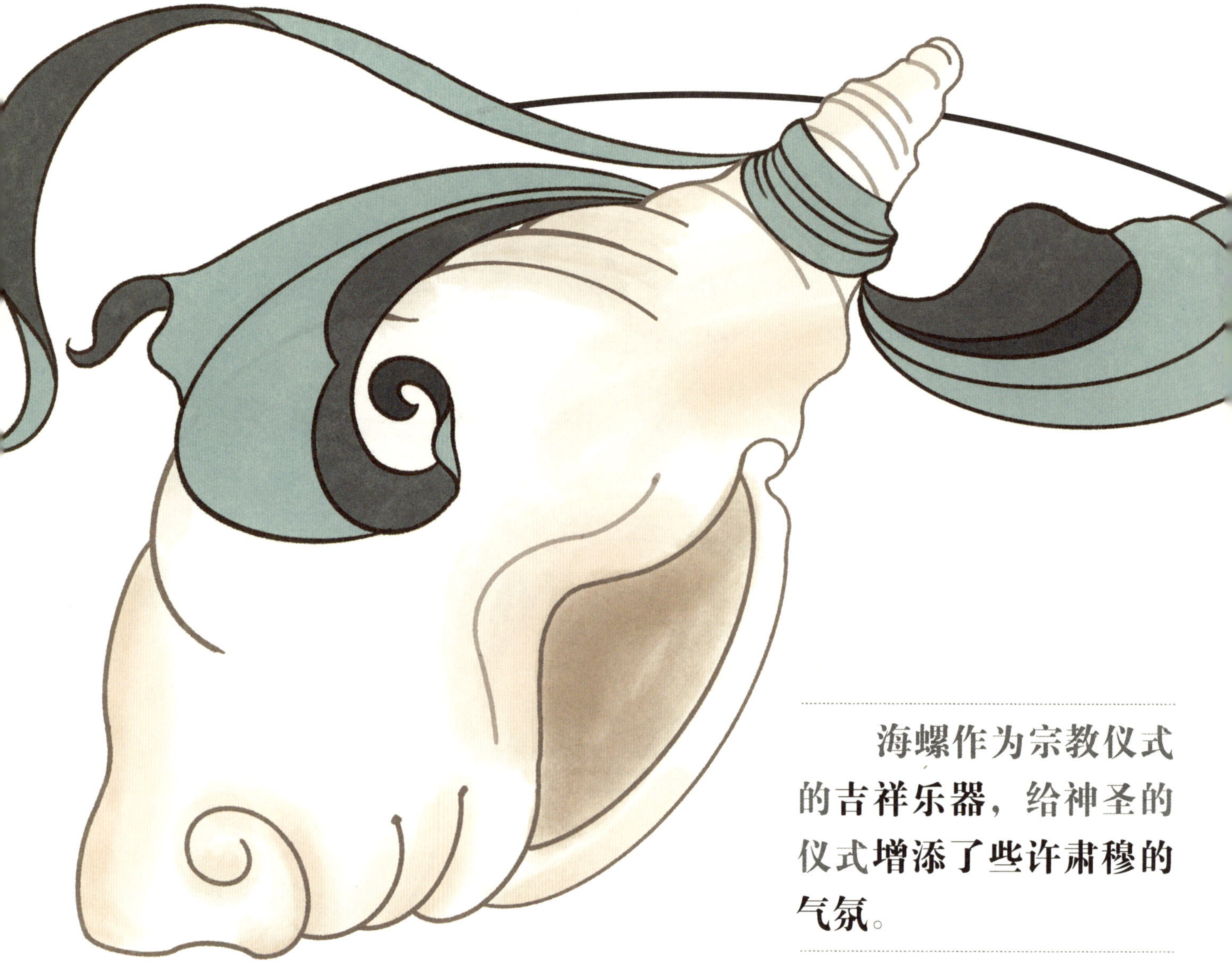

海螺作为宗教仪式的吉祥乐器，给神圣的仪式增添了些许肃穆的气氛。

▲ **敦煌榆林窟第25窟　主室南壁　中唐**

海螺在敦煌壁画中被记录下来的实例其实并不多，后因这个乐器的音色过于单一，也逐渐被其他乐器取代。

▲ **敦煌莫高窟第112窟　主室南壁　中唐**

中唐时期，海螺的外形，乐伎手握的姿势，都被描绘得非常清晰传神。

单音悠悠，回荡不息：海螺

玉螺一吹椎髻耸，铜鼓一击文身踊。

海螺，也叫“法螺”或“贝”，用白色大海螺加工而成，作为宗教仪式的吉祥乐器，具有悠久的历史。它源于印度，流传于我国许多少数民族地区。

海螺吹奏的时候声音悠长高亢，极富穿透力，每只海螺可奏出一个基本稳定的长音。由于螺身大小不等，演奏出的音高也各不相同，所以，每只海螺都有大自然赋予它的独特嗓音。

▲ 敦煌莫高窟第249窟　主室南壁　西魏
早期的海螺，只画出大致形状，白色的海螺被握在手中，乐伎用力演奏着高亢深沉的乐曲。

▽ “双重身份”，既是乐器也是法器
现存于布达拉宫的 17 世纪镶金嵌宝石刻梵文法螺，是珍贵的右旋海螺，雕刻精美纹饰与梵文字样，口沿包金，剪口装饰纹样间镶嵌宝石，为珍藏文物。

弹拉乐器

造型奇特，大大增强了乐器本身的艺术感染力。

敦煌壁画中的弹拉乐器记载有近20个品种，共1295件。主要分为弹拨类乐器和拉弦类乐器。

敦煌壁画中，弹拉乐器画面是别具匠心的乐器图像，不仅数量众多，而且造型别致，呈现出敦煌壁画独有的艺术创造。

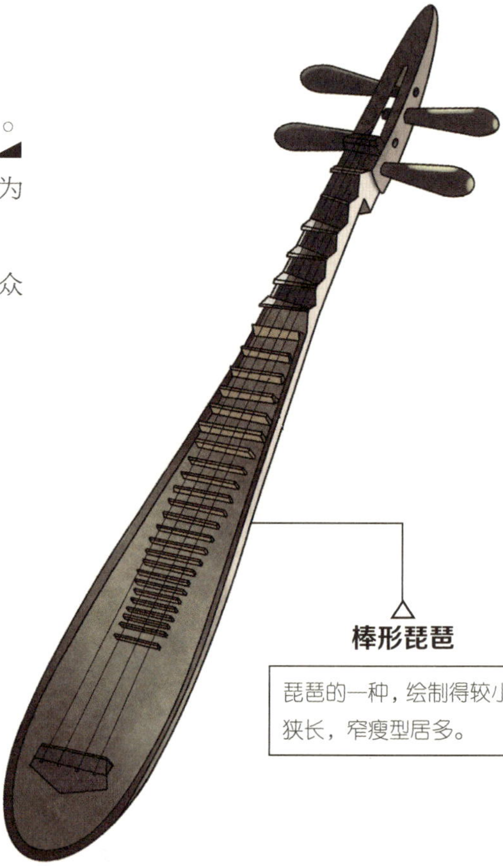

棒形琵琶

琵琶的一种，绘制得较小，狭长，窄瘦型居多。

敦煌壁画中重要的弹拨乐器，曲颈、直颈兼而有之。

琵琶

敦煌壁画中琵琶最多，仅莫高窟就有700余支，居所绘乐器的首位。

在演奏形式上，除少数反弹琵琶作为舞蹈的造型外，大部分为踞坐、横抱。

从壁画的实际情况来看，古时为数更多的是直颈琵琶，唐以后曲颈稍多，估计可能宫廷多用曲颈。

亦称“五弦”，形体与琵琶相同，只是多一轴一弦，演奏方法亦同于琵琶。

五弦琵琶

五弦琵琶图形不多见，莫高窟只见40余支，其中曲颈、直颈均有。

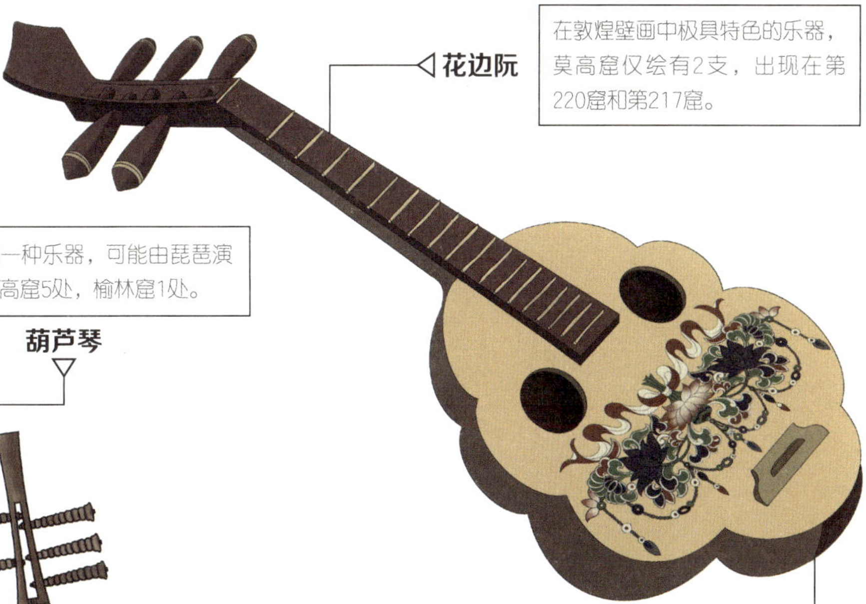

花边阮

在敦煌壁画中极具特色的乐器，莫高窟仅绘有2支，出现在第220窟和第217窟。

这是一种阮与琵琶造型合成的乐器，古时文献及其他石窟中均未见此形状。

葫芦琴

敦煌特有的一种乐器，可能由琵琶演变而来，莫高窟5处，榆林窟1处。

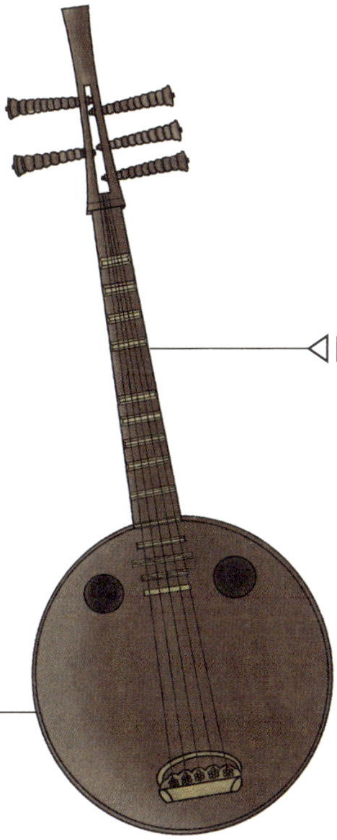

阮

又称“阮咸”，有四弦或五弦，在乐队中居次要位置。绘制不多，莫高窟共绘近百支。

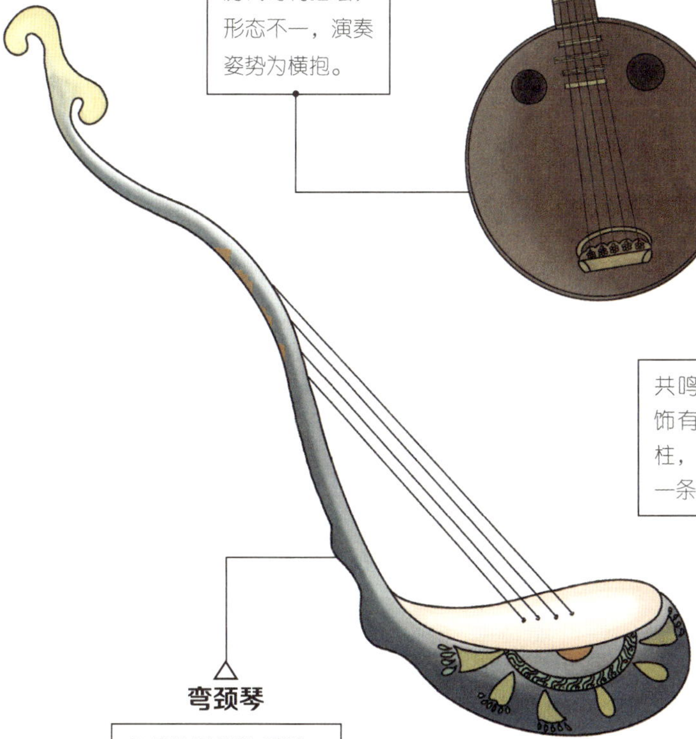

弯颈琴

始自北魏，以后历代均有描绘，形态不一，演奏姿势为横抱。

敦煌特异弹弦乐器，为琵琶、箜篌相结合的乐器造型。

凤首弯琴

共鸣箱如琵琶，头部装饰有凤首，个别置有品柱，多无弦，有的绷直一条弦。

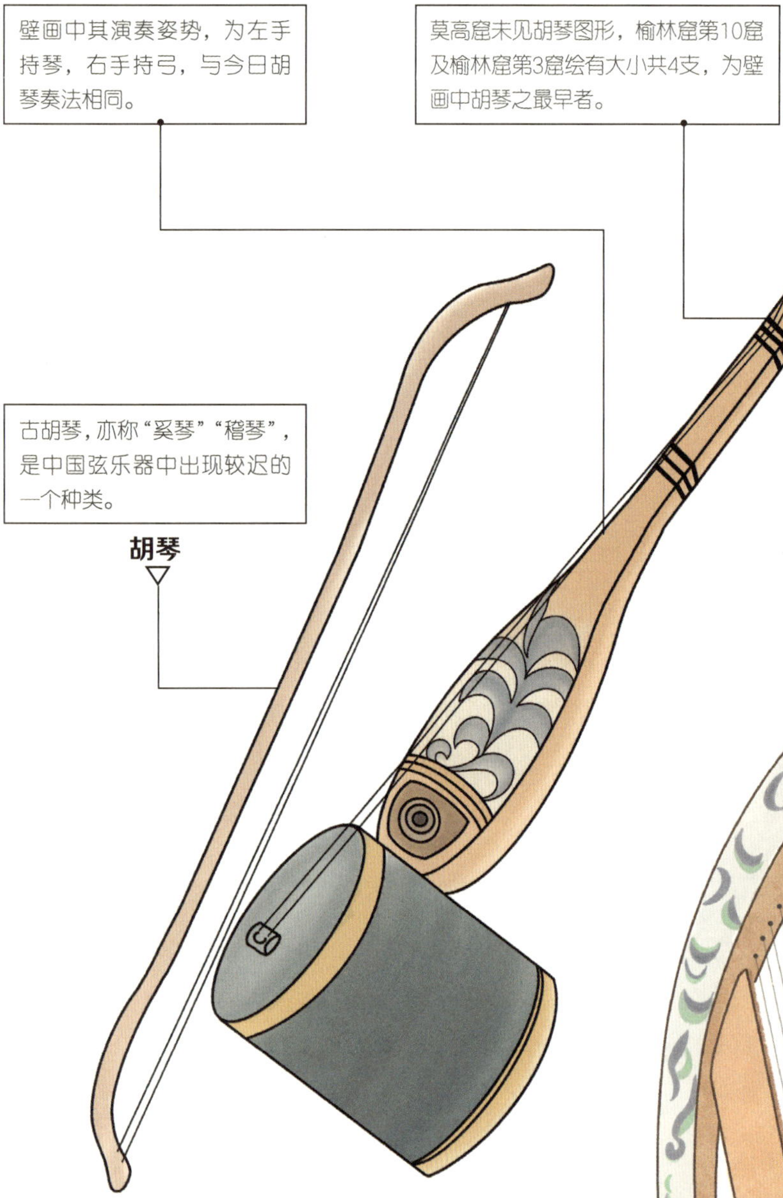

虽然箜篌早已消失在历史长河中，但它柔美清澈的音色，依旧存在于人们的想象中。

一种三角形框架、多弦、竖立演奏的乐器。壁画中箜篌数量仅次于琵琶，莫高窟绘有200余支。

汉代以前未见，汉以后相当流行，南北朝以后的壁画、石刻、乐舞陶俑等图像资料中多有发现。

有尾箜篌

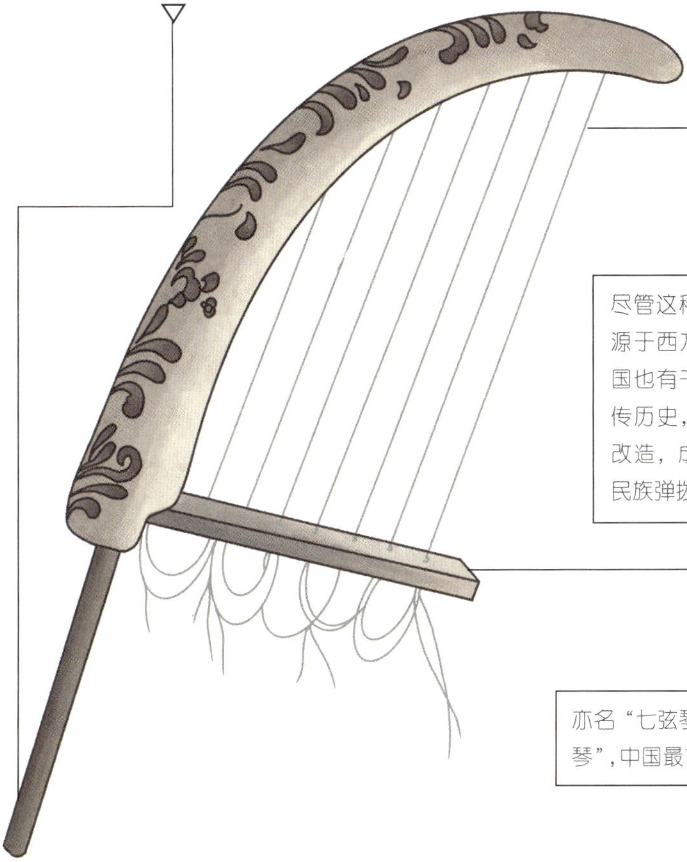

尽管这种乐器可能源于西方，但在中国也有千余年的流传历史，并逐渐被改造，成为中国的民族弹拨乐器。

凤首箜篌

壁画乐器中特异乐器的造型，此乐器见于榆林窟第3窟，西夏绘千手观音图中。

亦名“七弦琴”，今称“古琴”，中国最古老的弦乐器。

琴

敦煌壁画中，琴的数量不多，从轮廓认定是琴的，有20余支。

琴为黑色，七弦较窄小，但敦煌壁画写意，多数只是画一黑色长方框形物，其他均难以辨认。

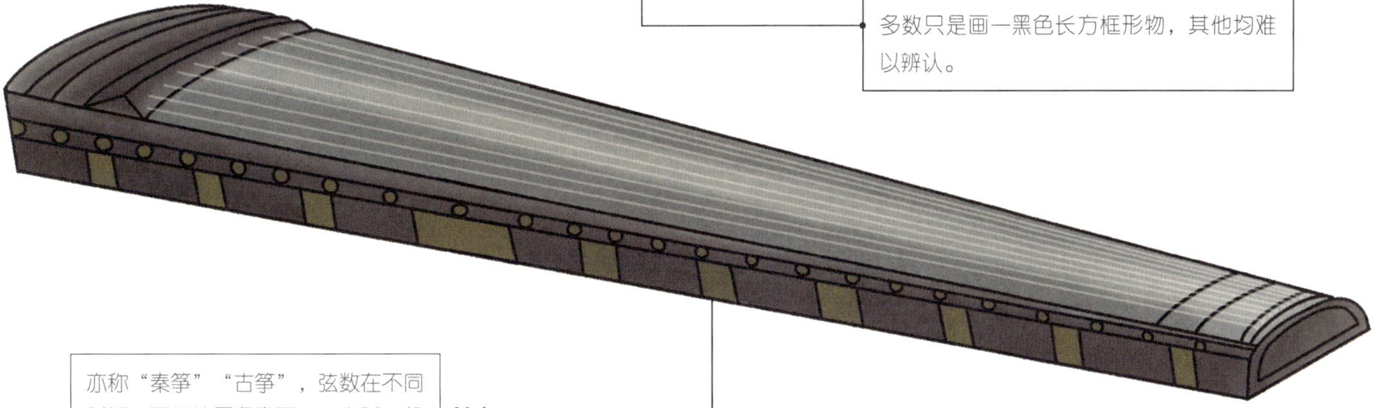

筝

亦称“秦筝”“古筝”，弦数在不同时期、不同地区多寡不一，古时一般为12弦或13弦。

舞乐的压轴：琵琶

葡萄美酒夜光杯，欲饮琵琶马上催。

琵琶是家喻户晓的古代弹拨乐曲，它作为古代同时流行于宫廷和民间的乐器，在敦煌壁画中也十分引人注目，是敦煌壁画中最重要的弦乐器之一。弦乐器中，琵琶数量独占鳌头，仅莫高窟就绘有700多支，它以丰富多样的形态出现在壁画中的各个位置。

琵琶在中原地区流行于宴乐盛行的时期。中国先秦的弦乐器，像二十五弦瑟一类的大型乐器，在祭祀祖先等场合演奏，或在平时宴会娱乐时使用。而在中国西北地区的游牧民族的生活中，即使平常吃饭喝酒娱乐时也离不开音乐舞蹈，需要乐器便于携带，所以也就造就了琵琶等乐器的发展和流行。

琵琶与阮的形制非常相似，但是琴身是一体而成的，且弹奏的时候使用拨片，而阮流行手弹，很少使用拨片。

▲ 敦煌莫高窟第254窟　主室南壁　北魏

药叉手中演奏的就是直颈琵琶，品位清晰可见，药叉歪头演奏，趣味十足。

▲ 敦煌莫高窟第172窟　主室南壁　盛唐

不鼓自鸣的小棒琵琶。

①天王手中的就是典型形制的曲颈琵琶，琴身为梨形，四弦，琴头方形，琴面板中部有捍拨，捍拨上有繁复的花纹，演奏者用拨片演奏。

②琵琶的演奏方法极其丰富，既有用手指弹奏，也有用拨片演奏的。在中唐之前大多琵琶是用拨子，中唐之后就开始有不使用拨子演奏的琵琶。

▲ 敦煌莫高窟第146窟　窟顶　五代

东方持国天王弹奏着琵琶。

▲ **敦煌莫高窟第275窟　南壁　北凉**
琵琶在敦煌壁画中应用广泛，从北凉开始到元，经历了十几个朝代的改良和发展。

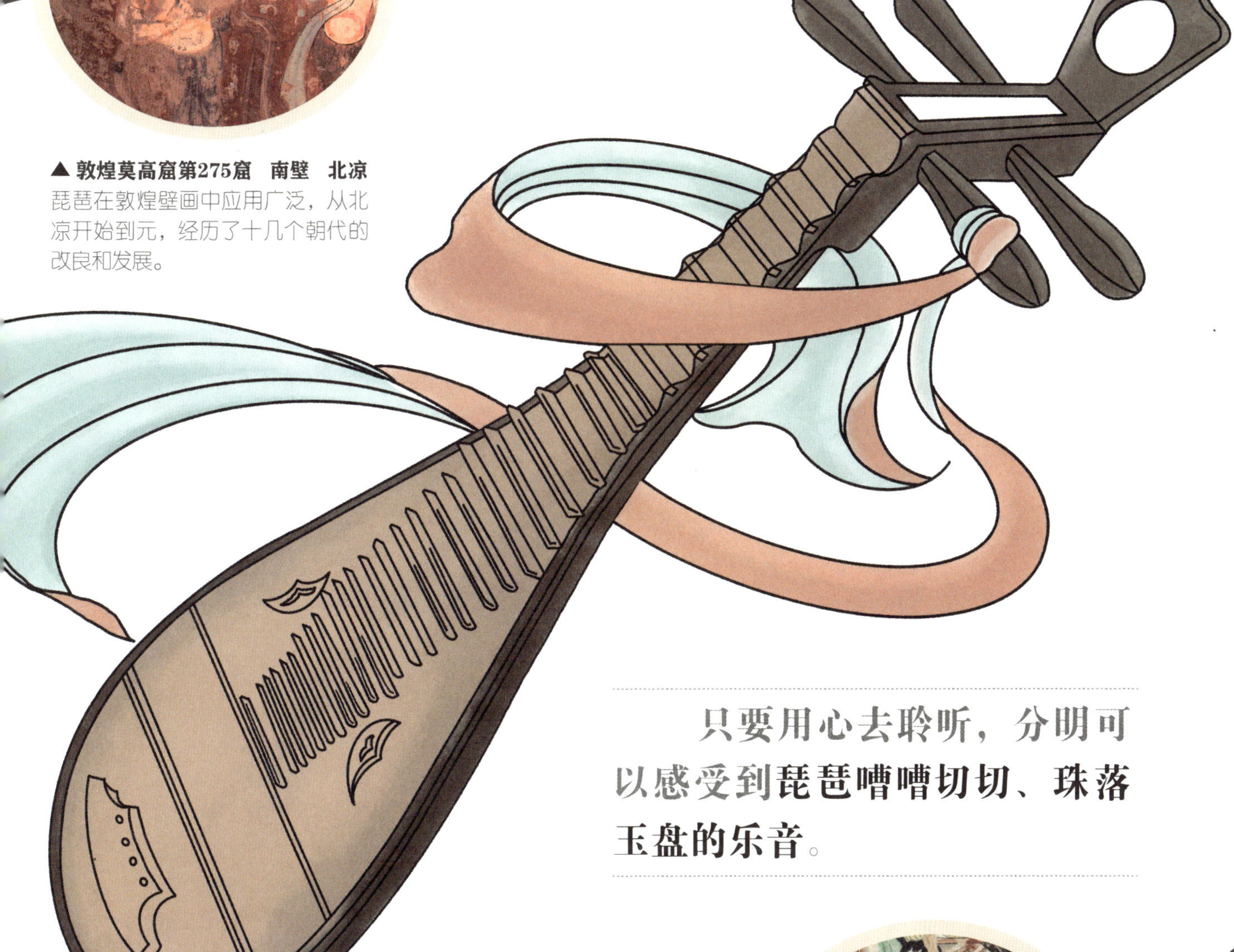

只要用心去聆听，分明可以感受到琵琶嘈嘈切切、珠落玉盘的乐音。

▲ **敦煌莫高窟第112窟　主室南壁　中唐**
弹奏琵琶的姿势各异，有站姿、正抱、斜抱、横抱下斜等。第 112 窟主室南壁的两位乐伎，虽然都是在同一画面演奏琵琶，但是演奏的姿势却不相同。

▲ **敦煌莫高窟第322窟　主室北披　盛唐**
飞天手中拿着的是葫芦琴，琴形似葫芦，外形和结构被勾勒得清晰写实。

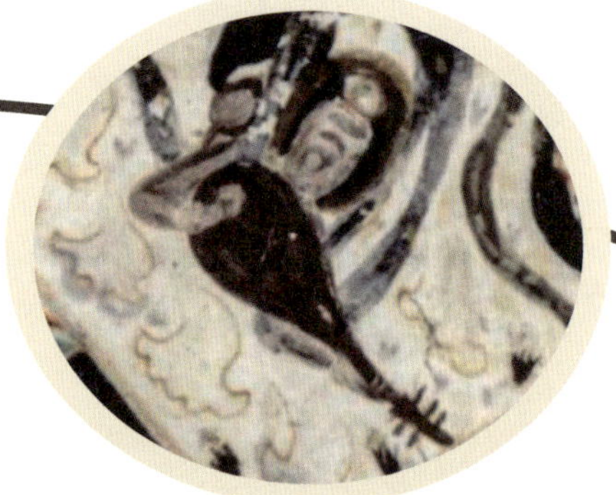

▲ **敦煌莫高窟第299窟　窟顶　北周**

从外形上看，和琵琶非常相似，只是多了一根弦而已。

五弦琵琶多的是一根低音弦，不仅扩展了琵琶的低音区，也增强了音区之间的对比，乐曲的层次感随之就多了。

▲ **敦煌莫高窟第320窟　主室北壁　盛唐**

五弦琵琶一般都会出现在乐队前排的位置——弹拨乐器的“C位”。

▲ **敦煌莫高窟第322窟　主室南披　初唐**

乐伎演奏的姿势各式各样，非常自在随意。

遗失在岁月中：五弦琵琶

赵叟抱五弦，宛转当胸抚。

五弦琵琶是在唐代盛极一时，而今失传已久的一种弹拨乐器。它从西域传入中原，因有五根弦而得名，个头比琵琶小，梨形音箱，演奏方式和手法与琵琶相同。

在隋唐时期，五弦琵琶占有极其重要的位置。唐代宫廷的十部乐中，就有八部使用五弦琵琶演奏，风采可见一斑。

宋代后，使用五弦琵琶演奏的记载越来越少，地位也一落千丈，很快淹没在历史长河中，到如今，已经彻底失传了。

▲ 敦煌莫高窟第427窟　窟顶　隋

童子用拨子演奏，五弦琵琶和四弦琵琶相同，可以用拨子演奏，也可以用手弹。

▲ 敦煌莫高窟第401窟　藻井　隋

琵琶大致有直颈琵琶和曲颈琵琶两种，第401窟藻井中心的飞天演奏用的就是曲颈五弦琵琶。

▲ 琴身正背面上都错缀玳瑁，镶嵌螺钿等，做工精美。

▲ 正面的螺钿骑驼胡人，正是丝绸之路文化的象征。

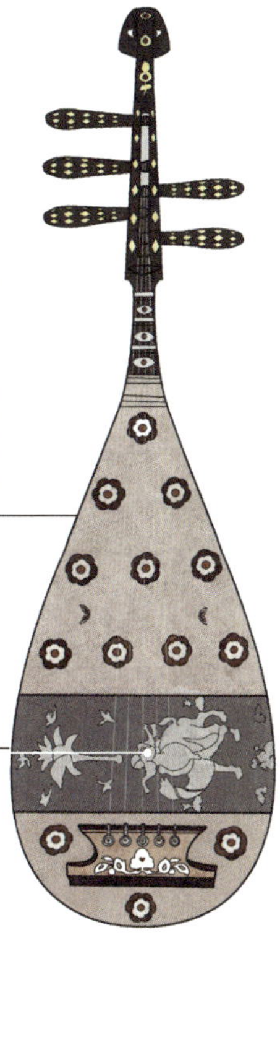

◁ 唯一的五弦琵琶

世界上唯一一面现存实物的唐传紫檀嵌螺钿五弦琵琶，是唐玄宗赠予日本的“国礼”。现藏于日本奈良的正仓院，在日本，这件五弦琵琶属于日本“御物”级国宝。

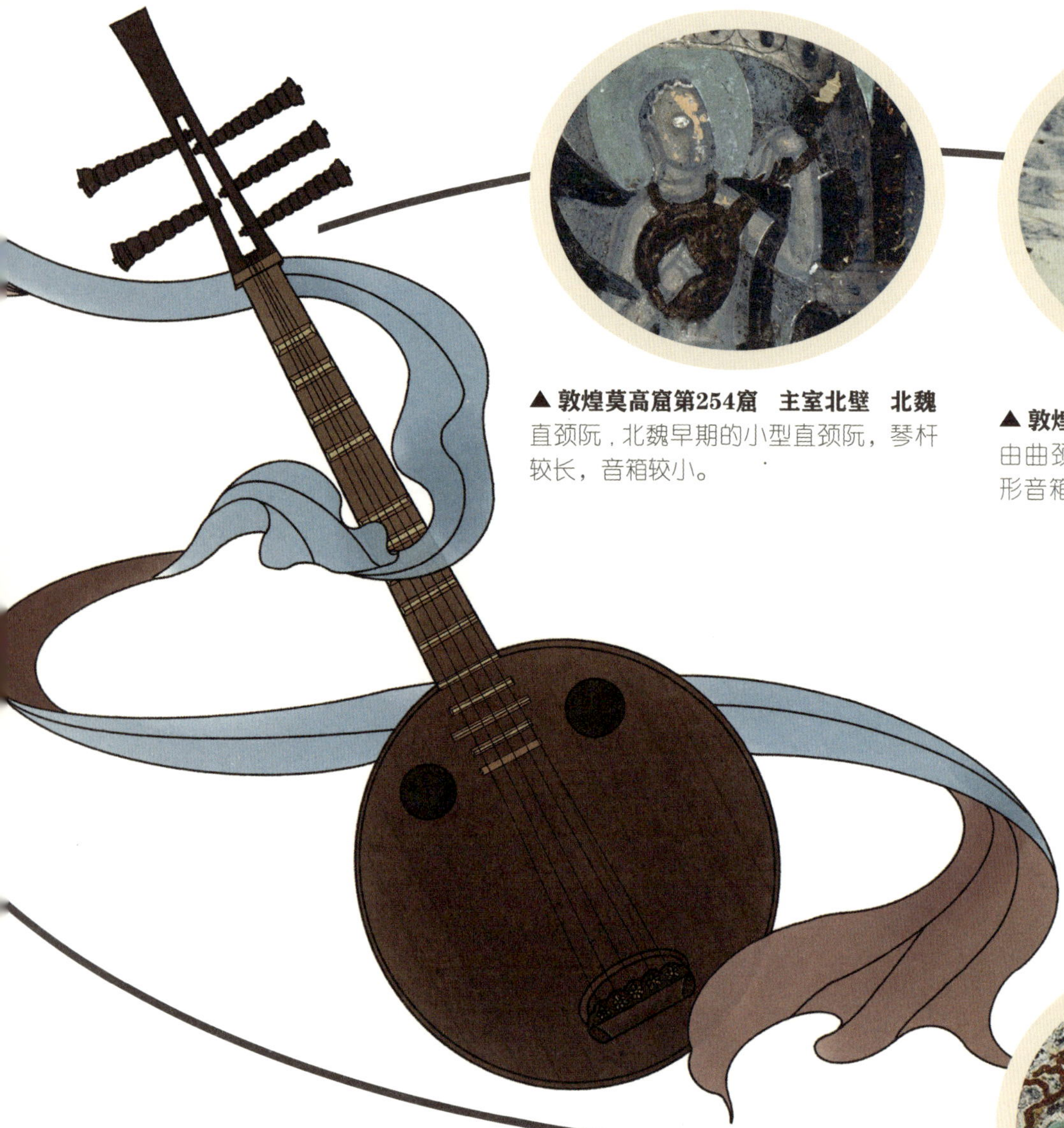

▲ **敦煌莫高窟第254窟　主室北壁　北魏**
直颈阮，北魏早期的小型直颈阮，琴杆较长，音箱较小。

▲ **敦煌莫高窟第290窟　主室东壁　北周**
由曲颈琵琶演变而来，头部曲颈，圆形音箱，音箱与琴杆相接处略粗。

▲ **敦煌莫高窟第217窟　主室北壁　盛唐**
六弦，有品，弦轴清晰，甚是难得。

昭君出塞怀中琴：阮

主人情意十分浓，阮咸横膝清音奏。

阮，也叫“阮咸”，是一件中国古老的弹拨乐器，拥有纯正中华民族血统的它，已有2000多年的历史了。

它是用人名命名的乐器，“阮咸”正是竹林七贤之一的那位“阮咸”。

阮咸精通音律，如果说，嵇康先生是古琴的高手，那么阮咸先生就是弹拨的大师。由于他尤其善于弹奏此乐器，后人便用他的名字命名了这种乐器，称之“阮”或“阮咸”，这在古今中外音乐史上都十分罕见。

阮之所以受人喜爱，是因为它那独有的音色——“似琴非筝”，像人声的诉说，比琵琶更和缓，比古琴更低沉。

△ **我们在“竹林七贤与荣启期”砖画上就可以清晰地看到，阮咸正是用拨弹法演奏阮的。**

不似琵琶不似琴，
四弦陶写晋人心。

在阮的家谱中，有位成员颇为引人注目，史书中未曾记载，在别处未曾见过，仅在敦煌的唐代壁画中出现，也独独仅有两处，它就是花边阮。它排列在乐队醒目的地方，应该是乐队中一件重要的乐器。

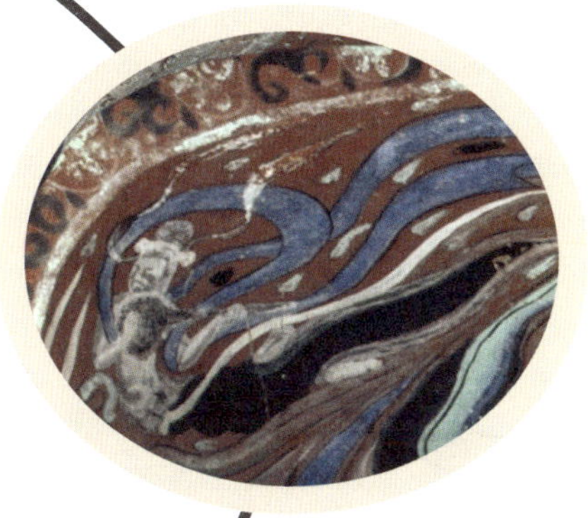

▲ 敦煌莫高窟第301窟　主室西壁　隋
五弦阮，五弦、有品，音箱圆形，弦轴不甚清晰。

▲ 敦煌莫高窟第220窟　主室北壁　初唐
音箱由六瓣花瓣形状构成，造型独特，五弦，曲颈，乐伎左手转轸调弦，右手拨弦。

▲ 敦煌莫高窟第217窟　主室北壁　盛唐
北壁上部不鼓自鸣的乐器，六瓣花边阮，曲颈，音箱较大，并画有彩绘图案。

▲ 敦煌莫高窟第249窟　主室北壁　西魏
可以看出乐伎手中的箜篌小巧精致，9根弦清晰可见，隋之前的箜篌弦数在7～11根之间。

▲ 敦煌莫高窟第288窟　主室北壁　西魏
箜篌有有尾和无尾两种，第288窟中天宫伎乐飞天手中抱着的箜篌就是有尾箜篌。

体曲而长，二十二弦，竖抱于怀中，用两手齐奏。——杜佑《通典》

▲ 敦煌莫高窟第112窟　主室北壁　中唐
第112窟主室北壁中的箜篌就是无尾箜篌。

▲ **敦煌莫高窟第420窟　主室西披　隋**
隋唐时期，箜篌发展到鼎盛。第420窟，箜篌个头较小，演奏者可以左手握住，右手弹奏。

▲ **敦煌莫高窟第172窟　主室北壁　盛唐**
箜篌的体形变大，演奏者将箜篌置于舞筵上。

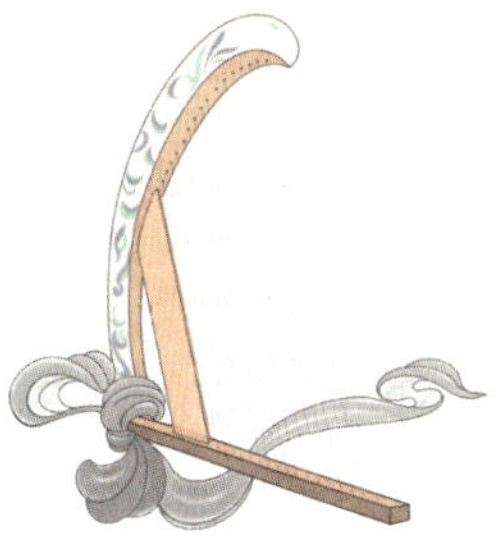

盛极一时，妙音绕耳：箜篌

江娥啼竹素女愁，李凭中国弹箜篌。

箜篌是古代丝绸之路上的弹拨乐器之一，古代名为箜篌的乐器有三种：卧箜篌、箜篌、凤首箜篌。卧箜篌早在春秋战国时期就在楚国流行，后来被筝瑟代替，如今我们只能在汉画像石上看到了。

箜篌是三角弓形的框架，音箱装置在琴梁中，双手弹弦发出音响。它和卧箜篌不同，是竖抱在怀中弹奏的乐器。最初从西域传入，早期的箜篌形制很简单，琴弦数量也较少，和西域箜篌无差，直到唐以后，箜篌体积变大，弦数增多，琴身也绘有彩图，越来越大气美观，已完全成为中国的民族乐器的一员了。

▲ **南唐画家周文矩《合乐图》（宋代摹本）中的“龙首箜篌”**

打击乐器

打击乐器音色清净，单纯直观，历史悠久。

打击乐器分为膜鸣乐器和体鸣乐器，是出现较早的乐器，而且很多打击乐器今天仍在广泛使用。敦煌壁画中膜鸣乐器以鼓为主，体鸣乐器除了乐器，还包括一些传统法器。

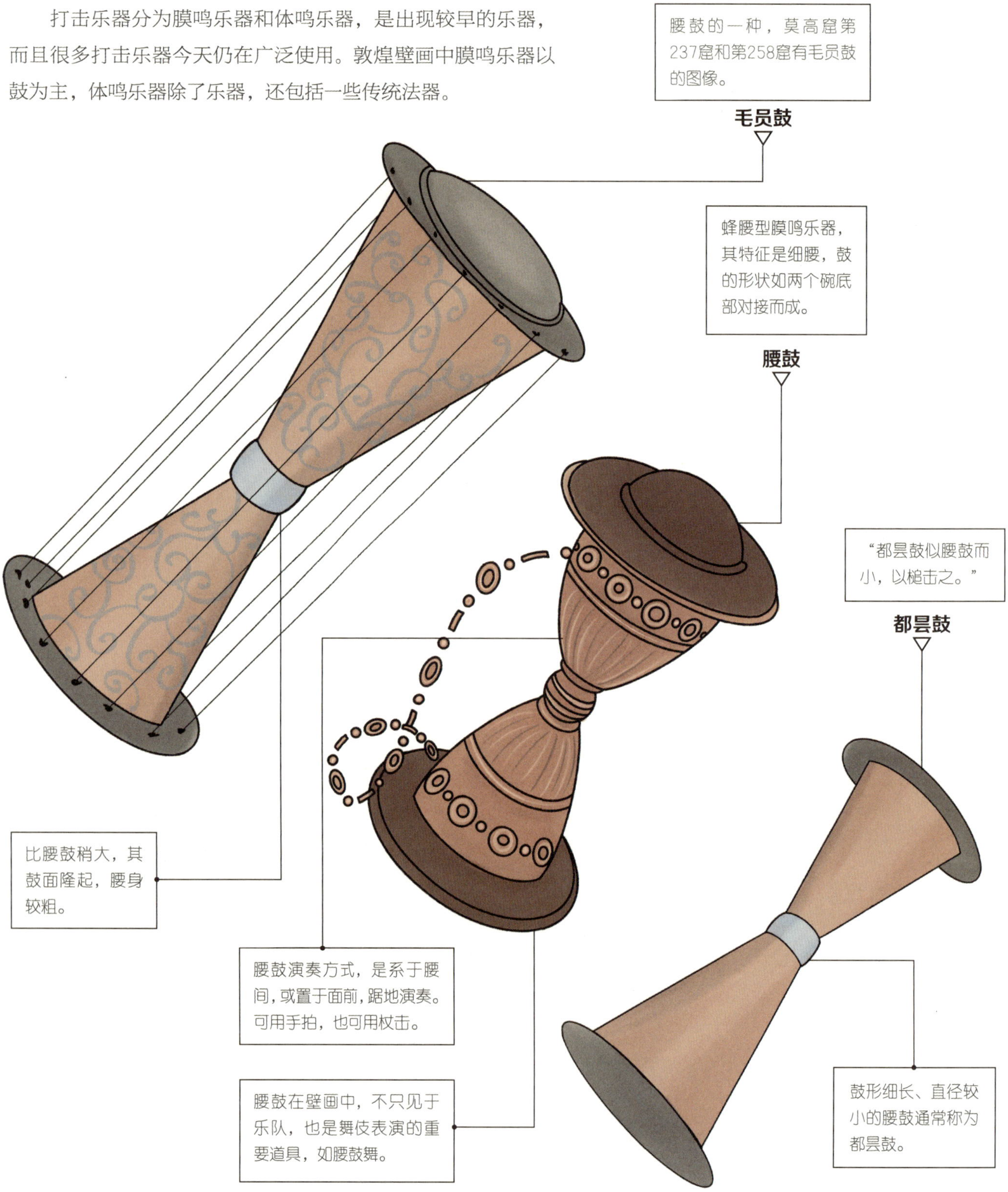

古时也称“楷鼓”，形状为扁圆桶状，中间没有细腰，鼓面为两片，由绳索连缀绷紧，鼓面略大于鼓框。

答腊鼓

敦煌壁画中出现较多，演奏时一手托鼓一手拍击，弹扣摩擦鼓面。

手鼓

敦煌壁画中的手鼓，形似今天新疆地区的手鼓，数量不多，两面蒙皮，皮膜上绘有花纹，一手握长柄槌敲击。

即今日民间流传的“拨浪鼓”，敦煌壁画所绘甚多，为一木柄上串数枚小鼓，一般为1~4枚。鼗鼓需和鸡娄鼓一同演奏。

鼗鼓

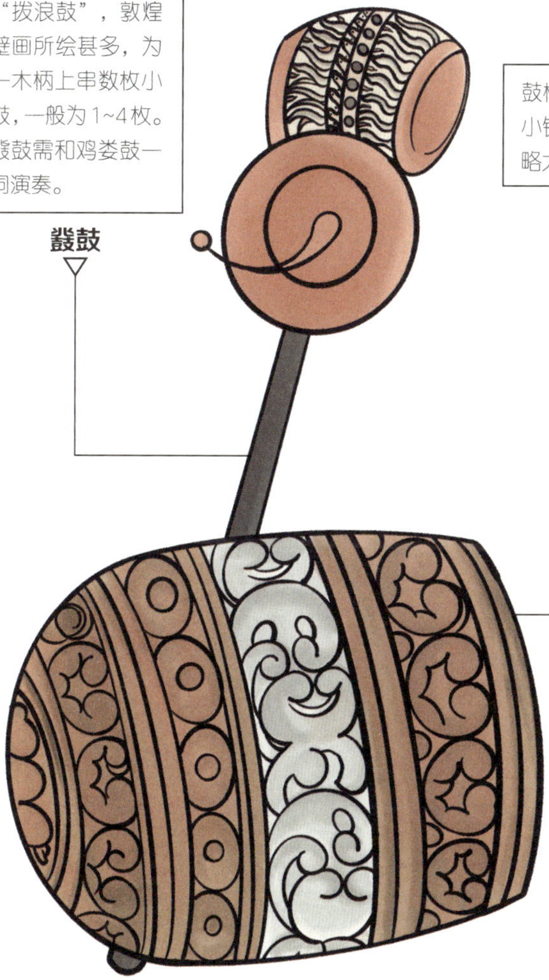

鼓框木质，两面蒙皮，以小钉固定，鼓腔中间直径略大于两侧鼓面。

节鼓

鸡娄鼓

球形鼓，鼓面直径小，演奏时夹于腋间，一手拍击，夹鼓之手臂还需持鼗鼓摇晃，同时发音。

中型鼓，为汉族传统鼓，在壁画中一般不用于乐队，多出现在零散的伎乐场面。

敦煌拍板图形始于初唐，大中小乐队合作中均有，有时一个乐队连用数支。

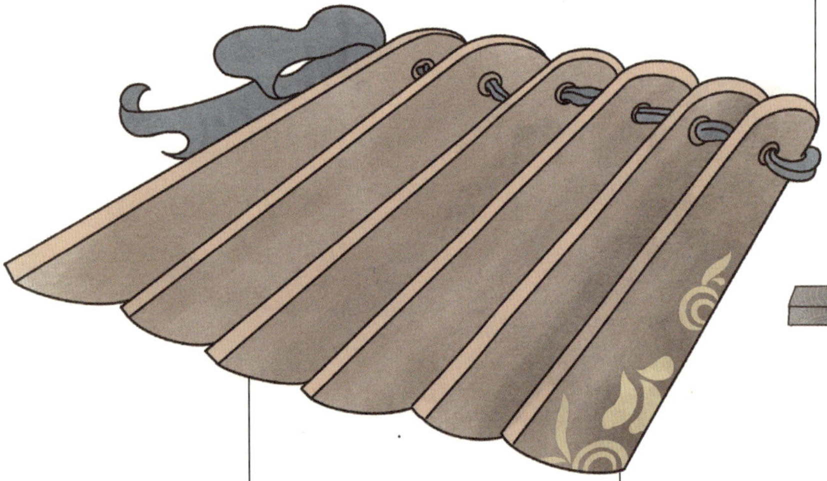

拍板

上圆下方的长条木板，竖片缀合，一般4~6片，双手对击发声。

在乐队排列中，其他乐器均无定局，只有拍板必居排头第一位，看来是起指挥作用。

金属体鸣乐器，与鼓相对，为中国古代雅乐队的主要乐器，后因其笨重，民间很少流传。

钟

大鼓

大鼓亦称“建鼓”，唐代文献中称“大鼓”，敦煌壁画不见于各种音乐图像中，只见于经变画中，与钟相对，置于框架之上。

对击发音，大型乐队中常用，形如今日的小镲，但中间小碗比小镲略大，边沿稍窄。

铙

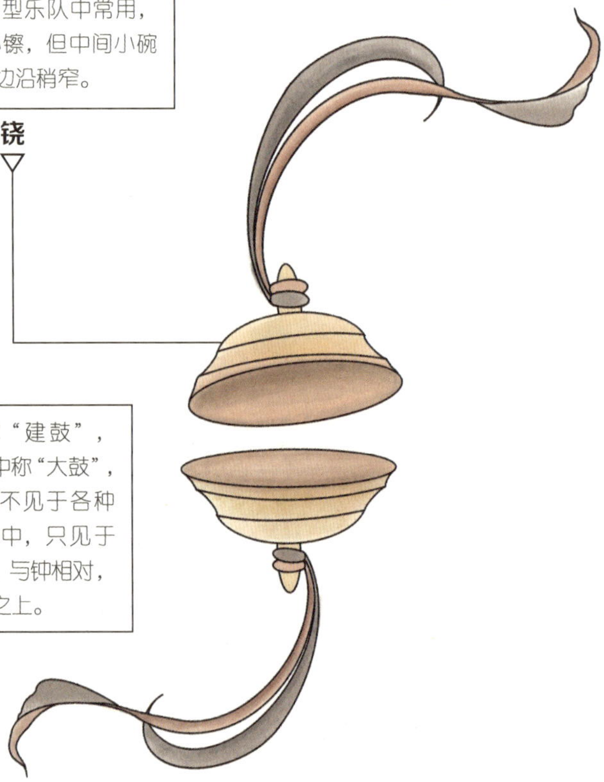

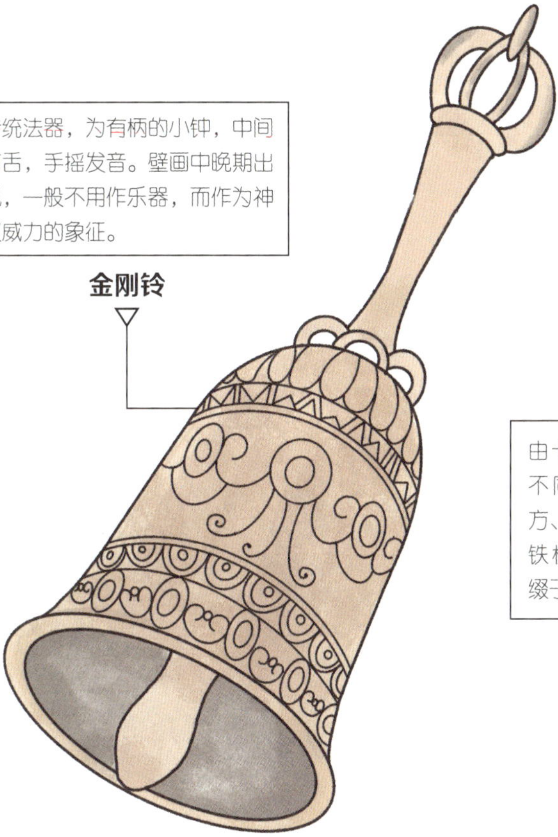

传统法器，为有柄的小钟，中间有舌，手摇发音。壁画中晚期出现，一般不用作乐器，而作为神权威力的象征。

金刚铃

原名“金基尼”，为一种金属空心小球，边有缺口，内有小珠，将单个小铃串联成环链，即为“串铃”，摇晃发音。

串铃

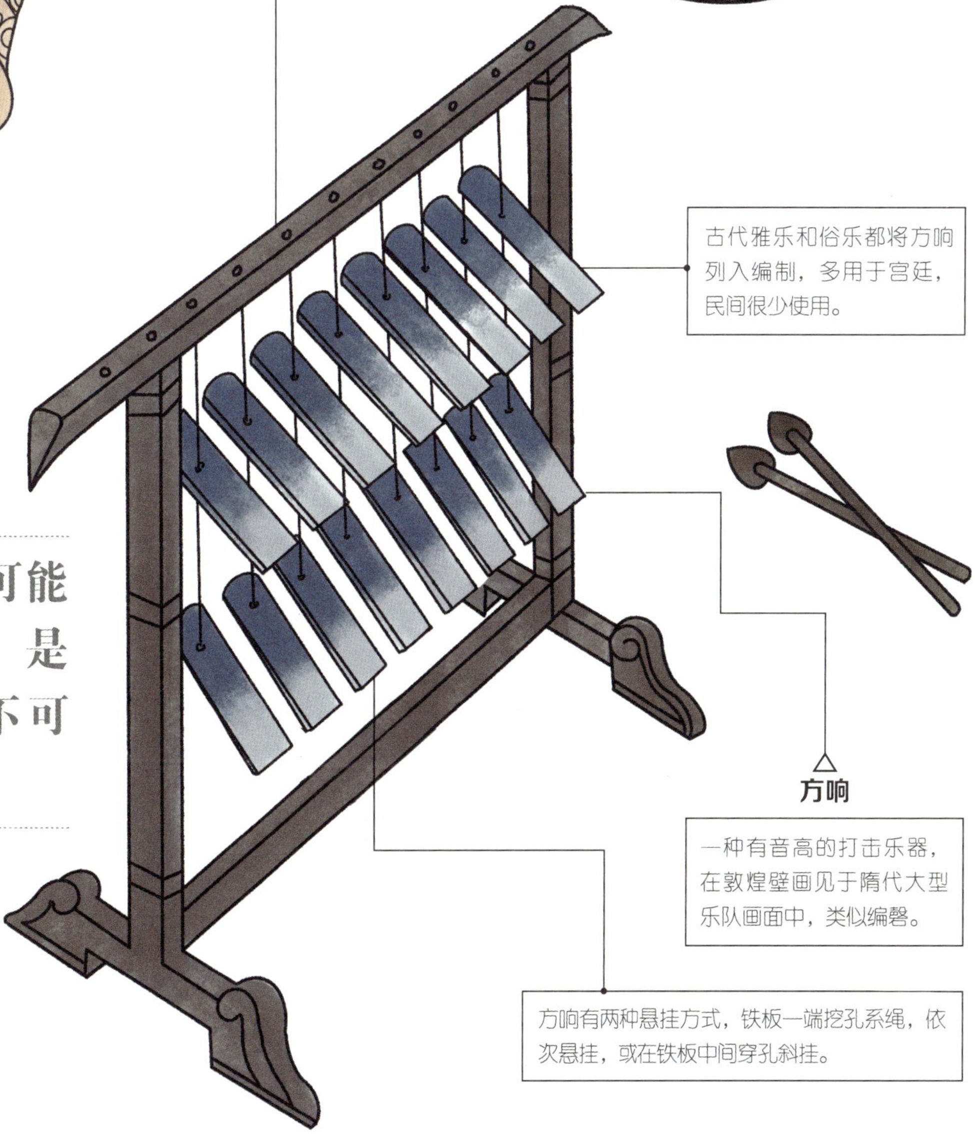

由十余片薄厚不同、上圆下方、长方条状铁板组成，编缀于木架之上。

古代雅乐和俗乐都将方响列入编制，多用于宫廷，民间很少使用。

方响

一种有音高的打击乐器，在敦煌壁画见于隋代大型乐队画面中，类似编磬。

方响有两种悬挂方式，铁板一端挖孔系绳，依次悬挂，或在铁板中间穿孔斜挂。

打击乐器有可能是最古老的乐器，是中国传统艺术中不可缺少的部分。

广首纤腹的细腰鼓：腰鼓

腰鼓百面如春雷，打彻凉州花自开。

腰鼓，中国古代的膜鸣打击乐器，因它“广首纤腹”的特征，也常常被叫作“细腰鼓”。

腰鼓发源于古印度，我国早在汉魏时期就已经开始使用了，传入西域地区后又发展出了都昙鼓和毛员鼓，是隋唐时期中国音乐史上盛行的打击乐器。

它的特征就是细腰，鼓的形状就像两个碗底部对接而成，两端附皮革，有用绳收束绷紧皮革的，也有直接将皮革钉在边框上的。演奏的时候，最初用绳将鼓挂在腰间用手拍奏，到了唐宋时期，开始右手用鼓槌敲击，左手用手掌拍打演奏。

▲ 敦煌莫高窟第257窟　主室南壁　北魏

敦煌壁画中，从早期北凉到元代，腰鼓一直有出现，而且形类繁多，几乎每一件都有自己的特色。

△ 中原出土文物中的腰鼓

武昌何家垅188号墓乐俑——初唐时期的文物，四位乐伎头梳双髻，身穿高腰长袖短衫配曳地长裙，表情优雅地坐在地上，演奏着琵琶、笙、拍板和细腰鼓。

▲ 敦煌莫高窟第12窟　主室北壁　晚唐

腰鼓的样子，早期非常简单，越往后造型越精美，装饰越丰富，彩绘花纹越华丽。

有腰鼓，大者瓦，小者木，皆广首而纤腹。
——杜佑《通典》

▲ 敦煌莫高窟第172窟　主室南壁　中唐

▲ 敦煌莫高窟第360窟　主室北壁　中唐

▲ 敦煌榆林窟第25窟　主室南壁　中唐

中唐时期，壁画中还出现了边舞蹈边演奏腰鼓的场面。腰鼓被挂在舞伎胸前或腰间，用双手左右拍击演奏，从而形成了风靡一时的“腰鼓舞”。

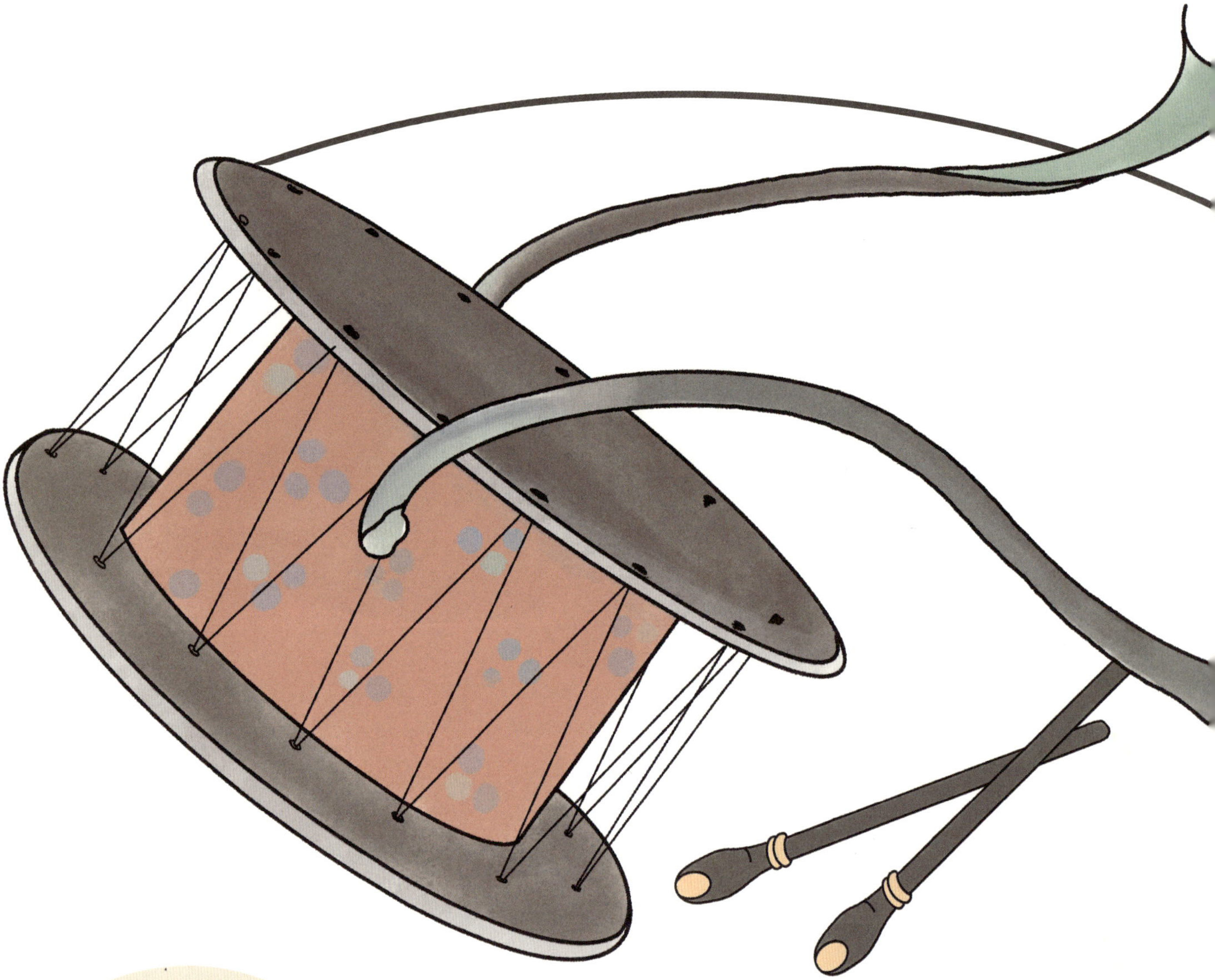

▲ **敦煌莫高窟第154窟　主室北壁　中唐**

像这样双手两杖鼓槌左右敲击的鼓，在敦煌壁画中仅有羯鼓，因此羯鼓也被称为“两杖鼓”。

▲ **敦煌莫高窟第112窟　主室南壁　中唐**

第112窟中的羯鼓外形似鸡娄鼓，有可能是结合鸡娄鼓发展出来的。

▲ **敦煌莫高窟第172窟　主室南壁　盛唐**

在敦煌壁画中，羯鼓还有一种放置方式——被放置在一个小牙床上，演奏者持杖演奏。

▲ **敦煌莫高窟第220窟　主室北壁　初唐**
羯鼓放置在平地上，用双手敲击，隋唐后多用鼓槌敲击。

▲ **敦煌莫高窟第220窟　主室南壁　初唐**
羯鼓的演奏者一般会坐在乐队比较前面或中间的位置，乐伎的服饰也会与其他人有明显区别，充分显示出一个“领导”的作用。

八音之领袖：羯鼓

渔阳鼙鼓动地来，惊破霓裳羽衣曲。

羯鼓，是我国古老的月氏民族创造的打击乐器。整体外形像个漆桶，用桑木制作鼓身，用兽皮蒙在两端，鼓槌是用黄檀、楸木等上好木料制作，也有用动物骨头制作而成的。

羯鼓早在南北朝时期传入中原，一开始它只是众多打击乐器中的一员，平凡而普通。直到隋唐时期，尤其到了唐代，羯鼓的地位扶摇直上，得到了唐玄宗的青睐，被赞为“八音之领袖”。唐玄宗不仅喜爱听羯鼓演奏，更是亲自上手演奏，成为名副其实的“羯鼓宣传大使”。羯鼓在唐代瞬间脱颖而出，风靡一时。

想必是这羯鼓大气磅礴的音响，能为歌舞表演注入君临天下的气势，正中帝王之心吧！

一柄两鼓：鼗鼓与鸡娄鼓

貂蝉峨上衮，鼗鼓拥高牙。

鼗鼓，在中国周代就有文献记载，一根柄上，穿着两个或三个小鼓，鼓的两侧各有一条带，带端系着小球，左右旋转鼓柄，小球来回撞击鼓面发声，俗称“拨浪鼓”，民间卖货的也叫它“货郎鼓”。

在敦煌壁画中，鼗鼓的演奏者通常还要兼顾演奏另一种乐器——鸡娄鼓。它外形圆墩墩，两头细中间粗，两面蒙皮，可以拍手敲，也可以用鼓槌敲击。

一个人同时演奏这两种乐器，敦煌壁画中这样的画面十分常见，乐伎左手摇动鼗鼓，右手拿着鼓槌敲击着夹在左手手肘处的鸡娄鼓，这就是典型的表演方式，颇具特色。

△ 来自新疆龟兹的“一柄二鼓”
据宋代文献记载，“一柄二鼓”，即鼗鼓和鸡娄鼓的演奏形象，最早出现在新疆龟兹的库车地区。新疆苏巴什佛寺出土的舍利盒上就有鼗鼓和鸡娄鼓的演奏形象。

▲ 敦煌莫高窟第172窟 主室南壁 盛唐
这位乐伎演奏乐器的方向和大多数乐伎不同，难道他是左撇子？

▲ 敦煌莫高窟第12窟 主室南壁 盛唐
乐伎一手拿着鼗鼓的鼓柄，一手握住鸡娄鼓。

▲ 敦煌莫高窟第290窟　主室东壁　北周

敦煌早期，演奏者有把鸡娄鼓挂在胸前，如莫高窟第290窟中飞天乐伎。自唐代开始，鸡娄鼓多被夹在肘部演奏。

左手持鼗牢，腋挟此鼓（鸡娄鼓），右手击之。

——《乐书》

▲ 敦煌莫高窟第112窟　主室南壁　中唐

▲ 敦煌莫高窟第112窟　主室北壁　中唐

唐以后演奏“一柄二鼓”的标准姿势。

▲ **敦煌莫高窟第390窟　南壁　隋**

在敦煌壁画中，最早见于隋代飞天伎乐中，方响形状只能看出大概，但是飞天手中的小铁槌清晰可见。

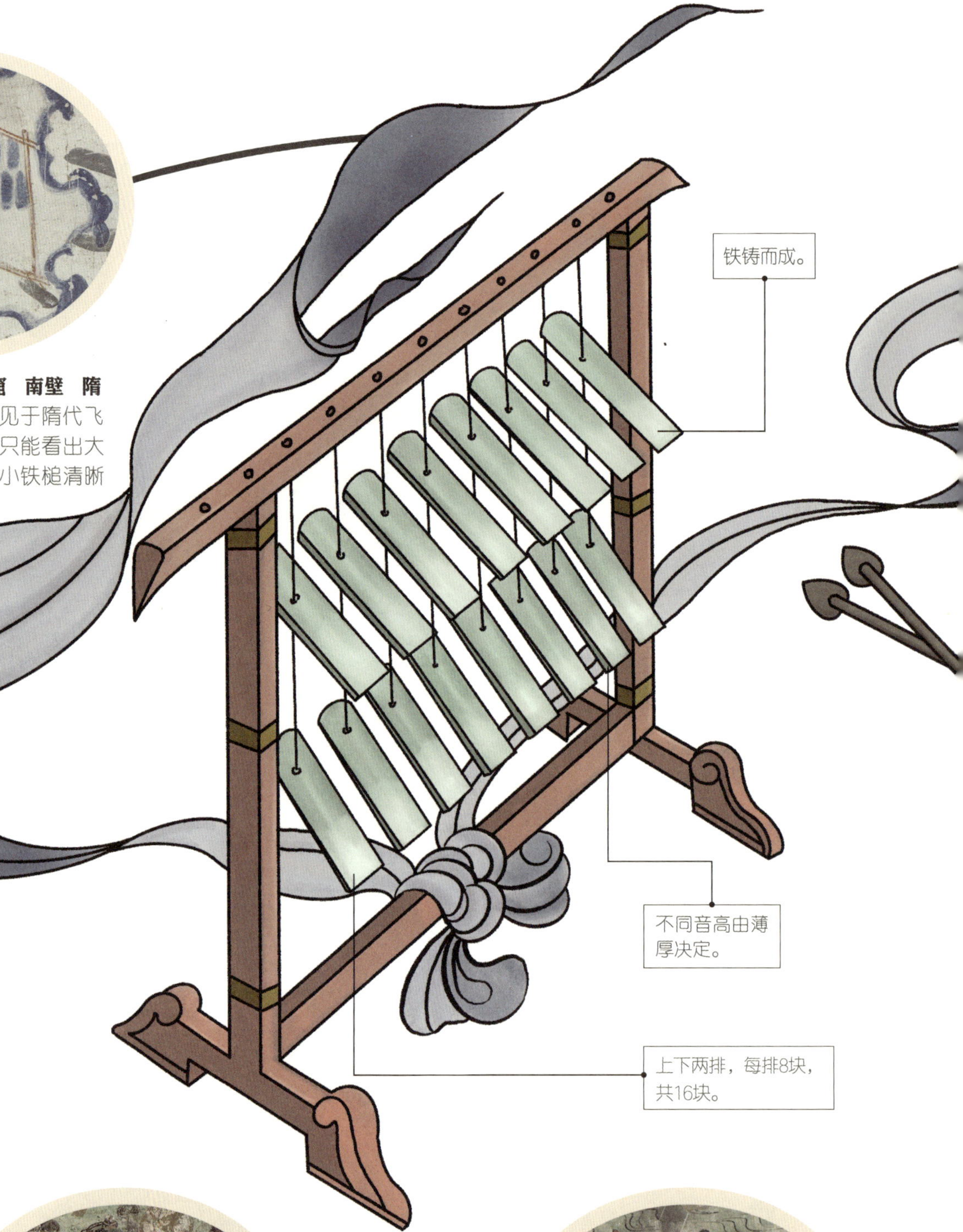

▲ **敦煌莫高窟第217窟　主室北壁　盛唐**

古代的雅乐和俗乐都将方响列入编制。它是中国古代具有固定音高的敲击乐器。

▲ **敦煌莫高窟第172窟　主室北壁　盛唐**

在乐队表演中，具有磬的效果，但比磬小巧轻便很多，所以古时乐队就用方响取代了磬。

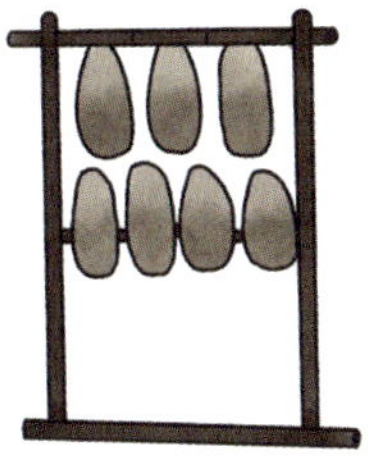

铿锵镗鞳之声：方响

花满银塘水漫流，犀槌玉板奏《凉州》。

方响，一种有音高的打击乐器，是我国古代传统乐器之一。出自距今1400多年的北齐，后成为隋唐燕乐常用的乐器之一。

方响的音色清脆优美，通常由16枚厚薄不一、上圆下方铁块作音板，根据音高顺序排列而成，演奏时用小铁锤敲击发音。

方响是根据中国古代汉族乐器钟磬发展而来的，以铸铁的音块取代石块，音更加高，更加脆亮，个头儿也比重千斤的钟磬小很多，搬运轻便，后来在乐队中干脆就用它代替了磬。

虽然在唐代盛行一时，但到了宋代使用开始减少，到了明清时期，方响只限于宫廷典庆礼仪中使用；再加上这种乐器定音制作比较困难，所以未能得到广泛流传，实物也没有保存下来。

▲ 敦煌莫高窟第220窟　主室北壁　初唐
方响的整体外观非常清晰，它被放置在毯子上，长方形板块斜挂在方架上。

▲ 敦煌莫高窟第322窟　主室西披　初唐
方响的第二种悬挂方式，铁板一端垂直挂在方架上。

方响以其独特的音色给整个乐队增添了极为丰富的音响色彩和音乐厚度。

乐器中的指挥者：拍板

有声无字耳通神，六片红牙万种春。

拍板，是由多块上圆下方的长条木板组成，一般4~6块，在长条木板的上端开一个圆孔，用青丝条将它们连接起来，双手持外侧长条木板的下端对击发声。

早期的壁画中未曾出现拍板，拍板正式用于乐队中始于隋代。发展到唐代，拍板在乐队中使用已经非常普遍，大中小乐队中都有出现，有时一个乐队会出现两只或两只以上。

古代乐队没有专门的指挥，常常采用一些节奏性的打击乐器来代替，而拍板就是其中之一。在乐队中排列，其他乐器没有固定位置，唯有拍板稳居第一排或第二排第一位。

▲ 敦煌莫高窟第172窟　主室南壁　盛唐

拍板用檀木制作而成，所以又称为“檀板”。根据乐曲的需要，演奏者左手的食指和中指控制的板数会不同。

▲ 敦煌莫高窟第158窟　主室东壁　中唐

在壁画中所呈现的拍板，没有出现过10块以上木板组成的拍板，大多都是以5块或6块为主，7块和7块以上的拍板都很少出现。

▽ 名画中的拍板

拍板被握在乐伎的手中，琴音配拍板，轻快的乐声都能从画中传出来了。

▲《汉宫春晓图》局部　明　仇英　现藏于中国台北故宫博物院

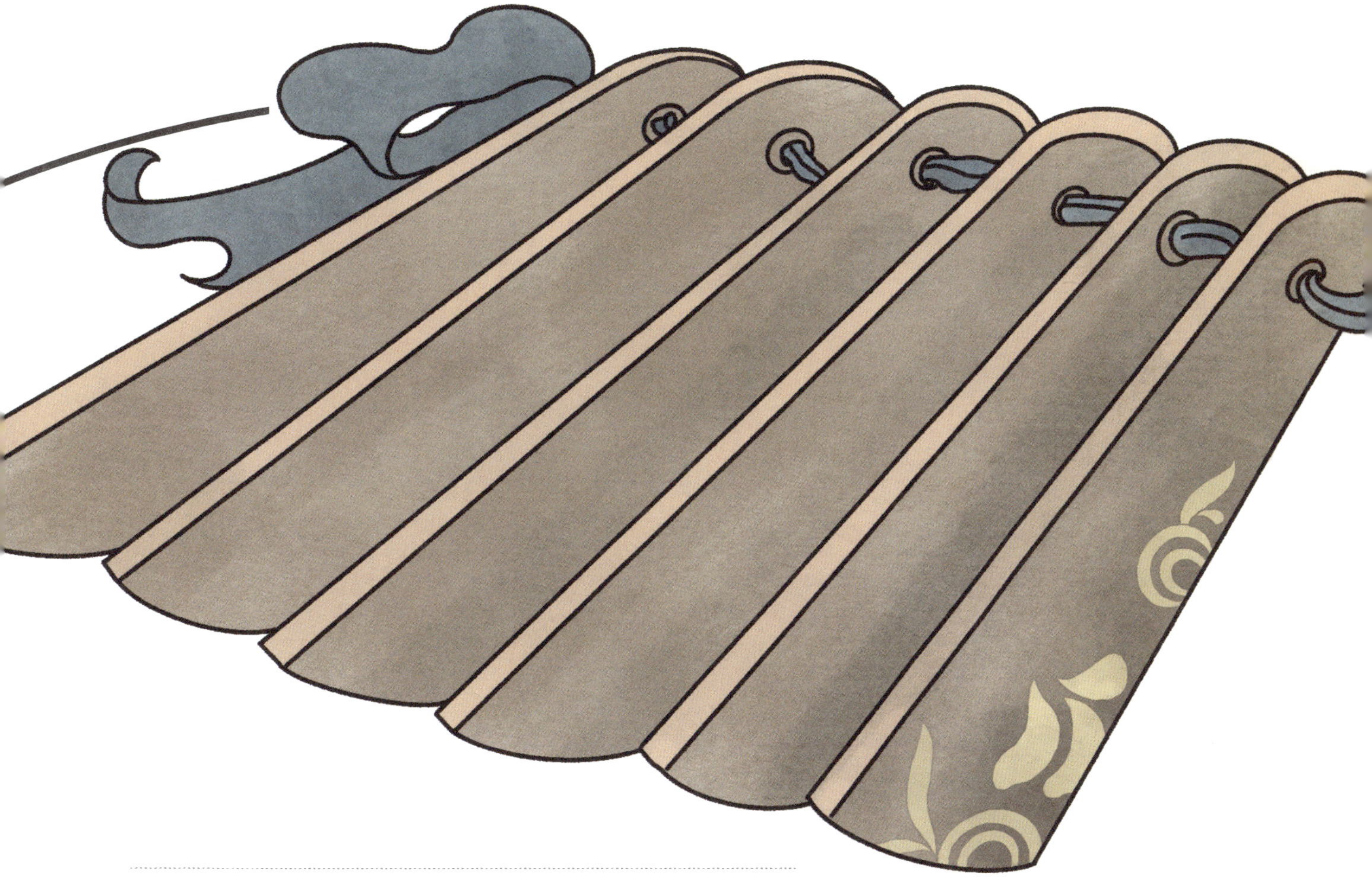

在乐队的位置都靠近舞姬，居醒目耀眼之处。

▲ **敦煌莫高窟第159窟　主室西壁　中唐**
行走的乐伎，一组三人乐队，一边缓缓行走，一边专注地演奏着，一人敲击拍板，一人吹篪，一人吹笙，沉浸在旋律之中。

▲ **敦煌莫高窟第112窟　主室南壁　中唐**
敦煌拍板始见于初唐，从壁画上来看，拍板在不同时代没有太大变化，只是拍板板数有所增减而已。

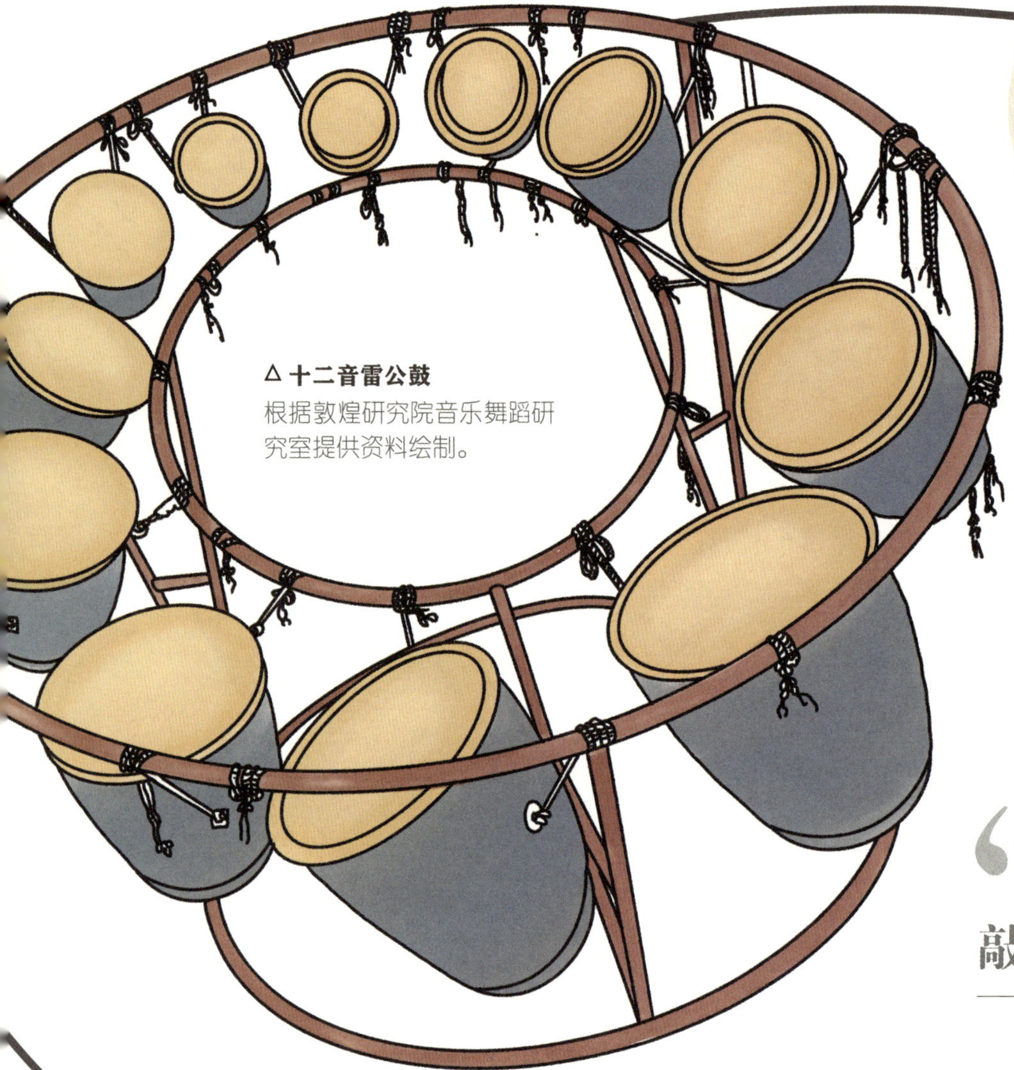

△ 十二音雷公鼓
根据敦煌研究院音乐舞蹈研究室提供资料绘制。

▲ 敦煌莫高窟第249窟　主室西披　西魏
典型的雷公形象代表作，是敦煌壁画中出现最早的雷公击鼓图。

“惊雷的轰鸣，
敲响春风之音。”

▲ 敦煌莫高窟第98窟 主室南壁　五代
窟中仍见雷公目明如镜，其首有角的形象。

▲ 敦煌莫高窟第154窟　主室西壁　中唐
此种雷公击鼓的形象绘制亦有着长久的民间文化背景。

鼓与舞的狂欢：十二音雷公鼓

天符行雨飞龙翩，雷公鼓腹起重渊。

自古以来，虚拟中的雷公形象大多与鼓联系在一起。关于雷公的形貌，王充曾在《论衡·雷虚篇》中有颇为形象的描述："又图一人，若力士之容，谓之雷公，使之左手引连鼓，右手推椎，若击之状。"

十二音雷公鼓，由12面鼓环绕一周而成，又被称为中国的"定音鼓"。

在敦煌壁画中，兽首人身的雷公，位于圆轮的中心，在12面连鼓急速的旋转中，手足并用，奋力敲打，使人感到空中雷声隆隆不绝于耳。

与其他乐器相比，这件雷公鼓是画工所描绘的特别写意与抽象的乐器图案。原图像上，雷公站在群鼓中央击鼓，后来敦煌研究院根据这个意象将其制作为十二音雷公鼓。

声如雷者，莫过于鼓。南朝梁任昉《述异记》载："八方之荒有石鼓，其径千里。撞之，其音即成雷也。"形容声大如雷者，常以鼓之乐器来表现。

在敦煌壁画的表现中，雷公与鼓的绘制即是紧密的结合。甚至如莫高窟第14窟主室北壁西侧、第45窟南壁东侧、第98窟南壁西侧、第323窟北壁上部西侧中的雷公击鼓，部分雷鼓隐入云中，烘托云中雷声的轰隆之势，均体现出了雷鼓基于雷公击鼓图像表达上的象征与符号意义。

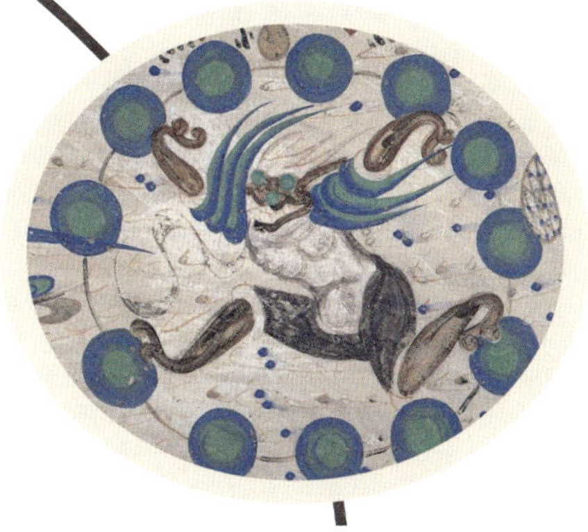

▲ 敦煌莫高窟第285窟　主室西披　西魏
壁画中的鼓连成一圈，雷公在中间击鼓，手脚并用，画面非常写意。

▲ 敦煌莫高窟第329窟　主室西壁　初唐
第329窟中的雷公则较之前更为传神，虽与早期雷公构图相似，但画工的技艺更加精湛。鼓的立体感十足，还绘出不断传出的鼓声，使隆隆之音仿佛可闻。

◁ 山西北朝墓葬壁画墓道西壁壁画中的雷公
东汉时右手执棰、左手执连鼓的力士形貌的雷公图像，到南北朝时略有变化：原执手内的连鼓，改而呈环状围绕在雷公身体的周围，形成匀称的圆轮形状构图。

▲ 敦煌莫高窟第445窟　主室南壁　盛唐

敦煌乐队古韵梵音

- 敦煌盛大的音乐会
- 七重宝幢上的六乐伎
- 气势磅礴的唐宫燕乐
- 水榭阁台，满耳笙歌
- 丰腴乐师，鼓乐齐鸣
- 行走的乐伎

敦煌盛大的音乐会

莫高窟第220窟北壁下端的乐队，是莫高窟壁画中规模最大的一组，乐伎（含歌者）多达28人，乐队是典型的坐部伎形式，演奏中使用了吹、弹、打等多种乐器。

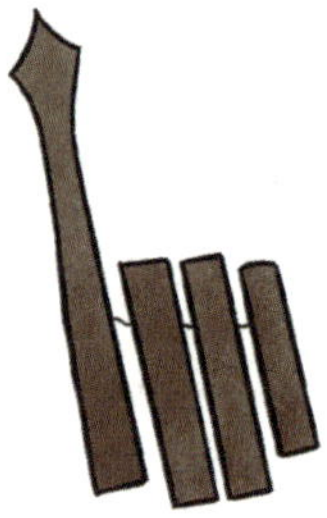

乐队中使用了三件拍板，这三件拍板和其他拍板有所不同，左边的一条木条比其余几条长出一半，而且上端呈尖棱状；也不像普通拍板上端用细绳串联，下端伞状散开，而是板与板之间等距连接着，造型非常独特。

旋律乐器的位置都在乐队内侧，打击乐器在外侧，这样在突出旋律的同时，增加了律动感。

莫高窟只出现过两次的花边阮，演奏者用手指弹弦，左手在转轸调弦。

北壁乐队，吹奏乐与打击乐并重的乐器组合方式。这样的组合，让同类乐器不同高低声部合奏，音色会有鲜明对比，演奏出的乐曲磅礴激荡。

一边敲锣，一边高歌。

1	都昙鼓
2	毛员鼓
3	毛员鼓
4	横笛
5	横笛
6	拍板
7	锣
8	花边阮
9	筚篥
10	方响
11	筝
12	排箫
13	竖笛

◀ 敦煌莫高窟第220窟
主室北壁　初唐
沈淑萍临摹

1	羯鼓
2	腰鼓
3	横笛
4	鸡娄鼓和鼗鼓
5	答腊鼓
6	海螺
7	拍板
8	箜篌
9	铙
10	笙
11	竖笛
12	拍板
13	筚篥

歌者挥舞着手臂，引吭高歌。

一同出现的鼗鼓与鸡娄鼓由一位乐伎演奏，他将鸡娄鼓挟抱在左肘内，左手握鼗鼓杆摇晃，右手持杖敲击。

乐伎将腰鼓挂在胸前，双手拍击演奏。

莫高窟第220窟的乐舞图，规模之大，冠绝初唐。

乐队演奏乐器的乐伎共26人，西侧乐池中共有15人，不同肤色的乐伎有序地排列，坐于两块精美的斜方地毯上，手持乐器演奏，姿态各异，表情传神。

◀敦煌莫高窟第220窟　主室北壁　初唐

王雅卓、邢玉成、于兆科、刘智勇、王俊彪、杜政坤、翼晓东、毛雨彤、杨洁、李赟、余志雯、蔡晓丽临摹

中国艺术研究院工笔画院供稿

七重宝幢上的六乐伎

在莫高窟第445窟南壁七宝幢幡式高台上，站立着一支6人的小乐队。这是一组以吹奏乐器为主的乐器组合形式，它的组合一般有3件吹奏乐器、2件弹拨乐器和1件打击乐器。演奏的乐器从左往右依次是：横笛、箜篌、直颈琵琶、排箫、笙、铙。

六位伎乐的身体，似乎在随着音乐款款扭动，给人以轻歌曼舞的律动感。

七宝幢幡式高台，这种建筑十分罕见，初唐壁画里能见到，盛唐时已很少见到，盛唐以后壁画中再没有出现。

七重宝幢动仙乐，云起雪飞人间不得闻。

1	横笛
2	箜篌
3	铙
4	笙
5	直颈琵琶
6	排箫

▲ 敦煌莫高窟第445窟　主室南壁　盛唐

1	答腊鼓
2	腰鼓
3	鸡娄鼓和鼗鼓
4	羯鼓
5	义嘴笛
6	海螺
7	拍板
8	排箫

气势磅礴的唐宫燕乐

盛唐时期的乐队乐舞以演奏场面宏大、气势磅礴的宫廷燕乐为主。莫高窟第172窟南壁的乐舞图就是盛唐时期乐舞表演的代表，在水榭平台上，有一组8+2+8的乐队与乐舞的组合，中间两舞伎相对而舞，两侧分别坐8位乐伎。

还是常见的固定搭配——鸡娄鼓和鼗鼓一起被演奏。

羯鼓在演奏的时候，有时会被放置在一个小牙床上，非常好分辨。

拍板与鸡娄鼓和鼗鼓相互配合，演奏拍板的乐伎双手持外侧对击作响，与手持鸡娄鼓和鼗鼓的乐伎节奏相合，似在指挥着乐队演奏。

二八笙歌云幕下，三千世界雪花中。

值得注意的是，西侧乐队中有4人演奏不同的鼓，都被安排在了前排，有领奏的意味。

◀敦煌莫高窟第172窟　主室南壁　盛唐

1	筝
2	琵琶
3	阮
4	箜篌
5	拍板
6	竖笛
7	筚篥
8	笙

东侧的8人乐队，从整个乐队乐器配置看来，弹拨乐器集中在东侧，而且都被安排在内侧第一排，这样就能演奏出独特的音乐效果，旋律一下子突显出来，与其他音部形成鲜明的对比。

乐伎怀抱大箜篌在胸前，双手弹拨演奏。

乐伎手拿的是正圆形共鸣箱的长柄阮，手拨琴弦演奏。

在音乐史上，自古认为古琴是雅乐的代表，而唐代时期宫廷音乐以燕乐为主（燕乐是相对雅乐来说的俗乐），所以在壁画中很少出现古琴的身影，多见的还是筝。

乐队中多见的是5块或6块木板组成的拍板，像这样7块木板的拍板十分少见。

敦煌莫高窟第172窟 主室南壁 盛唐▶

1	琵琶（2个）
2	箜篌
3	竖笛
4	横笛
5	拍板
6	腰鼓
7	铙
8	海螺

水榭阁台，满耳笙歌

莫高窟第85窟北壁的东侧的乐队共9人，分三排坐在水榭台上，以吹、弹、打三者并重的乐器组合演奏，音色丰富，音响效果非常和谐舒缓。

打拍板的乐伎，一边敲击节奏，一边随曲吟唱。

腰鼓上华丽的花纹非常引人注目。

红色的小铙并不常见。

◀敦煌莫高窟第85窟 主室北壁 中唐

1	排箫
2	竖笛
3	笙
4	筚篥
5	义嘴笛
6	拍板
7	铙和钹

中唐时期的乐队画面，整幅画有东西两侧乐队，每边8人，分坐在两侧平台之上，由小桥连接。东侧乐队排成两列，踞坐在毛毯上。乐队以吹奏乐器为主，管乐的音色应该十分突出。

笙的清晰特写。画有簧管、笙斗和吹嘴三部分。笙斗小而圆，吹嘴细细长长，写实细致，簧管长短不一，上面的竹节清晰可见。

义嘴笛的吹孔处，枝杈清晰可见。这个枝杈应该跟音色发音无关，只是一种装饰而已。

演奏筚篥的乐伎，口含的动作非常明显。

歌台舞榭之上，乐队齐奏，仙乐声声入耳，余音三日绕梁。

敦煌莫高窟第154窟　主室北壁　中唐

▲ 敦煌莫高窟第45窟　主室北壁　盛唐

丰腴乐师，鼓乐齐鸣

莫高窟第45窟作为莫高窟盛唐时期的代表窟之一，乐伎被画成典型的唐人模样，坐于方毯上演奏着不同乐器。乐队是吹、弹、打并重的乐器组合。

乐伎为典型的盛唐形象，面部丰腴方圆。

头戴花冠，配饰璎珞臂钏。

斜披天衣，裙裤宽大。

1	鼗鼓与鸡娄鼓
2	都昙鼓
3	箜篌
4	曲颈琵琶
5	排箫
6	筚篥

钧天广乐摄动人心，丝竹鼓乐使听者陶陶然乐其中。

此窟壁画，虽无画家题名，但线条纯熟，委婉自然，线的主、墨色的浓淡、起笔收笔、停顿转折，都与人物形体姿态和神情密切相连。壁画敷彩以朱绿黄黑白为主色，形成温和而厚重的色彩美，特别是人物面相肉体多以蛤粉平涂，鲜明厚重而略有光彩，且色泽历千余年而不变，殊为罕见。

琵琶画得非常写实，共鸣箱上的装饰都清晰可见。

筝的面板横直为弧形，乐伎眼睛看向手下，专注地弹奏着。

舞伎双手高高举起，在头上交握，轻快地跳舞。

还是熟悉的搭配——鸡娄鼓和鼗鼓，这个鸡娄鼓不是很圆，形状和羯鼓很像。

1	筝
2	直颈琵琶
3	拍板
4	笙
5	腰鼓
6	鸡娄鼓和鼗鼓
7	拍板
8	横笛

▲ 敦煌莫高窟第112窟　主室北壁　中唐

鼓面很大，鼓身布满精美的花纹。

乐伎将腰鼓放在腿上，双手扬起用力敲击。

行走的乐伎

这三位行走的乐伎就是一支三人乐队，乐队以吹打乐器为主。三位乐伎，各自手持不同的乐器，徐徐行走，奏出悠扬的乐声。伴随着篪和笙的曲调，拍板在这小型乐队中起着伴奏和指挥的作用。

这位乐伎双眼微合，双手捧笙，完全进入演奏状态。

手持拍板的乐伎正张口吟唱，十分投入。

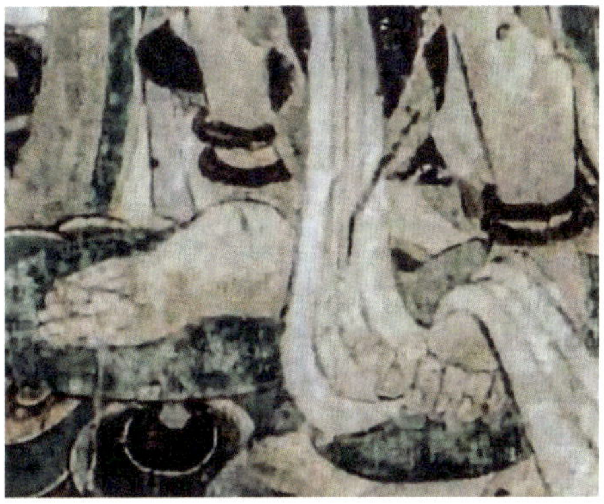

大拇趾翘起，情不自禁地起伏击地，应和音乐节拍。

1	篪
2	笙
3	拍板

◀敦煌莫高窟第159窟　主室西壁　中唐

▲敦煌莫高窟第217窟　主室北壁　盛唐

5

他们歌声清脆悦耳，步履轻盈矫健，衣裙飞旋飘逸，一道道曼妙的S形曲线，出胯、冲身、折腕、提膝……

敦煌舞蹈

异彩纷呈的舞蹈

沉寂千年的舞姿，再现当时的浩气磅礴，盛况空前。

中原文化与西域文化的碰撞

敦煌文化中的舞乐，上起十六国，下迄宋元，上下绵延千余年。由于敦煌地理位置的特殊，西域的歌舞艺术宛如潮流一般涌入中原，同中原舞乐文化互相碰撞、交融，在敦煌壁画中留存下了珍贵的演化痕迹，让它既具我国民族特色，又平添一份异域气息。

在敦煌莫高窟历代洞窟中，几乎每个洞窟都留存着大量千姿百态的乐舞图像。乐与舞是一对孪生姐妹，乐中有舞，舞中有乐。

迅捷刚劲的健舞

- 胡旋舞
- 胡腾舞
- 一边胡旋，一边胡腾

▲ 敦煌榆林窟第16窟　主室南壁　五代

胡旋舞

圆毯上舞，急旋如风。

胡旋舞由西域的游牧民族传入中原。胡旋与胡腾均源自粟特词汇，胡腾是音译，胡旋是意译。胡旋舞节拍鲜明欢快，史书中虽记载有武延秀、安禄山等男性跳过此舞，但大多是由女性舞伎来表演。

胡旋舞伎头戴明珠配饰，手持彩色轻巾，欢快的舞蹈节奏多以打击乐、弦乐为伴奏，鼓节一响立刻翩翩起舞，慢转时如潜鲸逆波，急转时如霰雪流电，或急或缓，旋转迅疾如飞，妩媚动人。

他们披着长发，戴着手镯和臂钏。

舞伎站在一个小圆毯上，旋转跳跃，跳舞的过程中脚始终不离开圆毯。在很小的空间内急速旋转，难度相当大，也更能展现舞伎的技艺高超。

莫高窟第220窟立于右侧圆毯上的两位舞伎，正是跳着双人胡旋舞，他们的舞蹈形态，成双对称。

胡旋女，胡旋女。心应弦，手应鼓。
弦鼓一声双袖举，回雪飘飖转蓬舞。
左旋右转不知疲，千匝万周无已时。
——白居易《胡旋女》

身上挂着的璎珞随着舞动甩出优美的弧度，不断碰撞，发出清脆的声音，悦耳动听。

胡旋舞的舞姿更为律动，具有西域的民族特色。和中原的柔美、含蓄相比，让人更能直接地感受到热情与欢快。

下身穿着宽大长裙。

上身穿紧身短袖衫。

赤足轻点舞筵。

◀敦煌莫高窟第220窟 主室北壁 初唐

手中挽着巾带，左腿侧吸，右腿支撑，向后推胯，旁边的另一位舞伎动作与之对称，相对而舞，两位舞伎动作既轻捷，又不失力度。

梳着高髻，脑后散着长发。

舞伎体态丰腴，热情且活泼奔放。

他们正面站在各自的小圆毯上，赤足而舞。

虽然壁画上的舞姿是静态的，但却给人一种强烈的动感，或跳跃，或旋转，刚劲中略带柔曼轻盈。

敦煌莫高窟第220窟南、北壁的3对舞伎的6身舞姿，给我们提供了正面、侧面、背面3种造型的图像欣赏。

他们的神情十分专注。

上身袒露，下身穿着深色的卷边大口花裤，外罩纱裙。

身上挂着璎珞，佩戴着手镯和臂钏。

虹晕轻巾掣流电，左右旋转不知疲。

◀敦煌莫高窟第220窟　主室南壁　初唐

胡腾舞

花毯上舞，腾轻如燕。

胡腾舞是一种刚性十足的男性舞蹈，舞伎一般是男性，颔首扬眉，步态迅疾敏捷、腾踏跳跃、快速多变，在西域舞蹈中别具一格。

舞伎足下的动作，足踏花毯，双靴闪动，以疾速旋转的跳、腾、踏、蹴为主，运用了西域舞蹈常用的蹉步、移步、碎步、跺步等腾跃技巧，整个舞姿呈现出“东倾又西倒”的情趣。

◀关于胡腾舞传入我国的具体时间，史籍中没有明确的记载。河南安阳范粹墓出土的公元575年的黄釉舞乐扁壶展现了我国目前最早的胡腾舞图像。

两位舞伎各站在一块花毯上相对而舞，为了和右侧两位舞伎的舞姿相呼应，他们背向而舞。

右手持巾带，左手向身后反转下压，左腿掖在膝后向上提起。另一名胡腾舞伎动作正好与他相反，形成对称，动作姿态都显得刚劲有力。

“扬眉动目踏花毡，
红汗交流珠帽偏。
醉却东倾又西倒，
双靴柔弱满灯前。
环行急蹴皆应节，
反手叉腰如却月。”
——李端《胡腾儿》

他们头戴宝石头冠，身穿盔甲。

佩戴着手镯、璎珞。

◀敦煌莫高窟第220窟 主室北壁 初唐

一边胡旋

如何跳

——旋转与腾跳

胡旋舞与胡腾舞的主要区别其实不仅在于舞伎性别，也在于舞姿的不同，一个是“腾”，急蹴地腾跳；一个是“旋”，飞速地旋转。胡腾舞是环行，胡旋舞是旋转。

在哪跳

——圆毯与花毯

舞具上，胡旋舞是圆毯或者裘毯，而胡腾舞是花毯。

敦煌莫高窟第334窟 主室北壁 初唐 线稿 臧凯稚整理

一边胡腾

谁在跳

——男与女

胡旋舞有更多连续、轻捷、快速的旋转动作，更适合女性舞伎表演；而胡腾舞重点在于高难度的腾踏动作，刚劲英武，更多的是男性舞伎表演，诗中对胡腾舞舞伎的描绘也都是男子。

◀敦煌莫高窟第334窟 主室北壁 初唐 线稿 臧凯稚整理

▲敦煌莫高窟第159窟　主室南壁　中唐

巾舞

优美柔婉的软舞

巾舞

巾带低垂，长绸飞舞。

巾舞，因表演者执巾舞蹈而得名，是唐代敦煌壁画中数量最多、最常见的舞种。舞伎手中的长巾不仅仅是他们身上的装饰，更被当作舞具使用。这些乐舞画面几乎把唐代宫廷中的巾舞舞台搬到了眼前，在长绸飞舞中一睹唐舞惊艳众人的风采。

在唐代壁画中，舞伎一改北朝时期在天宫门洞内，探出半个身子舞动的模式，而是实实在在地脚踩舞筵的毯子翩翩起舞。他们的舞姿正是唐代宫廷舞伎的艺术再现，舞蹈造型丰富，有挥巾的，也有击鼓的，还有抱琵琶而舞的，千姿百态，异彩纷呈。

头梳着高髻，颇有唐韵。

双手执巾，一手高举过头顶，一手向一侧伸展开，做出舞蹈“顺风旗”姿势。

“顺风旗”姿势也是敦煌壁画舞图中常见的姿势。

舞伎曲线圆润，服饰华美，温婉典雅。

舞伎侧向对舞，左腿直立，右腿做“吸腿”的动作，曲于左膝之上。

舞伎站在方毯上，倾身低头，舒展双臂而舞。

香散飞巾，光流转玉。——谢偃《观舞赋》描述巾舞伎的舞姿

◀敦煌莫高窟第320窟　主室北壁　盛唐

边跳边舞

- 琵琶舞
- 腰鼓舞
- 一边腰鼓，一边琵琶
- 出行舞

▲ 敦煌榆林窟第16窟　主室南壁　五代

关于反弹琵琶，有很多看法认为，将琵琶高举到颈后恐怕是无法反手弹奏的，敦煌壁画上所绘的反弹琵琶并非真实场景的再现，而是融入了画工自我创作意识的艺术再创造，琵琶在此应是一件道具，为舞蹈增添别样的魅力。

这就是闻名遐迩、被广为宣传的“反弹琵琶”舞。

体态下沉，出胯、冲身、低头形成三道弯的S形姿态。

壁画中，舞伎的舞姿是静态的，却给人一种强烈的动势感。又奏乐又跳舞，把高超的弹奏技艺与绝妙的舞蹈本领结合一体，让人叹为观止。

▲ 在出土的长安贞顺皇后墓石椁线刻画中，就有这样的胡人形象的“反弹琵琶”造型。

琵琶舞

巾带低垂，长绸飞舞。

在壁画中持舞具作舞的场面有很多，有持巾带的，有持花朵的，有持琵琶的，也有持腰鼓的，其中以持琵琶边弹边舞的最多。

画面中的舞姿，竖抱琵琶、伸臂横抱琵琶、侧手斜抱琵琶，多种多样，但我们最常见也最熟知的还是当数造型奇特的“反弹琵琶”了！“反弹琵琶”是中国唐代舞蹈文化中最著名的艺术形象之一。

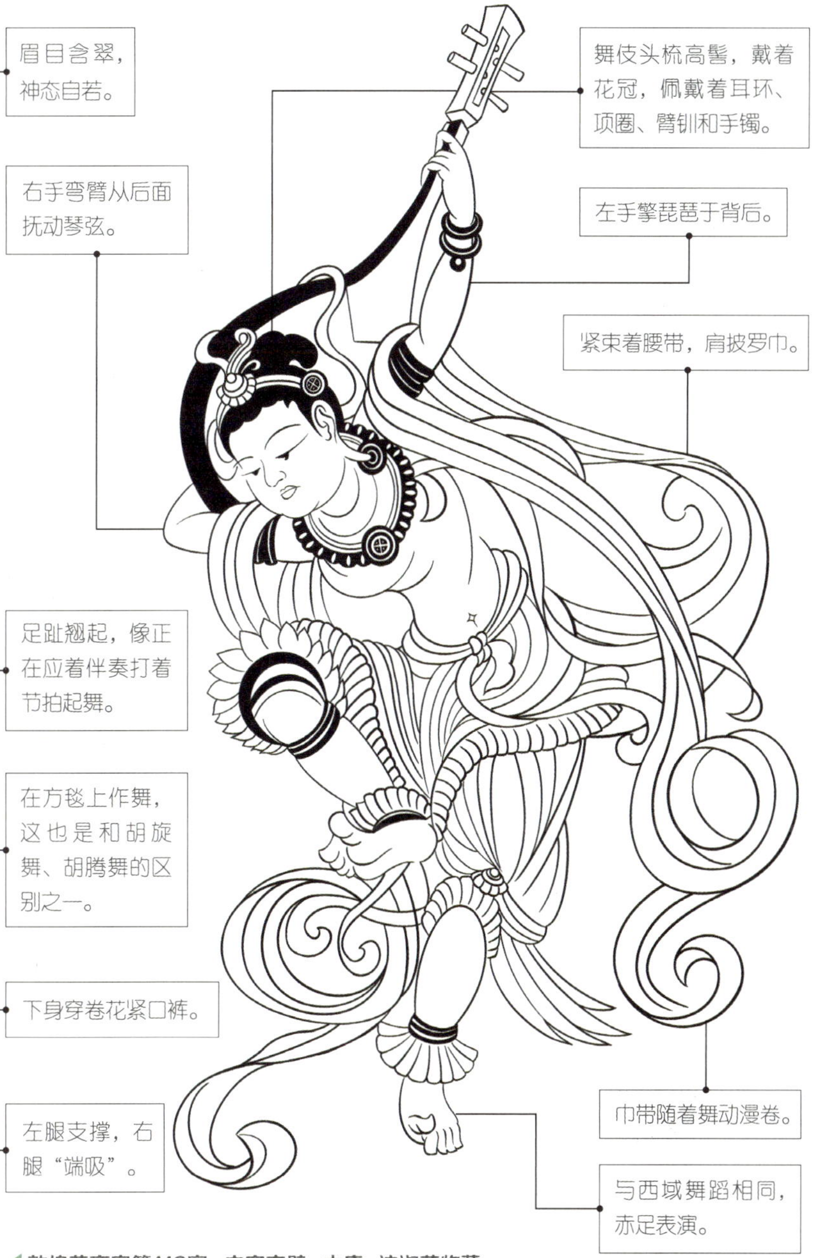

◀ 敦煌莫高窟第112窟 主室南壁 中唐 沈淑萍临摹

腰鼓舞

鼓动舞起，曼妙和鸣。

在敦煌壁画乐舞场面中，腰鼓舞出现非常多，充当舞具的腰鼓，被称为细腰鼓更为准确。以细腰鼓作为舞鼓，有着十分悠久的历史。

壁画中，舞伎使用的腰鼓大小不一，有的挂在腰间或腹前，也有的高挂胸前。其中，最被熟知的就是榆林窟第25窟南壁中央的腰鼓舞画面，画面中的舞伎双臂平展，奋张手指，一副用力击鼓的姿态。在唐代，腰鼓舞虽被文献记载不多，却是当时非常流行的舞蹈形式，而且一直演变、发展、流传至今。

指关节奋力贲张，似乎随时就要击打在鼓面，发出浑厚的乐声。

舞伎的丝带，右手为螺旋绸花，左手为八字绸花，说明舞伎双手舞动的方向不同，分别为顺圆和八字，一边击打腰鼓，一边挥巾舞蹈，舞技高超得让人难以想象。

舞伎击鼓的同时，长巾还随着乐曲的节奏回转流动。

在鼓身两端各有一个孔环，用绳穿起挂在胸前。

左腿蹬地，右腿上盘至膝盖。

脚掌外翻，脚趾用力翘起。

在方形的舞筵之上，丰腴的舞伎一面拍击，一面舞蹈，精彩绝伦。

◀敦煌榆林窟第25窟　主室南壁　盛唐

一边腰鼓

中唐莫高窟第112窟中的“反弹琵琶”最出名，广为人知。但在盛唐时期的第172窟中也有一幅“反弹琵琶”，绘画出现得更早，而且还是腰鼓与反弹琵琶的对舞形式，整体画面极其精彩。

舞台中央花毯上，一对舞伎，一拍腰鼓，一反弹琵琶。两人挥带对舞，长巾绕体，飘逸流畅。

舞伎腰间挎细腰鼓，两臂伸展，有节奏地用双手击鼓。

身材丰腴，动作刚劲有力，奔放矫健。

舞伎的基本形态保存得比较完整，鲜活的人物形象依旧楚楚动人。

右脚撑地，左腿提起，做吸腿的动作。

一边琵琶

▲敦煌莫高窟第172窟　主室南壁　盛唐

琵琶弦繁腰鼓急，盘风舞衫香雾湿。

出行舞

威武喧闹，鼓吹歌舞。

在敦煌壁画中，有一种舞蹈出现次数不多，仅4幅，但舞蹈场面都很恢宏，人数众多，充分地反映了当时现实生活和社会风貌，它就是出行舞——在出行图中展现的一种民间民族舞蹈。

在行进的队伍中出现的乐舞场面。

舞伎两排，共8人。

穿着华丽鲜艳的民族服饰，跳着风格鲜明的民族舞蹈。

两旁是伴奏的乐队，载歌载舞。他们生动优美的舞姿，至今我们还可以在少数民族舞蹈中经常见到。

旗帜招展中，鼓角齐鸣，载歌载舞，气势雄伟。

◀敦煌莫高窟第156窟　主室南壁　晚唐

▲敦煌莫高窟第112窟　主室北壁　中唐

乐扬舞起

- 灯火辉煌，歌舞翩跃
- 定格盛唐，精彩瞬间
- 翩若惊鸿，婉若游龙
- 与众不同，造就经典
- 丰腴姣好，热闹非凡

灯火辉煌，歌舞翩跃

莫高窟第220窟北壁下部的乐舞场面，是敦煌壁画乐队人数最多、乐器品种最全、绘制最精致写实的一铺。

壁画上有“贞观十六年”的纪年题记，中间是舞伎，乐队居两侧，人物众多，但神情无一雷同，动静结合，逼真生动。

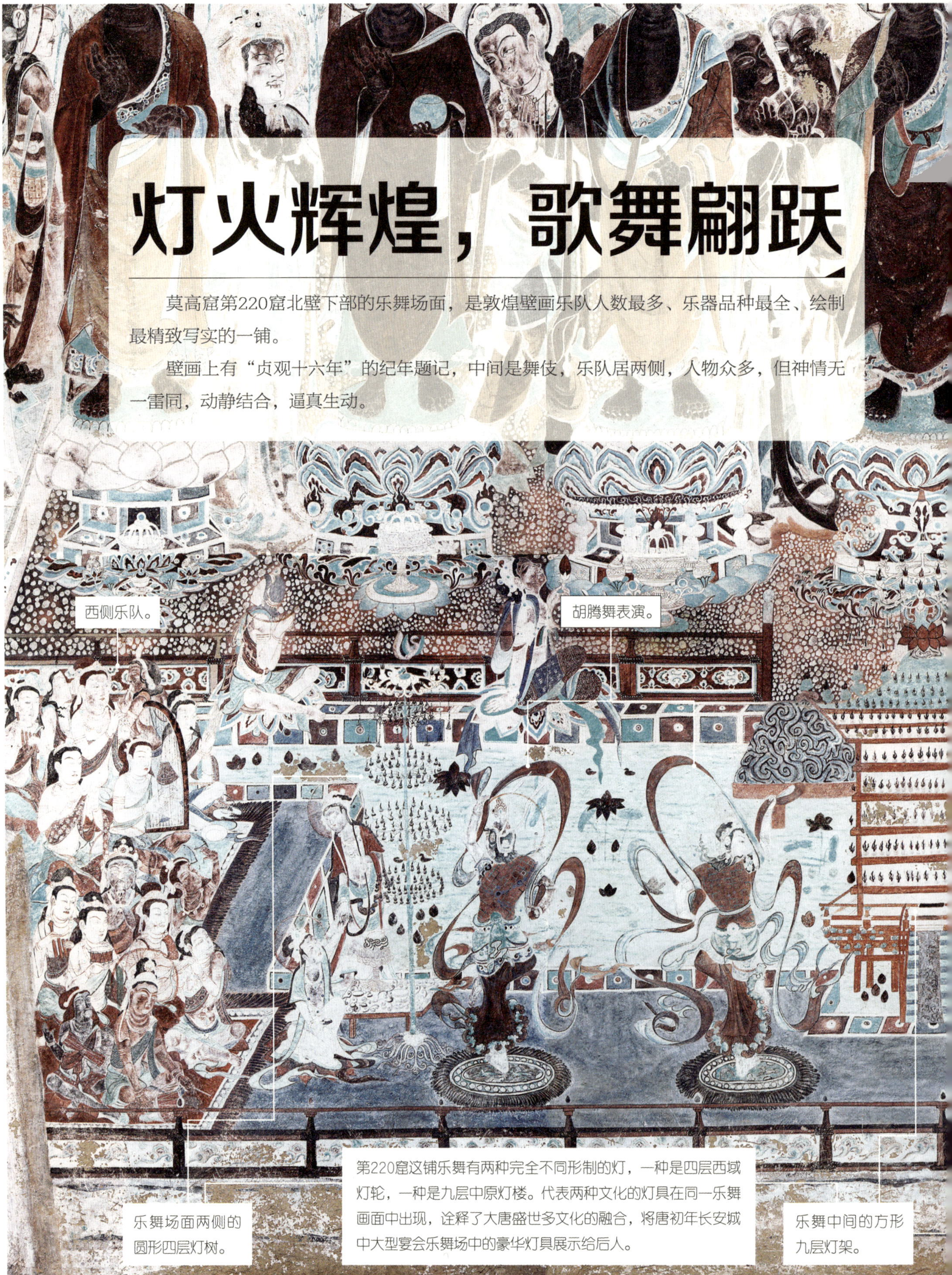

第220窟这铺乐舞有两种完全不同形制的灯，一种是四层西域灯轮，一种是九层中原灯楼。代表两种文化的灯具在同一乐舞画面中出现，诠释了大唐盛世多文化的融合，将唐初年长安城中大型宴会乐舞场中的豪华灯具展示给后人。

▲敦煌莫高窟第220窟 主室北壁 初唐
王雅卓、那玉成、于兆科、刘智勇、王俊彪、杜政坤、冀晓东、毛雨彤、杨浩、李赞、余志雯、蔡晓丽临摹
中国艺术研究院工笔画院供稿

16人乐队，左右两侧各8人坐在方毯上。

乐伎演奏着琵琶、笙、筝、竖笛、箜篌、方响、排箫。

莫高窟第220窟南壁的乐队也极具特色，是初唐描绘乐舞场面的代表作之一。乐队共16人，每组8人分坐两侧，整个画面构成井然有序，场面生动逼真，恢宏绚丽。

这位乐伎，轻纱透体，璎珞坠环，装饰华丽，横抱琵琶，用拨子演奏。

上排最左边乐伎，由于被遮挡，看不到其手中持有何种乐器。

▲ 敦煌莫高窟第220窟 主室南壁 初唐

右侧乐队，8人坐在方毯上，演奏着羯鼓、腰鼓、答腊鼓、竖笛、横笛、埙、排箫。

打腰鼓的鼓手坐在乐队前排显著位置，在乐队中起到领奏的重要作用。

敦煌壁画“埙”的图像仅见于莫高窟第220窟一例，即此处乐伎双手捧埙。

乐队的配置及人数的多少，与舞蹈的表演形式有一定的关系。这组乐舞人数达到16人，在当时已是比较大型的乐舞演出形式。

西侧乐队乐伎演奏着答腊鼓、腰鼓、鸡娄鼓和鼗鼓、羯鼓、横笛、海螺、拍板、排箫。

中央有一对舞伎，其一拍腰鼓，另一反弹琵琶。

东侧乐队乐伎弹奏着筝、琵琶、阮咸、箜篌、拍板、筚篥、箫、笙。

▲ 敦煌莫高窟第172窟　主室南壁　盛唐

定格盛唐，精彩瞬间

盛唐时期的第172窟，是最早出现反弹琵琶舞姿的洞窟，展示了一场完美的大型乐舞演出盛况。尽管这幅乐舞图历经千年之久，色彩因铅氧化变黑，但乐舞伎的基本形态保存得比较完整，鲜活的人物形象依旧楚楚动人。

翩若惊鸿，婉若游龙

西侧乐队乐伎演奏着拍板、筚篥、笙、五弦琵琶、箜篌。

盛唐时期的第320窟的乐舞场面，乐伎共10人，是吹、弹、打并重的乐队组合，吹奏乐以横笛为主，弹拨乐以琵琶为主，打击乐以拍板为主。这样的组合，在音量上适度平衡，音响效果非常饱满。

▲ 敦煌莫高窟第320窟 主室北壁 盛唐

一位舞伎，左腿直立，右腿盘靠左膝；两手握长巾起舞，为“顺风旗”姿势。

乐队10人，以舞伎为中心，八字排开。

东侧乐队乐伎演奏着铜铙、横笛、拍板、排箫、方响。

▲ 敦煌莫高窟第112窟　主室南壁　中唐　沈淑萍临摹

以舞伎为中心，乐队在两侧，以八字形排列。

这个乐队中的乐伎手中拿着的阮，是梨形的，长长的柄，鸣箱很小，音色会很清脆。乐伎用右手弹弦，左手按弦演奏。

坐在画面右侧的乐伎所演奏的均为弹拨乐器，左侧的乐伎演奏的是2件打击乐器和1件吹奏乐器。

与众不同，造就经典

莫高窟第112窟南壁的乐舞图，是中唐壁画中具代表性的一组乐舞。乐舞中画着6身乐伎，1身舞伎，乐伎对称分坐在两侧演奏。舞伎合着乐声，舞带展卷，屈身吸足，双手将琵琶举在身后。

反弹琵琶舞伎，头束高髻，戴宝冠。

六身乐伎均梳平髻，且无冠饰，显得简洁单纯。

这位乐伎用拨子演奏着梨形琵琶。

为了丰富乐队中弹拨乐器的音色，琵琶与阮常常搭配在一起演奏。

乐队中，琵琶与拍板分别在两排的最前端，主要是为了起节奏性的伴奏作用，适合演奏一些比较抒情、柔美的乐曲。

舞伎表演腰鼓舞，体态丰腴高大，但定格的动作看起来却轻捷，并不笨拙。

丰腴姣好，热闹非凡

榆林窟第25窟南壁中，是公认的敦煌中唐最有代表的乐舞洞窟之一，也是保存乐舞画面最完整的洞窟之一。在七宝池殿前的平台上，8人组成的乐队呈八字形分坐在方形舞筵两侧，中间舞伎表演着腰鼓舞。整个舞乐图气氛热烈而庄严，线条圆润流畅，构图精致华丽。

前方还有一个童子应着乐曲舞着。

乐队以吹奏为主，在乐队中，除琵琶与拍板外，其余6件乐器都是吹奏乐器，有横笛、竖笛、排箫、筚篥、笙、海螺。

排头这位手持拍板的乐伎，微启朱唇，似乎在边拍边唱。

壁画中的竖笛与横笛一般同时出现。

▲ 敦煌榆林窟第25窟　主室南壁　盛唐
谢素琼临摹 中国艺术研究院工笔画院供稿

6

斗转星移，穿越千年的壁画把历史长河里那些或著名或无名的故事带到我们面前……

敦煌故事画

连载千年的"国漫"

一幅幅故事画向世界讲述历史留在敦煌的繁华。

墙壁上的历史书

敦煌壁画不仅是中国古代艺术的瑰宝，还蕴含着丰富的神话和传说故事，这些故事或寄托了人们对美好的向往，或见证了重要的历史时刻，因为宗教属性，很多记录被杜撰或改变，但不得不说是佐证史实的珍贵资料。

▲ 敦煌莫高窟第285窟　主室南壁　西魏　吴芳、肖海英、周娜临摹

城中耸立着佛塔，使者一行人知道了金人实际上是佛像。

城门口站着两名僧人，僧人旁的榜题写着“大夏时”，描绘了张骞（也有说是张骞的副使）最后到了大夏国。

一位使者带着两位持旌节的侍从经行山间，向一座城池进发。

图中大面积的群山，表现了张骞此行路途遥远。

张骞身后是手持旌节的侍从，旌节是古代使者所持的节，以为凭信。《史记》记载：“留骞十余岁，与妻，有子，然骞持汉节不失。”张骞被匈奴人扣留了十多年，但他仍然手持汉朝的旌节，从来没有丢失过，可见旌节的重要性。

骑马者是汉武帝，帝王的对面，持笏板跪拜者就是张骞。

张骞

凿空西域的使者。

莫高窟第323窟北壁东侧绘有《张骞出使西域图》，以连环画的形式记载了张骞第二次出使西域的场景。故事情节在画面中呈U形展示，顺序为右上汉武帝在甘泉宫拜金像，底部张骞辞别汉武帝，左上角是张骞所遣副使经过千山万水最终抵达大夏国。虽然画面所绘与史实记载有所出入，张骞出使西域不可能单纯为了查证金像来历，但也佐证了张骞出使西域这一史实。

张骞

汉代杰出的外交家、旅行家、探险家，丝绸之路的开拓者。先后两次奉汉武帝之命出使西域，打通了汉朝通往西域的南北道路，即赫赫有名的“丝绸之路”。

甘泉宫外，汉武帝和臣属跪拜金像，中间较为高大的便是汉武帝，旁边立有持笏六人。

一座挂着“甘泉宫”匾额的宫殿，殿内两身金像，是汉朝打败匈奴后获得的祭天金人像。

榜题上写着：“汉武帝将其部众讨匈奴，并获得二金长丈余，列之于甘泉宫。帝为大神，常行拜谒时。”

榜题上写着：“前汉中宗既获金人，莫知名号，乃使博望侯张骞往西域大夏国问名号时。”此榜题内容指明张骞此次出使的目的是查证所获金人（佛像）的名号，如果与史实记载对照，那画中所绘应是张骞第二次出使西域。

▲敦煌莫高窟第323窟 北壁东侧 初唐

张议潮

被人遗忘的英雄。

莫高窟第156窟南壁下方，以长卷形式展开绘制的《张议潮统军出行图》，高108厘米，长855厘米，共绘有人物100余身，其中鞍马人物80身。无论人马，皆雄姿壮丽，气派非常。

画旁题书："河西节度使检校司空兼御史大夫张议潮统军除吐蕃收复河西一道行图"，简称"张议潮统军出行图"。因年代久远，已经模糊不清。

戴花帽，穿单色缺胯衫，系革带，穿白靴，手持仪刀，题为"银刀官"。此图中银刀官8人，且为步骑，为当时节度使仪刀之制，与《新唐书·仪卫志》中所书当时唐代廷官员"四品、五品，仪刀八"吻合。无论是"仪刀八""六纛"还是"信幡二"，都是表明了张议潮的节度使身份。

持节骑（旌节）：骑兵仪仗，彪悍的骑兵环护着旌节，是皇帝敕封的标志。

画面正中绘制一人，鞍马和人物皆比其他人大了一圈。此人身穿圆领红袍，系革带，座下白马，手执短鞭，正是主角张议潮。

张议潮

沙洲敦煌人。公元848年，他散尽家财，招募义士建立军队，以归唐为口号，将吐蕃赶出了沙洲城，并迅速横扫整个河西，同时向唐宣宗发去捷报，宣宗大喜过望，自此张议潮的军队有了名字——归义军，张议潮任第一任节度使。张议潮的归义军以破竹之势收复了瓜沙十一州，收复了吐蕃统治近百年之久的河西四千里失地，六郡山河，宛然而旧。从张议潮开始，此后其兄弟子侄、祖孙三代人，历任归义军节度使，为大唐镇守河西七十余年。

听！敦煌在说话。

门旌信幡，稍大的旗帜为门旌，即门旗，立于军门外的旗帜，出行时随六纛之后。门旗之后细长的为信幡，实际上是为后面的旌节开路，作为将帅出行的前导。门旌信幡各一对，与《新唐书·仪卫志》中所书当时唐代廷官员“四品、五品，信幡二”吻合。

军前舞乐，八名舞者排成两队，甩动长袖相对而舞。后面跟着乐队十余人，各种乐器，可见拍板、笛、箫、琵琶、箜篌等，乐队与舞队合作而动，载歌载舞。

六纛，执旗者三对，分列左右。每旗飘七带，杆首有椭圆形物。《新唐书·百官志四下》记载：“通常节度使行则建旌，树六纛，以示威严。”

画面骑兵甲械齐整，旌旗鲜明，队伍拥着“信”字大旗，因年代久远，“信”字已模糊不清。

▲ **敦煌莫高窟第156窟 南壁 晚唐**
王娇艳、刘闻涛临摹 中国艺术研究院工笔画院供稿

田园草地的绿色横条和表现田埂阡陌及大道的灰白色横条作为统一的背景横贯全图，正是敦煌沙漠绿洲中天宽地阔、一望无际的地理环境。

图中用了大量红色，众多的红衣、红马，造成画面暖色调的色彩感和热烈气氛。

导引官，衙官：引导官2名并排站在队伍的中间，后跟文官侍从5对。画面上方一队旁题记左马步都押衙等。下方题记已分辨不清。

横吹队：画面从右至左，依次绘制了鼓手、角手各四人，分列左右。8人均穿戴同式样的毡帽、缺胯衫、革带、白靴，衣饰华丽，边舞边行。

执矟武骑，“矟”是当时的一种新型兵器，也用于仪仗之中，张议潮出行图中的执矟武骑就是轻装骑兵的典型。

武骑戴尖角顶顿项兜鍪，顶端上竖一尖锥状装饰物，下有护肩、臂韝，着半臂横纹长身铠甲，束腰带，看起来威风凛凛，气势雄壮。

九色鹿

童年记忆里的神兽。

九色鹿故事画为横卷式连环画，绘有8个情节，由左右两端开始，中间结束。画面精巧生动，表现了人物的神情和内心活动，宣扬了善恶有报、仁义助人的思想。

九色鹿昂首挺立、慷慨陈词，毫无卑屈之态，突显出不畏强暴的一面。

国王低眉俯首聆听九色鹿的陈述，表现出慈悯和关怀之情。

善良

场景 ①
九色鹿救起溺人调达。

场景 ②
调达跪地向九色鹿谢恩。

场景 ⑤
九色鹿向国王控诉调达。

最左面是变为黑色的九色鹿在河边跳跃玩耍。

按照故事背景，此河是印度恒河，绿色的河水与土红色的岸边形成鲜明对比，斜向的河流和山峦排列，体现出一定的透视感。

九色鹿虽为九色，画师却用白色作为鹿的主色，再用石绿、赭石在鹿身上点彩示其九色。

石绿、赭红、白、黑几种颜色的山石交错排列，在画的空隙里，又以白色或绿色的花草点缀，丰富了整幅画的装饰效果。

画中的色彩运用亦富装饰性，全画以土红色为底色，绚烂而神秘，有深厚沉稳的效果。

被救者受到惩罚，身长白疮。值得注意的是，画师还是在他头上画了一个头光，有失足人也可以弃暗投明、重新做人的深意。

这辆车为安车，单马拉车，双辕双轮，车舆为全封闭式，圆弓形顶盖，造型精巧别致。这是敦煌壁画中最早出现的车辆图像。

王后以右臂揽住国王肩膀，扭头朝向国王，一只脚丫翘起外露，尽显撒娇之态。

邪恶

▼敦煌莫高窟第257窟 主室西壁 北魏

场景 ④
国王率军捉九色鹿，乌鸦叫醒九色鹿。

场景 ③
王后要捉九色鹿，调达告密。

画中黑、蓝、白三匹马，有着中国古代画马喙尖腹细的特征，它们虽弯腿细蹄，但筋骨强健，双耳直竖，似在喷鼻刨蹄，有脱缰昂首奔前之状。

门楼似在殿前，但按屋顶关系又似在殿侧。大门深嵌在墙中，门上有木过梁。殿堂、门楼都作“悬山顶”，腰檐上有栏杆。墙上有壁带增加墙体强度，用以防止墙体承受荷载之后变形，同时也有装饰墙体的作用，殿内檐下张挂帷幔。

舍身救人

在古印度的恒河岸边，住着一头美丽的鹿王，皮毛花纹灿烂，能变化九种颜色。一天，九色鹿在河边散步游玩，听见一阵急促的呼救声，循着声音望去，一个落水者在水中挣扎。它不顾自己的安危，跳进水里，让落水者趴在自己身上，抱住自己的脖颈，将落水者救了上来。

约定与承诺

落水者名叫作调达，是一名捕蛇人，他非常感激鹿王救了自己，跪在地上跟九色鹿说道："为了报答你的救命之恩，请允许我做你的仆人吧。"九色鹿平静地说道："我不需要你的报答，你只要答应我一点就可以了，如果有人问起我的行踪，请你保守秘密。"调达对天起誓，自己一定会信守承诺，如若背叛誓言，将浑身长满毒疮痛苦而死。

贪婪与背叛

调达回到城里，看到城门贴着一张告示，原来王后做了一个梦，在梦里她见到一头美丽的鹿，皮毛花纹绚烂，可以变换九种颜色。爱美的王后醒来后一心想用九色鹿的皮毛做衣裳，就央求国王捉拿九色鹿。国王耐不住王后的撒娇，愿意用半国土地和无数金银悬赏报告九色鹿行踪之人。看到丰厚的赏金，贪婪的调达将誓言抛诸脑后，来到国王的宫殿告密。

出卖

国王让调达带路，调达忘记了誓言，却把路线记得很清楚。他带领国王的马车和军队穿过山峦和森林，来到九色鹿救起他的地方。

善恶因果

熟睡的九色鹿没有意识到危险的到来，乌鸦叫醒它的时候，已经被王国的军队包围了。九色鹿看到调达后，一下就明白了一切。只见它没有丝毫的惊慌，反而昂首挺胸地来到国王面前，讲述了自己舍身救人的经过，国王俯首倾听，被九色鹿感动，下令不许伤害九色鹿。背叛者调达因为违背誓言，全身长满了毒疮。

听！敦煌在说话。

画面的空隙绘有天花、流云，它们布满空中，配合旌旗飘动，让整个画面看起来气势宏大。

乘鸾持节方士。节，指的是“旌节”，即图中方士手持之物，形如一竖串三角形小旗。

凤车侧下方绘有文鳐，身下有长虹般的红色云气。文鳐出自《山海经·西山经》，又名“燕鳐鱼”“飞鱼”。形状像鲤鱼，长有鱼的身体，鸟的翅膀，白头红嘴，身上有苍色斑纹，常在夜间飞翔。

她是山海经中人面虎身的天神，是《穆天子传》里让周穆王着迷的美女国王，也是给后羿长生丹药并让嫦娥奔月的天神。

▲敦煌莫高窟第249窟　主室南披　西魏

西王母

纵横于各个传说中的神女。

莫高窟第249窟主室南披，顶部中心绘《西王母出行图》，整个画面色彩斑斓，飘逸非常，将西王母这一高贵神秘的女神形象渲染得超凡出尘。画面通过对流云、旌旗、襟带等细节的刻画，让画中人物灵动飘飞，呼之欲出。

《西王母出行图》表现了古代先民对西王母的崇拜，同时也反映出当时人们丰富的想象力，整个画面充满神秘又浪漫的色彩。

画面中间的人物就是西王母，表情威严，头梳高髻，身穿黑色对襟大袖衫，赭红色衣缘，白色束腰。

车上悬三檐伞盖，车后挂石青色条状旌旗。

三凤驾车，三凤即三青鸟，这三只青鸟是西王母的侍从。《山海经·海内北经》记载："西王母梯几而戴胜杖。其南有三青鸟，为西王母取食。"

白虎神兽，形似龙身，全身轮廓线已经褪色，变得很淡，但身体两侧形如黑色火焰的翅膀以及嘴里吐出的红舌，尚为清晰。

西王母形象的演化史

《山海经》中半人半兽的上古神

"其状如人，豹尾虎齿而善啸，蓬发戴胜，是司天之厉及五残。"最开始《山海经》中记载的西王母人面虎身，虎齿豹尾，住在洞穴里面，掌管着天上的五行灾疫和五刑残杀之气。

周穆王西征遇到的女帝

《穆天子传》记载，周穆王西征遇上西王母，在民间还流传成一段爱情故事。可见这时的西王母已经不再是一个半人半兽的形象。一些史学家分析，西王母可能是西域部族的女首领。

汉朝之后拥有不死仙药的吉神

《淮南子·览冥训》记载的嫦娥奔月的故事中，给了后羿长生不死药的神就是西王母，而且形象也变得雍容华贵，《汉武帝内传》描述"王母上殿东向坐，着黄金褡襡，文采鲜明，光仪淑穆"。

东王公

为配对而生的古神。

莫高窟第296窟西壁龛外北侧上方绘有《东王公出行图》，这也是一幅神仙巡天题材的壁画，与龛外南侧上方绘制的《西王母出行图》遥相呼应，两幅画都是主角乘坐仙车，前后有飞天和神兽等随行，场面热烈，行进疾速。

画中的主角是中国神话体系中一位重要的人物——东王公。有关东王公的记载最早出现在汉代，相比出现于《山海经》里的西王母就晚了很多。所以很多学者认为，东王公的出现是始于中国人对阴阳平衡的执着，因为有执掌女仙的西王母，那自然就有执掌男仙的东王公。

在敦煌莫高窟壁画中，西王母和东王公都是成对出现，而且画面中的元素也是相对应的。

车前有一蓝色双翼、兽身人首的力士乌获随行，一般在西王母出行图中也有乌获的身影。

四龙驾车，与西王母的三凤车对应，东王公的出行是由四龙驾车。

和西王母出行图一样，东王公龙车旁也伴有长着翅膀的神鱼——文鳐相随。

前后两组飞天相随，飞天也是东王公和西王母出行图中常见的元素。

东王公身份的传说

周穆王

因为周穆王西行与西王母会面的传说，所以很多东王公的形象是以周穆王为原型绘制的。

东华帝君

关于东王公的记载一般都出现在汉代，被认为是掌管“阳”的神，有“东华紫府少阳帝君”之称，也就是影视剧中经常出现的东华帝君。

吕洞宾

后世的一些传说中，经常会把一些男性成仙者或得道者冠以东王公转世的角色，其中最有名的就是吕洞宾。

▲ 敦煌莫高窟第296窟　西壁龛外北侧　北周　薛长伟临摹　王丹丹指导

旌旗招展，增加了画面的动感，与飞天的飘带、车顶的华盖相辉映，让整个画面看起来气势如虹。

天花飞舞，散落于画面的缝隙中，以此来表现行进队伍的速度非常快。

车顶的华盖被风轻轻吹起，繁复的华盖样式彰显了东王公的身份。

在敦煌壁画中，东王公与西王母都是成对出现，东王公的对面永远都是西王母。

头上有一张牙舞爪的龙，这表明其为八部中的龙众。

画中人物眼睛圆睁，双手相扣于胸前呈祈祷状。

◀ 敦煌莫高窟第158窟 西壁 中唐 叶芷瑜临摹

◁ 呼风唤雨的龙众

与传说中的龙既有相似之处，又不尽相同，主要生活在水中，能够行云布雨，而且拥有大量珠宝，是海中的富豪。

▷ 歌神紧那罗

通常头着鹿饰者被认为是八部中的紧那罗，是诸天的音乐神之一。

人物长相颇凶，但头饰上的雄鹿却显得温文尔雅，形成鲜明的对比。

人物表情悲痛，眉头紧锁，方口微张。

◀ 敦煌莫高窟第158窟 西壁 中唐 王勇昌临摹

▲ 敦煌莫高窟第158窟 西壁 中唐 张朝良临摹

△ 演奏家摩睺罗伽

摩睺罗伽为无足、腹行之蟒神，传说善于演奏乐器。

蟒神鹰鼻鹞眼，碧眼赤发，英气非凡。

蛇仰首立在摩睺罗伽的头顶，形象生动，蛇冠表明了摩睺罗伽的蟒神身份。

◁ 金翅鸟迦楼罗

头戴金翅鸟的为迦楼罗，传说中取龙为食的金翅鸟王。

金翅鸟喙有明显特征，状如秃鹫喙。

图像下方面部颜色已大半脱落，但仍能看出其神色悲伤。

◀ 敦煌莫高窟第158窟 西壁 中唐 王必成临摹

▲ 敦煌莫高窟第158窟 西壁 中唐 廖逸霄临摹

天龙八部

初识于小说的护法天神。

在敦煌壁画中，绘天龙八部护法神像由来已久，在唐代众多的经变画中，许多说法场面就绘有天龙八部形象。八部者，天众、龙众、夜叉、乾闼婆、阿修罗、迦楼罗、紧那罗、摩睺罗伽。天众一般指天部诸神，在壁画中多以天王的形象出现，无固定形象。其他部众均有明显特征，如阿修罗擎日月，夜叉为恶鬼像，其余各部众则均为武士形象，头盔上均有兽类标志，一般龙众为龙，乾闼婆为狮虎，紧那罗为鹿，迦楼罗为金翅鸟，摩睺罗伽为蟒蛇。

△ 三头四臂的阿修罗

传说八部中最邪恶的部族，性子暴躁、固执而善妒，好挑起战争，是喜好混乱局面的恶神，多为四臂或六臂形象。

画像正中是阿修罗的三头，其中正中间的脸，可以清晰看到眉心的第三眼。

阿修罗的四臂非常清晰，左右第一手放在胸前拿着法螺贝，左右第二手拿着日轮和月轮。

◀ 敦煌榆林窟第25窟 前室东壁 中唐 李慧榕临摹

◁ 夜叉

也称“药叉”，长相恐怖，锯齿獠牙，青眼竖发，呈恶鬼像，在八部众中很好辨认。

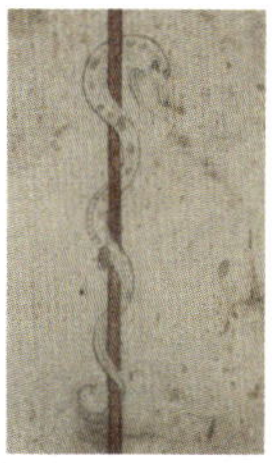

手持长杆，通常杆顶有蟒缠绕，这也是夜叉常见的形象特征。

▲ 敦煌莫高窟第158窟 西壁 中唐 梁旭玲临摹

头部披着狮子，通常狮头为冠的神王被认为是乾闼婆。

下颌上绑着狮子的前蹄，这幅画面中可以清晰地观察到狮子爪子的形状，清楚看到趾骨和尖尖的趾甲，极具力量感。

◁ 乐师乾闼婆

以香为食之神，其身上散发出浓郁的香气。乾闼婆是为帝释天奏乐演唱的乐神之一。

7

它们有的潜伏在画面的一角，有的飞翔穿越于纹样之中，有的奔跑在山林之间……

敦煌动物

墙壁上的动物园

这些或灵动或威猛的身影，千年来在墙壁上注视着世事变迁。

万物有情，善待动物

古老的敦煌壁画中，动物形象丰富，它们大都不是壁画的主角，却是不可缺少的一道风景。可以说自然界的生态平衡本就是人与动物和谐相处，千年前的画工们早就意识到这一点，在一笔笔仔细还原动物的样貌、气质和神态时注入对动物的仁爱与温情，所以千年之后这座墙壁上的动物园依然鲜活无比，那些动物仿佛要跃出墙壁，向我们讲述当时发生的奇妙故事。

▲ 敦煌莫高窟第285窟　主室南壁　西魏

异想天开的神兽世界

神兽是中国神话中一个不可或缺的元素，它们的形象有的完全来自于人们的想象，有的来自部落图腾的演变，有的是把现实中的动物赋予某些神话的元素。在敦煌壁画中，神兽更是充斥于各个洞窟、各个画面，它们有的身为仙人侍从，有的化身为坐骑，有的呼风唤雨，有的歌唱舞蹈。这些神兽不仅具有深厚的文化意义，还体现了敦煌艺术的独有魅力。

▲ 敦煌榆林窟第10窟　主室西披　西夏　林玥临摹　石东玉指导

△ 翼马：上天入地的神马

敦煌壁画中的翼马常见的形象是长着一对翅膀，驾着祥云遨游于天空之中，看起来纯洁高贵、威武无畏。这种翼马形象曾出现在波斯文化中，这也是古代东西方文化碰撞融合的有力佐证。榆林窟第10窟主室西披的这幅翼马，在整幅壁画中很小，仔细观察却能看到它的头和身体较为粗壮而腿较短，肩部生扇形翼，奔跑的姿态非常优美。

△开明兽：天界的门卫

▲敦煌莫高窟第285窟 主室东披 西魏

古代神话中的神兽，出自《山海经》，传说是天界守门的神兽，形象多为虎躯、四足、多首。九首最为常见，除九首外，敦煌莫高窟第249窟的窟顶壁画中南披的开明兽图案为十一首，窟顶北披的开明兽图案为十三首，莫高窟第285窟中出现了十四首的开明兽。头数量的变化使开明兽的形象更加感性，随着首数的增加，仿佛能量也随之增长。

▲敦煌莫高窟第257窟 主室西壁 北魏

◁九色鹿：敦煌神兽中的明星

鹿在中国的传统文化中就是吉祥美好的象征，再加上九色鹿故事中舍身救人的光环，敦煌壁画中最有名的神兽，可能非九色鹿莫属。莫高窟第257窟以九色鹿为主角的故事画中，画师以土红色为底色，绘以白色的鹿身，点缀蓝绿的小点代表九色，充分展现了九色鹿的神秘与高贵。

神兽往往蕴含着人们对美好的向往，比起高高在上的神佛，经常被当作神佛使者的神兽好像让人觉得更容易亲近。

▲ 敦煌莫高窟第249窟　主室东披　西魏

△ 青鸟：西王母的专用邮差

在《山海经》对西王母的记载中，可以看到对青鸟的描述：“其南有三青鸟，为西王母取食。” 陶渊明有诗描述：“翩翩三青鸟，毛色奇可怜。朝为王母使，暮归三危山。”青鸟作为侍从为西王母取食和传递消息，被人们视为幸福佳音使者。在莫高窟第 249 窟主室东披，有一青鸟昂首挺胸，鼓翅举尾，优雅的姿态非常符合人们对美好的向往。

▲ 敦煌榆林窟第25窟　主室南壁　中唐

▷ 乌获：中国的大力神

一种流行于魏晋南北朝时期的神兽，它的基本特征十分明显，即火焰形肩饰和二趾三爪。这种神兽的造型是当时的流行画法，传统的乌获、雷公、屏翳等力士大神都采用这种形象，如在莫高窟第249窟主室南披的《西王母出行图》中青鸟身侧的乌获就是如此形象，乌获是秦国的大力士，后被用于泛指力士，也可以说力士是中国的大力神。

◁ 妙音鸟：精通音律的歌神

又名“迦陵频伽”，其形象常是人首鸟身，形似仙鹤，彩色羽毛，翅膀张开，两腿细长，头戴童子冠或菩萨冠，立在莲花或乐池平台上，有的张翅引颈歌舞，有的抱持乐器演奏。榆林窟第25窟的这幅妙音鸟，手持琵琶，仿佛正在演奏仙乐。

▲ 敦煌莫高窟第249窟　主室南披　西魏

听！敦煌在说话。

同样在莫高窟第249窟可以看到火焰形肩饰和二趾三爪的风雨雷电四种神兽。

风神，掌管着世间所有的风，手中拿着条形风袋举过头顶，开始布风。

雨神，龙头人身，挥舞双臂，张开大口吐出雨水，向人间降雨。

雷神，腾空跃起，手脚共用大力叩击十二音雷公鼓，轰隆之声划破天际。

电神，双手持铁杵，全力向下作势猛击，碰撞后擦出闪电。

栩栩如生的飞禽和游鳞

动物显然不是敦煌壁画中的主角，它们或飞舞于纹样之中，或奔跑在画面一角，有时候甚至只在汹涌的波涛中偷偷探头，可这些不起眼的“配角”却各有各的精彩：有的线条流畅，笔触细腻，展现着画师的功力；有的富含情感，辅助着故事的发展。

▲ 敦煌榆林窟第10窟　主室北披　西夏　杨嘉妮临摹　石东玉指导

▲ 敦煌榆林窟第25窟　主室南壁　中唐

▲ 敦煌莫高窟第36窟　主室西壁　五代　邓慧蕾整理

◁ 飞翔的红嘴蓝鹊

榆林窟第10窟的窟顶北披，红嘴蓝鹊蓝羽白顶，回首展翅飞翔在缠枝纹中。据说红嘴蓝鹊是神话中青鸟的原型，这只红嘴蓝鹊刻画得真实细致，动态富有变化。

▽ 浪潮里的大鱼

榆林窟第3窟西壁北侧，在波浪起伏的大海里，浮现出两尾大鱼，鱼的造型是以鲤鱼和鲫鱼为基础描绘的，一条跃出海面，一条半隐在波浪中，线条流畅细腻，形体很大，展现了画师的功力。

▲ 敦煌榆林窟第3窟　西壁北侧　西夏

△ 萌萌的鳌鱼

在莫高窟第36窟《龙王礼佛》图的水波中绘有一条萌态可掬的鳌鱼，只见它将头探出水面，正在好奇地张望。传说金银色的鲤鱼越过龙门就可以飞升成为龙，但是因为偷吞海珠，只变成龙头鱼身的样子在海中遨游，画面中可以清晰地看到它长着龙角和长须。

▽ 斗鸡

这幅斗鸡在莫高窟第285窟的五百强盗成佛故事中的屋顶上，与故事内容没有直接的联系，只是用来烘托强盗与军队争斗的气氛。可以看到两只斗鸡弓着身体做攻击状，颈部的羽毛竖起，虽然是静态的画面，但是仿佛下一秒就会看到它们缠斗在一起。

◁ 跳舞的孔雀和仙鹤

榆林窟第25窟的乐舞场面一隅，有一只昂首回眸、挺胸振翅的孔雀，它高竖美丽的尾羽，婆娑起舞。在整幅壁画与之对称的位置，有一只同样昂首回眸、挺胸振翅的仙鹤，仙鹤微微张嘴，仿佛在边舞边歌。

▲ 敦煌莫高窟第285窟　主室南壁　西魏

活灵活现的走兽世界

动物是自然界的重要成员，与人类有着密切的关系。动物画有着久远的历史，敦煌石窟壁画中有数量庞大的动物形象，因年代的变迁，绘画手法的变化，敦煌的动物画就有了各种各样的风格，有的夸张，有的写实，有的拟人，在敦煌壁画中可以感受到各个时期画师对动物画的不同理解和把握。

▲ 敦煌莫高窟第45窟　主室南壁　盛唐　张晓晨临摹　石东玉指导

△ 旅途中的驴

这是莫高窟第45窟主室南壁西侧《胡商遇险》局部的两头驴，前面的驴惊恐地注视着遇险的主人，后面那头驴露出忧愁而紧张的神情。画面线条流畅细致，动物的形态、神情刻画得异常生动形象。

▲ 敦煌莫高窟第249窟　主室北披　西魏

▲ 敦煌榆林窟第25窟 主室北壁 中唐

◁ 六牙白象

榆林窟第25窟北壁上，绘制了一头装饰华丽、背负摩尼宝珠、足蹈巨莲的六牙白象。白象造型完全运用写实的手法，比例合理，结构严谨，主要依靠线描塑造形象，略施晕染，刻画真实细腻，画风华丽，是中唐壁画中描绘象较优秀，也是保存较完整的作品之一。

▽ 骆驼与马

莫高窟第296窟善事太子本生故事画的局部，上层绘制了给骆驼喂药的情节，下层绘有两位戴帕巾的北周商人赶着满载的马队过桥的场景。这幅图不但反映了当时丝绸之路的繁华，也佐证了当时“丝路”上重要的交通工具便是骆驼和马。

◁ 受惊的野牛

莫高窟第249窟主室南披的山林动物中，有一头受惊的野牛，边逃边回首，在画面外都仿佛能感受到野牛的慌乱。画师只用了简单的线条便勾勒出野牛的身形和神态，充分表现出画师绘画技巧的娴熟和对野牛结构的了解。

▲ 敦煌莫高窟第296窟 主室北披 北周 马奔宇临摹 石东玉指导

▲ 敦煌莫高窟第285窟　主室东披　西魏

△ 偷袭中的虎

这只老虎在画面的一角，张着口，瞪着眼，两耳后贴，伏腰潜行，似乎在试探，又仿佛要偷袭。笔墨看上去随意，甚至有些潦草，却生动传神。

敦煌所存动物画像，种类繁多，技法翻新，系统可靠，可以带领我们饱览古人动物画的表现形式和技法。

▲ 敦煌榆林窟第25窟　主室西壁　中唐

▷ 产女雌鹿

这是鹿母夫人故事画局部，故事讲述雌鹿产下女婴，并未因为女婴不是同类而抛弃她。画面中雌鹿对自己生产的爱女作兽类特有的气味识别的情景，画面简约，雌鹿神态感人。

◁ 狮子

观音曼荼罗图像须弥座下绘有三只坐狮，其中一只完全取正视的角度，狮子成蹲坐的姿势，狮子头部的刻画异常生动，特意减弱了狮子凶猛的特性，面部表情甚至让狮子有了可爱的神态。

▲敦煌莫高窟第154窟　主室北壁　中唐　曾玉莹临摹　石东玉指导

后记

画工笔未干，守夜星不落。

敦煌不会说话，但信仰的虔诚、匠心的奉献，丝路的繁华，以及岁月无法磨灭的文明光泽从未沉默。在本书的编撰过程中，我们如同在莫高窟的墙壁前轻轻拂去封存了千年的尘埃，试图唤醒那些沉睡的斑驳色彩与线条，在空灵的笔触吟咏中传递敦煌形象的艺术神韵。

感谢敦煌研究院李波学兄、沈淑萍师姐以及为拙著提供作品图稿的各位高朋挚友和机构：

中国艺术研究院工笔画院。

中央美术学院人文学院石东玉教授以及她指导的学生们，中央美术学院城市设计学院马淑红、曹海梅教授及学生们。

吉林师范大学美术学院王丹丹教授及弟子们。

云南大学昌新国际艺术学院 23 级国画专业的七位研究生。

苏州工艺美术职业技术学院王永利及学生们。

感恩敦煌研究院盛龚海、何红军两位老师在石窟数字影像遴选工作中的专业指导与鼎力协助。

正是得益于以上这些充满热情与敬意的临本和图片，补充了部分资料无法引用的遗憾，使本书在尊重历史原貌的基础上顺利解读敦煌壁画。还有这些摹品，以各自独特的艺术见解全新演绎古老壁画的意蕴，每一幅图稿背后既是跨越时空的灵思与共鸣，又是对敦煌美的深度发掘与诠释，也是文化传承与当下审美的深情对话，同时也为书中的图解注入了鲜活的营养。

致敬敦煌，同时向为本书写序的常沙娜先生，以及云冈研究院杭侃院长、中国艺术研究院何家英教授、中国侨联委员尹波先生为本书的推介一并致以谢忱。

编者谨识

2025 年 5 月 10 日

吴守峰

艺术学博士

中央美术学院燕郊校区美术馆馆长

李可染画院研究员

中国美术家协会会员

中国工笔画学会理事

北京工笔重彩画会常务理事

《中国工艺美术全集 · 澳门卷》学术委员会副主任

全国本科毕业论文（设计）抽检评审专家库成员